융합과 통섭의 지식 콘서트 09

미디어, 디지털 세상을 잇다

미디어,
디지털 세상을 잇다

융합과
통섭의
지식
콘서트 09

주형일 지음

한국문학사

들어가며

인터넷에서 궁금한 것을 검색하거나 소셜미디어를 스크롤하면서 정보의 바다에 빠진 것 같은 느낌을 받은 적이 있는가? 뉴스를 보다가 "이게 정말 진실일까?"라고 궁금해한 적이 있는가? 1인 미디어 숏폼 동영상의 끊임없는 흐름에 압도당한 적은 없는가?

21세기의 현대인은 아침에 일어나서 잠들 때까지 수많은 미디어를 이용하며 생활한다. 미디어는 공기나 물처럼 우리의 일상을 가능하게 만드는 필수재가 된 지 오래다. 우리는 스마트폰에서 울리는 알림 소리에 눈을 뜨고, 소셜미디어 피드를 스크롤하고, 온라인 게임을 하고, 유튜브 영상을 보며 하루하루를 보낸다. 다양한 미디어 플랫폼을 통해 유포되는 최신 밈과 바이럴 트렌드를 알아야 친구들과 막힘없이 대화를 나눌 수 있으며, 인터넷에서 정보를 검색하고 다양한 미디어 도구들을 다룰 수 있어야 학습과 업무를 원활하게 해낼 수 있다. 우리의 삶은 우리가 이용하는 미디어에 의해 결정된다고 해도 과언이 아니다.

우리는 소셜미디어를 통해 자신을 다른 사람과 끊임없이 비교하면서도 타인과 연결되어 있다는 사회적 현존감을 계속 유지하려고 한다. 다른 사람들과 네트워크로 연결되어 있지 않다는 사실이 주는 고립감은 우리가 느끼는 큰 두려움 중의 하나이다.

사이버불링, 소셜미디어 중독, 게임 중독, 수면 장애, 외모 지상주의, 대면 소통에 대한 두려움과 회피 등 지나친 미디어 사용이 우리에게 미치는 악영향에 대한 지적은 많다. 그럼에도 불구하고 미디어는 세상을 향해 열려 있는 창이며, 모든 정보의 원천이고, 다른 사람과 자기를 연결하는 수단이며, 자기를 표현하는 도구라고 할 수 있다. 그래서 미디어를 이해하지 않고서는 우리 자신을 이해하기 힘들다고 말할 수 있을 정도이다.

우리는 마술쇼에서 마술사가 선보이는 마법 같은 마술을 보면서 그 속에 숨겨진 트릭이 무엇인지 알아내려 애쓰곤 한다. 마술사의 손놀림을 자세히 분석하고 그가 이용하는 장치의 내부를 상상하면서 마술의 비밀을 유추하고 그에 대해 토론을 벌이기도 한다. 그럴 때 우리는 마술의 트릭을 파악해내는 탐정이 되는 것이다. 미디어를 이용하고 콘텐츠를 소비할 때도 우리는 냉철한 눈을 가진 탐정이 될 필요가 있다.

마술사가 트릭을 사용하여 현실이 아닌 것을 현실이라고 믿게 만드는 것처럼 미디어도 때때로 어떤 것을 현실처럼 보이게 하면서 우리를 속이기도 한다. 우리에게 미디어 리터러시가 필요한 이유는 미디어 안에 숨겨진 트릭을 발견하고 실제로 무슨 일이 일어나고 있는지를 정확하게 인식하기 위해서이다. 그래서 미디어 리터러시를 학습하는 일은 미디어 탐정이 되는 일과 흡사하다. TV 쇼를 보거나 웹 서핑을 하거나 소셜미디어를 스크롤할 때 주어지는 정보를 아무 생각 없이 소비하지 않고, 실제로 일어나고 있는 일을 면밀히 파악하기 위해 비판적 사고를 해야 하는 것이다.

미디어 리터러시는 미디어를 올바르게 이해하고 효과적으로 사용할 수 있는 능력을 의미한다. 디지털 시대의 필수적 능력으로 자리잡은 미디어 리터러시를 기르는 것은 우리가 끊임없이 진화하는 광대한 미디어 세계를 탐색하는 데 커다란 도움이 된다. 미디어 리터러시 학습을 통해 미디어가 사회에 미치는 영향을 이해하고, 미디어 콘텐츠를 효율적으로 분석·평가하며, 미디어를 이용해 자기의 생각과 의견을 효과적으로 표현할 수 있기 때문이다. 미디어 리터러시를 키움으로써 우리는 수동적인 소비자가 아니라 미디어로 가득 차 있는 이 세상에서 능동적이고 책임감 있는 참여자가 될 수 있다.

이 책은 "모든 학문의 십자로"라고 불릴 정도로 수많은 학문 분야와 긴밀하게 연결되어 있는 미디어 커뮤니케이션학의 융합적 성격을 분석하는 과정을 통해 독자가 자연스럽게 미디어 리터러시를 기르는 길로 들어서도록 했다. 지난 격동의 역사 속에서 결정적인 역할을 했던 미디어의 궤적을 추적하면서 미디어의 개념과 이론을 살펴보았고, 최근 가장 뜨겁게 주목받는 최첨단 미디어 커뮤니케이션 현상까지 풍부한 예시를 통해 분석해냄으로써 미디어의 실체에 접근하는 구성을 취했다.

이 책을 통해 독자는 21세기 현대사회를 살아가는 디지털 원주민에게 절대적으로 필요한 능력이자 건강한 민주사회의 시민이 가져야 할 기본 소양인 미디어 리터러시를 이해할 수 있을 것이다.

'제1장 디지털 시대를 사는 힘, 미디어 리터러시'에서는 미디어 커뮤니케이션학의 융합적 성격과 개념을 정의하고, 지금과 같은 최첨단 디지털 환경하에서 미디어 리터러시 능력이 얼마나 중요한지를 설명하는 데 초점을 맞추었다. 특히 최근 등장한 대화형 인공지능 챗봇인 챗GPT의 돌풍에 주목하면서 인공지능 기술의 발달과 사용이 가져올 미래에 대한 전망을 모색했다.

'제2장 격동의 역사 속에 미디어가 있었다'에서는 미디어가 역사적으로 변해온 과정의 큰 줄기를 살펴볼 수 있다. 구두 미디어에서 인쇄 미디어를 거쳐 사진과 영화, 라디오와 텔레비전으로 전개되는 과정을 알아보고, 특히 디지털 미디어가 만든 새로운 유비쿼터스 환경이 현대사회에 혁신적인 지각변동을 일으켰음을 조명했다. 사회문화적 환경은 미디어의 발명과 변천에 영향을 미칠 뿐만 아니라 지배적인 미디어의 속성에 의해 영향을 받으면서 거대한 변화를 이끌어내기도 한다는 사실을 깨우칠 수 있을 것이다.

'제3장 영화가 보여주는 미디어의 겉과 속'에서는 미디어를 이용하는 다양한 커뮤니케이션 현상을 다룬 영화를 소개하면서 여러 미디어가 가진 속성을 알아보았다. 신문·사진·영화·라디오·텔레비전·소셜미디어 등의 다양한 미디어는 많은 영화에서 이야기를 이끌어가는 중요한 소재나 배경으로 활용된다. 이러한 영화들은 가공된 허구의 사건을 묘사하지만 역으로 미디어의 현실을 엿보고 가늠할 수 있게 해준다.

'제4장 디지털 혁명, 인류를 초연결 사회로 만들다'에서는 사회·경제·문화적 격변을 가져온 '디지털 혁명'의 한복판에 놓인 디지털 미디어의 실체를 풀어냈다. 디지털 미디어의 특성을 이해하지 못한다면 현대사회의 커뮤니케이션이 어떻게 이루어지는지에 대해 논하기 어렵다. 아날로그와 디지털의 차이를 알아보고, 인공지능과 메타버스까지 최근 논의되는 다양한 디지털 커뮤니케이션 현상에 대해 숙고할 시간을 가질 수 있을 것이다.

'제5장 때로는 강하게, 때로는 약하게, 미디어 효과의 모든 것'에서는 현재 우리가 사용하는 미디어가 우리의 태도와 행동에 어떠한 영향을 미칠 수 있으며, 우리가 미디어의 영향에 어떻게 대처할 수 있는지를 가늠해볼 수 있는 미디어의 효과 이론들을 소개했다. 초강력 권력이 주입하는 메시지는 과연 효과가 있을까, 보고 싶은 것만 선별해서 보게 되면 인지부조화에 빠지기 쉬울까, 사람들은 미디어에 소개된 맛집에 왜 줄지어 서 있는가 등의 질문을 던지다 보면 미디어에 효과적으로 또는 선별적으로 대응하는 능력을 갖출 수 있을 것이다.

'제6장 기호를 알면 미디어가 보인다'에서는 기호의 구조와 방법을 이해함으로써 미디어 콘텐츠의 심층적 의미를 파악하고, 핵심적 메시지를 효과적으로 표현하는 길을 모색해보았다. 대상을 그럴듯하게 포장하는 광고 기호, 대중들의 흥미를 유발하는 스토리텔링 기호 체계, 소셜미디어에서 설정되는 인스타그래머블의 순기능과 역기능, 타인을 설득하기 위해 효과적으로 말하는 수사학적 메시지의 전달 방법 등 기호의 의미가 사회적으로 어떻게 만들어지고 그 효과적인 사용법은 무엇인지를 보다 쉽게 파악할 수 있을 것이다.

'제7장 차이와 갈등을 넘어 소통하는 미디어'에서는 사회문화적 관점에서 미디어를 통해 드러나는 다양한 커뮤니케이션 현상을 소개했다. 특히 사회문화적 차이에 의해 발생하는 여러 갈등의 상황에 슬기롭게 대처하고, 현안 문제를 해결할 수 있는 커뮤니케이션 능력을 기르는 방법들은 매우 유용하다. 탈진실의 시대라고 일컬어지는 현대사회에서 각자 다른 진실을 추구하는 타인과 공존하는 방법에 대해 고민해보는 시간을 가질 수 있을 것이다.

이와 같이 이 책에서는 미디어 커뮤니케이션과 관련된 현상들을 규명하는 다양한 이론과 사례를 제공하고 있는데, 독자들은 같은 현상을 다르게 해석하는 여러 이론들을 만나게 될 것이다. 이론이란 현실의 모든 부분을 완벽하게 설명해주는 도구가 아니라, 현실의 한 부분을 특정한 관점에서 해석해내는 분석의 틀이다. 하나의 이론을 맹신하고 추종하기보다는 다양한 시선과 관점을 제공해주는 여러 이론들을 접하면서 복합적인 미디어 현상을 융합적으로 이해하고 수용하는 능력을 기르는 것이 바람직할 것이다.

　끝으로 이 책이 미디어 관련 진로를 앞두고 있는 청소년, 보다 능동적인 미디어 생비자로 살고자 하는 디지털 시민들에게 진정한 미디어 리터러시 탐구의 길을 제공할 수 있기를 바란다.

2023년 6월

주형일

디지털 시대를 사는 힘,
미디어 리터러시

—— 현대사회에서 미디어 리터러시는 문학·수학·외국어 구사 능력만큼이나 중요하다. 미디어 리터러시는 단순히 미디어를 이해하는 능력이 아니라 미디어의 본질을 꿰뚫어보고 이용하고 활용하는 종합적인 커뮤니케이션 능력이다. 그렇기 때문에 미디어 리터러시에는 미디어에 대한 이해뿐만 아니라 미디어를 이용하는 행위자, 그리고 미디어가 전달하는 메시지의 속성에 대한 교육도 포함된다.

미디어는 매우 다양할 뿐만 아니라 미디어마다 다른 성격과 특징을 갖는다. 미디어의 물리적·기술적인 특성을 파악하는 것은 커뮤니케이션을 이해하는 데 도움을 준다. 행위자·메시지·미디어를 유기적으로 연결해서 파악하는 것이 커뮤니케이션을 이해하는 첩경이며, 미디어 커뮤니케이션학 연구의 기본이다.

미디어 커뮤니케이션학은 "모든 학문의 십자로"라고 불릴 정도로 수많은 학문 분야와 긴밀하게 연결되어 있으며, 그들의 연구 성과들을 적절하게 이용·응용하고 있다. 이는 미디어 분야의 연구에서 특히 융합성이 강조되는 이유이기도 하다.

현재 우리는 최첨단 디지털 기술을 바탕으로 모든 사람과 사물이 디지털 미디어를 통해 연결되는 '초연결 사회'를 살고 있다. 복잡한 디지털 미디어의 실체를 올바르게 이해하고 활용하는 '디지털 리터러시' 능력이 그 어느 때보다 중요한 시기임을 알아야 할 것이다.

미디어 없는 세상을
살 수 있을까

디지털 미디어 시대,
평범한 회사원의 하루

06:30 스마트워치가 진동하며 아침 기상 시간을 알린
다. 동시에 방의 전등이 켜진다. 눈을 비비면서 일
어나 "오늘 날씨를 알려줘"라고 말하자 AI 스피커
가 오늘 날씨를 말해준다. 스마트폰의 위치 앱으

로 지난밤의 수면 상태를 확인한다. 깊은 수면 시
간이 짧았다.

07:00 아침 식사를 하면서 태블릿으로 유튜브 주식 채
널을 본다.

07:40 출근하기 위해 지하철을 탄다. 노이즈 캔슬링 이
어폰으로 음악을 들으면서 스마트폰으로 뉴스
를 확인한 후, 가입한 여러 앱에서 출석 체크를 하
며 포인트를 모은다. 100년 동안 모으면 아파트
를 살 수 있을까? 남은 시간에는 요즘 가장 핫한
OTT 드라마를 감상한다.

08:50 회사에 도착했다. 출퇴근 지문인식기 센서에 체
크인한 후 사무실로 들어간다.

09:00 사무실 테이블의 PC를 켜자 오늘 해야 할 업무와
일정을 보여주는 창이 뜬다. 두 대의 모니터에 오
늘 사용할 업무 프로그램의 창을 띄운 후 보고서
를 작성하고 결재를 하며 업무를 시작한다.

10:00 미국 지사와 줌을 이용한 화상 회의를 진행한다.

12:00 점심시간이다. 회사 앞 식당에서 디지털 키오스

크로 주문한다. 잠시 후 로봇이 배달해준 음식을 먹으면서 프랜차이즈 카페 앱을 이용해 미리 아메리카노를 주문해둔다.

12:30 카페로 이동해 커피를 마시고 있는데 바깥 풍경이 아름답다. 사진을 찍어 인스타그램에 올린다. 잠시 후에 확인해보니 친구 녀석이 '좋아요'를 눌러주었다. 나도 친구의 계정에 들어가 친구가 올린 사진에 '좋아요'를 눌러준다. 늘 하는 일이지만 간혹 귀찮다는 생각이 들기도 한다. 소셜미디어 피로감이 생긴 모양이다.

13:00 오후 일과가 시작되었다. 오후에는 준비 중인 프로젝트를 발표하는 회의가 있다. 만들어둔 PPT 자료를 태블릿에 업로드한다.

14:00 회의가 시작되자 태블릿과 연동된 빔 프로젝터 스크린에 PPT 자료를 띄우고 발표한다. 오늘 발표 자료는 내가 보아도 잘 만들었다. 지난번에 인터넷 검색으로 입수한 영어 자료를 구글 번역기로 번역해둔 게 큰 도움이 되었다.

18:00 퇴근 시간이다. 오늘은 칼퇴근했다. 친구들과의 저녁 식사가 예정된 장소로 가면서 카카오톡으로

단체 채팅을 한다. 조금 늦는다는 친구가 많다.

18:40 내가 제일 먼저 도착했다. 기다리는 동안 심심해서 챗GPT와 채팅을 한다. 내 말에 그럴듯하게 답변하는 것이 신기하기도 하다. 친구에게도 말하지 못한 내밀한 고민을 털어놓았더니 속 시원한 대처법을 척척 알려준다. 어쩌면 이 녀석을 좋아하게 될 것 같다.

21:00 귀갓길, 지하철을 탄다. 태블릿을 꺼내 제페토에서 판매할 패션 아이템의 3D 모델링을 한다. 시간 날 때마다 한두 개씩 만든 아이템이 조금씩 팔리고 있어 부수입이 늘었다.

22:00 집에 도착했다. 지하철에서 사물인터넷을 이용해 미리 에어컨을 작동시켜 놓았더니 집 안이 시원하다. 텔레비전으로 좋아하는 유튜브 채널을 보면서 시간을 보낸다. 내일을 위해 일찍 자야겠다.

우리의 일상은 미디어로 둘러싸여 있다

현대사회에서 미디어가 수많은 사람의 관심을 끄는 중요한 부문이 된 것은 그동안 미디어 기술이 급속도로 발전하며

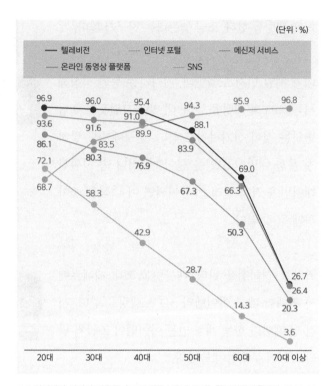

(단위 : %)

| | 텔레비전 | 인터넷 포털 | 메신저 서비스 |
| 온라인 동영상 플랫폼 | SNS |

1-1 연령대별 미디어 이용률, 〈2022 언론수용자 조사〉, 한국언론진흥재단, 2022. 12. 31, p.22.

일상생활에서 차지하는 비중이 매우 커졌기 때문이다. 20세기 이후 등장한 영화·라디오·텔레비전 등의 매스 미디어는 제2차 세계대전 같은 급변하는 위기 상황에 요긴하게 활용되면서 사회를 지배하는 미디어로 자리잡았고, 21세기에 들어서는 디지털 미디어가 사회와 문화에 차지하는 비중이 급증하면서 일상생활을 점령했다.

현대사회에서 우리가 일상생활에 필요한 정보를 접하고 현실에서 벌어지는 일들을 파악할 수 있는 가장 중요한 통로는 무엇일까? 가족이나 친구 같은 주변 지인들보다는 단연 미디어일 것이다. 신문과 텔레비전은 물론이고 1인 미디어, 소셜미디어, 포털사이트, 인터넷 검색 등이 우리가 세상의 현실을 접하는 주요한 수단이다.(1-1)

특히 제4차 산업혁명과 함께 발달한 최첨단 디지털 기술을 바탕으로 한 스마트 미디어 시대로 접어들면서 미디어 의존성이 더욱더 증가했다. 우리는 스마트폰의 대중화와 함께 태블릿PC, 스마트TV, 네트워크 컴퓨터(Network Computer, NC), AI 챗봇, 사물인터넷(IoT), 챗GPT, 메타버스 등의 스마트 기기나 기술을 사용함으로써 모든 사람과 사물이 디지털 미디어를 통해 연결되는 '초연결 사회(hyper connected society)'를 살고 있다. 이제 우리는 언제 어디에서나 누구와도 연결될 수 있고, 어떤 것이라도 조작하고 작동시킬 수 있는 '유비쿼터스' 환경에 놓이게 된 것이다.

이러한 디지털 미디어를 일상생활에서 활용하지 않는다면 어떻게 될까? 아마도 우리의 삶은 극히 협소해질 뿐만 아니라 사회 전체와는 단절된 채 지극히 사사로운 개인적 공간 영역으로 한정될 것이다. 과거에는 문자를 해독하고, 기본적인 계산능력만 있어도 사회생활이 가능했지만, 현대사회에서는 미디어를 이해하고 활용할 수 있어야 삶이 풍요로워지고 윤택해진다. 복잡하고 다양한 세상을 해석하고 경험하면서 창의적인 삶을 살기 위해서는 반드시 제반 미디어를 학습해야 하는 시대가 되었다. 미디어를 이해하고 이용할 수 있는 능력을 기르는 미디어 리터러시 교육이 중요해진 것이다.

미디어 커뮤니케이션학은
모든 학문의 십자로

융합으로 성장하는
미디어 커뮤니케이션학

　　　　　　　　　　"신문방송학과를 가면 방송·언론 위주로 배우나요? 미디어커뮤니케이션학과는 신문방송학과와 큰 차이가 있나요? 제 꿈이 기자인데 미디어커뮤니케이션학과에 진학해도 될까요? 제가 영상 제작이나 게임 같은 것에 관심이 많은데 신문방송학과를 가도 되나요?"

　　주변에서 흔히 들을 수 있는 질문이다. 대학에서 미디어 커뮤니케이션학을 전공하고자 하는 학생들 사이에서 이처럼 혼란이 발생하는 까닭은 그동안 한국의 대학교에서 미디어 커뮤니케이션학을 가르치는 학과의 명칭이 계속 변해왔을 뿐만 아니라, 현재도 통일되지 않고 상당히 다양하고 복잡한 명칭으로 존재하기 때문이다. 신문학과·신문방송학과·광고홍보학과·언론홍보학과·언론홍보영상학과·언론정보학과·미디어학과·미디어콘텐츠학과·미디어영상학과·미디어커뮤니케이션학과 등 서로 엇비슷하지만 이름이 다른 학과들이 모두 하나의 같은 학문, 즉 미디어 커뮤니케이션학을 가르치고 있다.

학과의 명칭이 이렇게 다양하게 만들어진 가장 큰 이유는 커뮤니케이션이란 개념 자체가 다양한 현상을 모두 수렴하는 포괄적인 의미를 갖고 있기 때문일 것이다. 우리가 하는 일상의 대화에서부터 전화를 이용한 통신, 기업의 조직관리와 마케팅 활동을 포함해 매스 미디어를 통해 형성되는 대중문화, 언론 활동, 그리고 최근의 디지털 미디어를 이용한 메타버스 현상에 이르기까지 엄청나게 다양한 분야가 모두 커뮤니케이션이란 개념으로 이해될 수 있다.

> **매스 미디어**(mass media)
> 신문·라디오·TV·잡지·광고와 같이 불특정 다수에게 정보를 전달하는 매체.

> **메타버스**(metaverse)
> 일상의 모든 분야를 가상세계에서 현실과 같이 구현하는 3차원의 체험형 서비스와 플랫폼을 의미한다.

현재의 미디어 커뮤니케이션학은 인문사회 분야의 학문 중에서는 가장 늦게 태어났다. 같은 사회과학에 속하는 경제학·사회학·심리학 등이 대략 18세기에 태동해서 19세기에 학문의 뼈대를 갖춘 것과는 달리 미디어 커뮤니케이션학은 20세기 중반에 이르러서야 비로소 학문의 체계를 갖추게 되었다. 그러나 사람들 사이의 의사소통이 없었다면 사회나 문화 자체가 존재할 수 없고 역사가 시작될 수 없었다는 점에

1-2 미디어 커뮤니케이션학의 융합성.

서 커뮤니케이션 현상 자체는 태곳적부터 존재해왔다. 따라서 미디어 커뮤니케이션학이라는 독립된 학문이 형성되기 전에도, 커뮤니케이션 현상은 기존의 여러 학문 분야에서 지속적으로 연구되어 왔다.

커뮤니케이션 현상 자체가 방대한 영역에서 복합적으로 일어나기 때문에 미디어 커뮤니케이션을 연구하는 방법도 매우 다양하다. 실제로 미디어 커뮤니케이션학은 "모든 학문의 십자로"라고 불릴 정도로 생물학·뇌과학·철학·미학·역사학·법학·언어학·기호학·심리학·인류학·사회학·경영학·정보통신공학 등 수많은 학문 분야와 긴밀하게 연결되어 있으며, 그들의 연구 성과들을 적절하게 이용·응용하는 학문이다.(1-2)

이 책에서 소개되는 이론들을 보면 대부분 다른 학문에서 원용한 것이거나 다른 학문의 이론들을 응용·변용한 것이다. 게다가 미디어 커뮤니케이션학은 단순히 커뮤니케이션 현상을 조사하고 분석하는 순수학문에 머무는 것이 아니라 연구를 통해 획득한 지식과 기술을 이용해 다양한 목적의 콘텐츠를 기획하고 제작하는 능력을 기르는 실무 교육을 위한 학문이기도 하다.

미디어 커뮤니케이션학과 관련한 가장 오래된 연구라고 할 수 있는 고대 그리스의 수사학도 말에 대한 순수한 이론이 아니라 실제로 대중을 설득할 수 있는 효과적 방법을 연구하고 개발하여 현실에서 사용하기 위한 학문이었다. 그렇기 때문에 아리스토텔레스의 수사학은 수천 년이 지난 지금도 대중 설득과 관련된 커뮤니케이션의 중요한 이론으로 탐구되고 재해석된다.

> **수사학(修辭學)**
> 다른 사람을 설득하기 위한 언어기법을 연구하는 학문으로, 아리스토텔레스는 대중을 설득하는 논증 방법으로 로고스, 에토스, 파토스를 제시함으로써 수사학의 이론을 체계화했다.

여러 분야의 이론·개념을 고루 응용하다

미디어 커뮤니케이션학의 연구 분야는 매우 다양하며, 하나의 커뮤니케이션 현상을 연구할 때 인접 학문 분야의 이론이나 개념들을 가져와 사용하는 경우가 많다. 미디어커뮤니케이션학 가운데 가장 기본적이면서 중요한 분야인 '인간 커뮤니케이션(human communication)' 연구에서 다양한 학문 분야의 이론과 개념들이 어떻게 사용되는지를 간단히 살펴보자.

인간 커뮤니케이션 연구는 간단히 말해 인간이 어떻게 서로 의사소통하는지를 연구하는 분야이다. 인간은 머릿속에 있는 메시지를 다양한 미디어를 통해 상대방에게 전달하고, 상대방은 그 메시지를 해석하고 이해함으로써 결국 같은 메시지를 공유하게 된다. 인간 커뮤니케이션 과정은 의미를 생산하는 송신자, 의미가 인코딩(encoding)된 메시지, 메시지를 전달하는 미디어, 메시지를 디코딩(decoding)해 인지하는 수신자로 이루어진다.

인간 커뮤니케이션 과정을 이해하기 위해서는 커뮤니케이션 행위자들의 심리적 속성, 의미가 기호로 인코딩되는 원리와 방법, 메시지를 전달하는 미디어의 기술적·물리적 특성, 메시지의 생산과 수용에 영향을 미치는 사회문화적 요인 등을 알아야 한다. 그래서 심리학·사회학·인류학·공학·기호학 등 여러 학문 분야의 연구 성과들이 폭넓게 사용된다. 또한 의미를 생산하고 메시지를 처리하는 과정에서 인간의 뇌가 어떻게 작동하는지를 알아야 할 필요도 있다. 이를 위해서 생물학이나 뇌과학과의 협업을 통한 연구가 진행되기도 한다.

예를 들어 인간 커뮤니케이션은 수많은 뉴런으로 구성된 뇌세포들의 활동을 기반으로 이루어진다. 커뮤니케이션을 위해 두뇌에서 처리되는 정보는 전기적 상태에서 화학적 상태로 바꾸어 뉴런들로 전달되고, 다시 전기적 상태로 전환되는 과정을 거친다. 이 과정에서 뇌파가 발생한다. 뇌파는 두뇌의 정보처리 활동을 보여줄 수 있기 때문에 증폭기와 컴퓨터를 이용하여 뇌파를 시각적 기호로 전환해 분석하는 것은 인간 커뮤니케이션 과정을 이해하는 데 도움을 준다. 핵자기공명분석(NMR), 기능성 자기공명영상(fMRI), 양전자 단층 촬영(PET), 근적외선 분광(NIRS), 뇌전도(EEG) 기술 등은 커뮤니케이션 과정에서 두뇌가 어떻게 작동하는지를 분석하는 데 유용하다.

뇌과학과의 협업을 통해 우리는 인간 커뮤니케이션 과정에서 두뇌가 어떻게 작동하는지를 분석·연구함으로써 다양한 커뮤니케이션 상황에서 발생하는 뇌파의 패턴을 구분하고 범주화해낼 수 있다. 이러한 연구는 컴퓨터 과학과도 결합해서 뇌파로 컴퓨터 등의 기기를 작동시키고 이용하는 기술을 개발하는 데 도움을 준다.

미디어 커뮤니케이션학은 일반적으로 사회과학으로 분류되지만, 인간의 본질에 관한 철학적 탐구에서 시작해 미디어의 특성에 관한 공학적 연구를 거쳐 인지과학과 뇌과학을 아우르는 폭넓은 스펙트럼을 가진 학문 분야라고 할 수 있다.

미디어의 목표는 이상적인 커뮤니케이션을 완성하는 것

말은 인간이 사용한 최초의 미디어

"태초에 하나님이 천지를 창조하시니라. 땅이 혼돈하고 공허하며 흑암이 깊음 위에 있고 하나님의 영은 수면 위에 운행하시니라. 하나님이 이르시되 빛이 있으라 하시니 빛이 있었고 빛이 하나님이 보시기에 좋았더라. 하나님이 빛과 어둠을 나누사 하나님이 빛을 낮이라 부르시고 어둠을 밤이라 부르시니라."[1]

기독교 성경의 창세기는 이렇게 시작된다. 이 내용을 요한복음(1:1-14)에서는 "태초에 말씀(logos)이 계시니라"라는 하나의 문장으로 정리한다. 로고스는 그리스어로 크게 두 가지 의미가 있는데, 하나는 '말'이고, 다른 하나는 '이성'이다. 말을 한다는 것은 이성을 가지

1-3 미켈란젤로의 〈천지창조〉 중에서 첫 번째 그림 '어둠과 빛의 분리', 시스티나 성당 천장화, 1508~1512.

고 있다는 의미이다. 아리스토텔레스는 인간을 가리켜 "로고스(logos)를 가진 동물", 즉 "말을 할 줄 아는 동물"이라고 했다. 인간의 이성이란 곧 말을 할 줄 아는 능력인 셈이다. 왜 말은 이성과 연결되는 것일까?

기독교 성경을 보면 세상은 말을 하는 행위를 통해 창조되었다. 신이 "빛이 있으라"고 말하니 빛이 나타났고, 빛과 어둠을 분리하면서 빛을 낮이라 부르고, 어둠을 밤이라 불렀기 때문에 낮과 밤이 생겼다.(1-3) 신은 혼란스럽게 뒤섞인 것을 구분하고 분리한 후에 각각의 존재에 이름을 붙이는 방식으로 세상에 질서를 부여하면서 무에서 유를 창조했다. 따라서 말은 곧 신이고, 신의 정신이며, 신의 의지라고 할 수 있다. 그렇기에 태초에 어떤 존재가 나타나기 전에 우선 말이 있었던 것이다. 말하기, 즉 발화(發話)는 모든 것의 시작인 셈이다.

커뮤니케이션의 라틴어 어원은 '공유하다'는 뜻을 가진 '코무니카레(communicare)'이다. 그렇다면 커뮤니케이션은 무엇을 공유하는 행위인가? 커뮤니케이션은 '의사소통'이라고 번역되는데, 의사소통이란 사람들이 가진 생각이나 뜻이 서로 통한다는 의미이므로 커뮤니케이션은 생각

과 뜻을 공유하는 행위라고 정의할 수 있다.

커뮤니케이션을 통해 송신자와 수신자 사이에 공유되는 생각이나 뜻을 총칭해서 '메시지(message)'라고 부른다. 메시지는 커뮤니케이션의 내용이라고 할 수 있는데, 메시지가 공유되기 위해서는 반드시 감각기관을 통해 지각되어야 한다.

'나'는 생각과 감정을 표현하기 위해 입으로 말을 한다. 이 말은 공기를 통해 음파의 형태로 전달된다. 다른 사람은 이 음파로 전달되는 말을 귀로 듣고 이해한다. 메시지가 입→말→공기→귀를 통해 전달되는 것이다. 이처럼 메시지가 전달되는 과정에서 이용되는 모든 형태의 수단을 우리는 '미디어(media)'라고 부른다. 입과 귀도 미디어, 말도 미디어, 공기도 미디어인 것이다.

미디어는 복수형 명사이다. 미디어의 단수형 명사는 '미디엄(medium)'이다. 미디엄은 기본적으로 중간에 있는 것이라는 의미이다. 우리는 옷의 중간 크기를 지칭하거나 스테이크를 중간 정도로 굽는 것을 가리킬 때 미디엄이라고 한다. 이렇듯, 미디엄과 미디어는 중간에 존재하는 것을 의미한다. 한국어로는 '매개체'나 '매체'로 번역되는데, 미디어는 행위자들 중간에서 둘을 연결하며 메시지를 담아 전달함으로써 행위자들이 메시지를 공유할 수 있도록 교량 역할을 한다.

미디어는 다음과 같은 세 가지 유형으로 분류될 수 있다.(1-4)

- 부호화(encoding) 미디어: 메시지를 표현하는 부호나 기호로서의 미디어. 언어, 문자, 이모티콘, 영상, 몸짓, 모스부호 같은 것.
- 운반체(vehicle) 미디어: 메시지를 담은 부호나 기호를 운반하는 미디어. 공기, 종이, 스마트폰, 컴퓨터, 프로젝터, 텔레비전 수상기 같은 것.

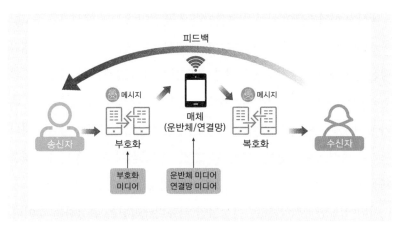

1-4 미디어의 종류.

- 연결망(network) 미디어: 미디어들 사이의 연결망으로서의 미디어. 통신망, 신문 배급망, 방송망, 인터넷 같은 것.

이와 같이 커뮤니케이션은 행위자가 미디어를 통해 메시지를 주고받으며 공유하는 행위이다. 행위자의 유형도 다양하고, 미디어의 유형도 대단히 많다. 메시지도 수많은 속성을 가지고 있다. 그렇기 때문에 커뮤니케이션의 형태도 매우 다양하게 나타날 수밖에 없다.

미디어가 투명해지면 메시지가 살아난다

미디어 커뮤니케이션학에서 다루는 주요한 연구 대상은 미디어이다. 커뮤니케이션 행위자들이 메시지를 공유할 수 있도록 미디어가 중간에서 둘 사이를 매개하는 역할을 하기 때문이다.

메시지 행위자들이 아무런 손실이나 왜곡 없이 온전한 메시지를 주고받아 모두 같은 메시지를 공유하는 것이 이상적인 커뮤니케이션이다. 내가 당신을 사랑한다는 감정을 표현할 때 당신이 나의 감정을 있는 그대로 완전히 이해하게 된다면, 이는 100% 성공한 커뮤니케이션이 될 것이다. 내가 보고 있는 아름다운 경치, 내가 맛보고 있는 맛있는 음식을 당신이 나와 똑같은 방식으로 경험할 수 있도록 그 경치와 음식에 대한 정보와 느낌을 제공할 수 있다면 우리는 완전히 같은 메시지를 공유할 수 있다.

미디어의 궁극적 목표는 이상적인 커뮤니케이션을 완성하는 것이다. 이를 위해서 미디어는 그 존재가 드러나지 않게 투명해져야 한다. 말이나 문자가 소리나 그래픽으로 지각되지 않고 그것이 지시하는 대상 자체로 인지될 때, 그림이나 사진, 동영상이 매체로 인식되지 않고 그것이 재현하는 실제 사물이나 풍경처럼 느껴질 때 커뮤니케이션은 성공한 것으로 여겨진다. 우리는 커뮤니케이션에서 미디어가 사라진 상태인 '즉각성(immediacy)'을 추구한다.

현대사회의 최첨단 기술을 이용하는 미디어는 특히 즉각성을 실현하기 위해 노력을 기울인다. 가수의 노래를 직접 듣는 것 같은 느낌을 주기 위해 최상의 음질을 구현하는 오디오 장치, 현실에서 일어나는 사건과 경치를 직접 보는 것처럼 느끼게 만드는 초고해상도(UHD) 텔레비전, 현실의 물건을 직접 만지고 작동시키는 것처럼 활동하게 만들어주는 VR(virtual reality) 장치 등 우리가 사용하는 많은 미디어가 즉각성을 추구한다.(1-5, 1-6) 텔레비전이 미디어로 지각되지 않고 투명하게 사라진 채 우리가 현실을 직접 보고 있다고 느낄 때 완벽한 텔레비전이 탄생하는 것이다.

미디어가 투명해지면 미디어는 메시지를 대체하게 된다. 우리가 사랑

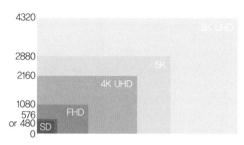

1-5 UHD와 HD 및 SD 해상도 비교. 해상도가 높을수록 화질이 선명하다.

1-6 VR 'THE VIEW', NASA Ames. ⓒ Scott S. Fisher

하는 사람의 사진을 간직하고 다닐 때, 슬픈 가사를 담은 노래를 들으며 눈물지을 때, 스타 강사의 강연을 들으며 흠뻑 빠져들 때, 우리는 미디어를 메시지로 받아들이는 것이다. 그렇기에 미디어의 조작은 곧 메시지의 조작이라고 할 수 있다.

"말이 아름답다"고 할 때, 아름다운 말은 미디어인가, 메시지인가? 말이 아름답게 느껴지는 것은 미디어로서의 말이 투명해질 때이다. 우리가 듣는 것은 말의 소리가 아니라 말의 의미이기 때문이다. 대중의 감성을 자극하는 연설도, 논리적으로 설득하는 강연도 미디어로서의 말이 투명해질 때 비로소 그 효과가 나타난다. 시청각 미디어가 생생한 화질과 뛰어난 음질을 통해 현실을 직접 경험하는 듯한 느낌을 전해줄 때 이를 접하는 대중들의 정서적 공감은 극대화된다.

올드 미디어와 뉴미디어가
공존하는 시대

20세기 사회를 지배한
영화와 텔레비전

커뮤니케이션을 위한 미디어는 계속 발전·변화하고 있다. 말과 문자, 전령(傳令)과 봉화를 이용하던 시대가 지난 후 15세기 이후에는 인쇄된 책이 중요한 미디어의 역할을 했고, 17세기에는 신문과 잡지가 등장해 언론 미디어의 토대를 만들었다. 19세기 초에 발명된 사진과 19세기 말에 발명된 영화는 대표적인 영상 미디어로 대중

적 인기를 끌면서 발전했다. 20
세기 초에 등장한 라디오와 텔레
비전 등의 전파 미디어는 20세
기 중후반 한국 사회를 지배했다.

1960년대 한국인이 즐겨 이용
하던 미디어는 영화였다. 1947
년 90개였던 전국의 영화관이
1959년 200여 개로 증가했고,
1960년대 중반이 되면서 군 단
위 이하 지역에도 들어서기 시
작해 영화관 수가 300개가 넘었
다.(1-7) 영화관이 없는 곳에서도
천막으로 만든 가설극장에서 '이
동 영사'라는 이름으로 순회 영화

1-7 1962년 대한극장 전경(1958년 개관, 서울 충무로 소재). 출처: 한국정책방송원(https://www.ktv.go.kr/), 1962. 4. 30, 공공누리 제1유형.

1-8 1953년부터 1994년까지 영화관에서 상영했던 〈대한뉴스〉.

상영이 이루어졌다. 부잣집에서나 텔레비전을 볼 수 있던 시절이었기에
사람들은 새로운 영화가 나올 때마다 영화관에 몰려들었다. 당시에는 본
영화를 상영하기 전에 〈대한뉴스〉라는 뉴스영화를 상영했기 때문에 영화
는 오락만이 아니라 정보를 제공하는 미디어이기도 했다.(1-8)

1970년대부터 한국에서는 본격적으로 텔레비전의 시대가 시작되었
다. 삼성전자와 LG의 전신인 금성사 등이 텔레비전 수상기를 생산하기
시작하면서 대량으로 보급되었다.(1-9) 1973년에는 100만 대를 넘어섰
고, 1979년에는 570만 대에 달해 세대당 수상기 보급률이 78.5%에 이
르렀다.

일일연속극은 당시 가장 인기 있던 텔레비전 프로그램이었다. 드라마를

1-9 〈대한뉴스〉에 새로운 발명품으로 소개된 텔레비전.

1-10 1972년 KBS에서 방영한 일일연속극 〈여로〉.

보기 위해 텔레비전 수상기를 구입한다는 말이 나올 정도로 일일연속극의 인기는 텔레비전의 보급에 큰 영향을 미쳤다. 지금까지도 거론되는 '영구'라는 캐릭터를 탄생시킨 KBS 일일연속극 〈여로〉(1972)는 당시 텔레비전 드라마의 인기를 가늠케 하는 대표적인 작품이었다.(1-10)

1980년대에는 흔히 '비디오'라고 불린 'VCR(Video Cassette Recorder)'이 대중화된 시기였다. 1980년 컬러 텔레비전 방송이 전면적으로 실시되면서 흑백 수상기가 컬러 수상기로 교체되기 시작했다. 이와 함께 비디오카세트에 녹화된 영화를 컬러 수상기로 볼 수 있도록 해주는 VCR이 등장했다.(1-11) VCR의 보급으로 인해 비디오 영화산업이 활성화되었고, 곳곳에 비디오 대여점이 생겼다. VCR은 2000년대에 DVD(Digital Video Disc) 플레이어로 대체되었다.(1-12)

1-11 비디오카세트에 녹화된 영화를 컬러 수상기로 볼 수 있는 VCR. ⓒ Thomaswm

1-12 PC용 DVD-ROM 드라이브.

새로운 서비스와 기능을 제공하는
뉴미디어 시대

1990년대 후반부터 시작해 2000년대는 인터넷과 PC로 대표되는 디지털 미디어가 지배적인 미디어로 등장했다. 1980년대에 상용화된 PC는 1990년대 후반부터 인터넷과 결합하면서 본격적으로 중요한 커뮤니케이션 미디어로 각광받기 시작했다. 수많은 종류의 웹사이트와 검색사이트, 메신저로 연결된 PC는 정보·오락·문화·경제 등 거의 모든 사회적 활동을 위해 반드시 필요한 미디어로 자리 잡았다. 그 당시 PC방은 가장 인기 있는 업종이었다. 2001년 전국의 PC방 수는 2만 1,500여 개에 달했고, 2002년 한국의 인터넷 이용자 수는 2,565만 명으로 전체 인구의 58%를 차지했다.

2007년에 등장한 아이폰은 스마트폰의 시대를 열었다.(1-13) 한국에서는 2009년부터 스마트폰이 보급되기 시작하면서 빠른 속도로 이동통신 시장을 선도해나갔다. 2011년 스마트폰 가입자 수 1,000만 명을 돌파한 이후 2010년대 중반부터는 스마트폰을 사용하지 않는 사람을 찾아보기 어려울 정도가 되었다.(1-14)

1-13 2007년에 출시된 아이폰(1세대). 출처: 애플

스마트폰의 대중화와 함께 태블릿PC, 스마트TV, 네트워크 컴퓨터, AI 챗봇, 사물인터넷 등이 대중화되면서 스마트 미디어가 지배적인 미디어로 떠올랐다. 스마트 미디어는 사용자와 상호작용하면서 시간적·공간적

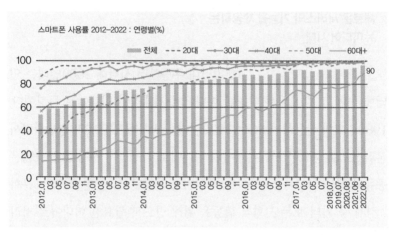

스마트폰 사용률 2012-2022 : 연령별(%)

1-14 〈한국 성인 스마트폰 사용률〉. 2012년 1월 53%에서 2022년 6월 97%로 증가. 출처: 한국갤럽.

제약을 받지 않고 융합적 콘텐츠를 제공하는 미디어이다.

스마트 미디어는 1인 미디어와 소셜미디어의 발전에도 큰 영향을 미쳤다. 블로그나 싸이월드로 대표되던 2000년대의 1인 미디어와 소셜미디어는 2010년대에 유튜브나 인스타그램 등과 같은 플랫폼을 통해 폭발적으로 성장했다. 현재는 언제 어디에서나 네트워크에 연결해 정보와 콘텐츠를 주고받으며 자유롭게 활동하고 이동할 수 있을 뿐만 아니라 문자·사진·동영상 등을 이용한 콘텐츠 제작이 가능한 스마트 미디어 덕분에 누구나 자기의 이야기를 하는 크리에이터가 될 수 있는 시대가 열렸다.

현대는 뉴미디어의 시대이다. 뉴미디어는 새로운 미디어라는 뜻이지만, 시간상으로 새롭다는 의미는 아니다. 뉴미디어의 상대가 되는 것은 올드 미디어인데, 역시 시간상으로 오래되었다는 뜻은 아니다. 디지털 미디어나 스마트 미디어처럼 디지털 기술을 이용해 새로운 서비스와 기능을 제공하는 미디어가 뉴미디어이다. 디지털 기술을 이용하지 않는 미디어, 혹은 전통적인 방식으로 운영되는 매스 미디어를 올드 미디어 또는 '레거시 미디어(legacy media)'라고 한다. 현대사회의 주류는 뉴미디어이지만 올드 미디어가 완전히 사라진 것은 아니다. 올드 미디어와 뉴미디어는 공존하고 있다.

신문과 같은 인쇄 미디어로부터 시작된 근대사회의 커뮤니케이션은 20세기에 신문뿐만 아니라 영화·라디오·텔레비전과 같은 매스 미디어를 이용하는 매스 커뮤니케이션으로 변화·발전했다. 20세기 후반에 시작된 디지털 미디어로의 전환은 디지털 커뮤니케이션의 시대를 열었으며, 제4차 산업혁명이라고 불리는 사회 및 산업 체제 전반에 걸친 변화를 불러오고 있다. 디지털 전환의 시대를 이해하고 준비하고 실현하기 위해서는 이 전환의 핵심부에 자리하고 있는 미디어를 정확하게 이해할 필요가 있다.

챗GPT를 둘러싼
인공지능 전쟁에 뛰어든
미디어

대화형 인공지능 챗봇,
챗GPT 돌풍

2022년 말에 공개된 챗GPT(ChatGPT)는 사람들에게 커다란 충격을 주면서 출시 두 달 만에 이용자 수가 1억 명에 달할 정도로 폭발적인 관심을 끌었다. 챗GPT는 미국의 스타트업 기업 '오픈AI(OpenAI)'에서 개발한 인공지능 소프트웨어로, 대규모 언어 예측 모델 기술을 사용해 이용자와 자연스러운 대화를 이어갈 수 있는 인공지능

ChatGPT

☀️ Examples	⚡ Capabilities	⚠️ Limitations
"Explain quantum computing in simple terms" →	Remembers what user said earlier in the conversation	May occasionally generate incorrect information
"Got any creative ideas for a 10 year old's birthday?" →	Allows user to provide follow-up corrections	May occasionally produce harmful instructions or biased content
"How do I make an HTTP request in Javascript?" →	Trained to decline inappropriate requests	Limited knowledge of world and events after 2021

1-15 챗GPT의 첫 화면. 챗GPT의 사용 예시, 능력, 한계와 위험성에 대해 밝히고 있다.

이다.(1-15) 전문가들은 챗GPT가 스마트폰 출시를 뛰어넘는 혁명적 변화를 초래할 것이며, 새로운 패러다임을 열 것이라고 전망하고 있다.

대화형 인공지능 서비스인 챗GPT는 단순히 일상적인 대화를 하는 챗봇에 머물지 않는다. 이용자가 질문을 하면 사람처럼 적절한 답변을 해줄 뿐만 아니라 특정한 주제에 대한 글을 써달라고 요청하면 짧은 시간 내에 그럴듯한 보고서를 완성해준다. 조금만 품을 들여 정교하게 질문하면 그럴싸한 글을 써주는 것은 물론 글에 걸맞는 적절한 영상까지 찾아준다.

2023년 2월에는 한 출판사가 챗GPT와 여러 다른 인공지능을 이용해 30시간 만에 한 권의 책을 저술해 출판했다. 이 책의 저자는 챗GPT이다. 챗GPT가 영어로 쓴 글을 또 다른 인공지능인 '파파고'가 한글로 번역했고, 표지는 '셔터스톡'이라는 인공지능이 제작했다. 사람이 썼다면 최소한 6개월 이상은 걸렸을 출판을 불과 몇 시간 만에 완수해낸 것이다.

사실, 챗GPT가 나오기 전에도 AP 통신을 비롯한 세계 유력 언론사들

로봇 저널리즘
컴퓨터가 알고리즘에 의해 스스로
기사를 작성하는 것을 말한다.

은 신문의 간단한 기사 정도는 인공지능을 활용해 작성하고 있었다. 이미 '로봇 저널리즘'이 작동되고 있었던 것이다. 증권 시황이나 스포츠 결과 보도, 기업의 실적 같은 단순한 기사들은 점진적으로 자동화 알고리즘이 작성하는 추세였다. 또한 인공지능이 소설이나 시를 쓰고 음악을 작곡하고 그림을 그리는 등의 여러 창작 활동 분야에서도 이용되고 있었다.

챗GPT가 화제가 된 것은 주로 전문가가 활용하던 인공지능을 일반인도 쉽게 이용할 수 있도록 만들었다는 점 때문이다. 챗GPT에 질문 하나를 입력하면 학교 과제로 제출할 보고서를 쉽게 완성할 수 있다. 블로그에 올릴 글도 이제 직접 쓸 필요 없이 챗GPT를 이용하면 된다.

오랫동안 인터넷 정보 검색은 단편적인 문서를 찾아주는 수준에 머물고 있었다. 챗GPT는 여러 문서들의 내용을 종합해 질문을 이해하고 해석한 결과로서의 정보를 제공한다는 점에서 기존의 검색 엔진과는 뚜렷한 차별점을 보인다. 기존의 검색 엔진이 밥을 짓는 데 필요한 방법을 담은 문서를 찾아주었다면, 챗GPT는 밥을 지어주는 셈이다.

지금 세계는 챗GPT 열풍으로 인공지능 경쟁이 뜨겁게 달아오르고 있다. 구글은 2023년 2월 챗GPT의 대항마로 새로운 챗봇인 '바드(Bard)'를 출시했으며, 마이크로소프트는 챗GPT를 검색 엔진 빙(Bing)에 탑재해 5월 서비스를 개시했다. 지난 20년간 검색 광고 시장을 장악해온 구글에 도전장을 낸 것이다. 그리고 국내 기업인 카카오에서는 KoGPT를 3월에 내놓았고, 네이버에서는 서치GPT를 개발했다. 챗GPT의 등장으로 인해 AI 기술이 급속히 발전하고 있는 것이다.

인공지능이 인간의 일자리를 빼앗아간다?

챗GPT는 여러 인공지능 엔진 중의 하나이지만, 앞으로는 더 정교하고 다양한 기능을 탑재한 인공지능이 속속 개발되고 이용될 것이다. 실제로 2023년 4월 말 한 스타트업에서 GPT-4 기반의 생

챗GPT 등 AI가 대체할 10가지 직업
☑ 기술직(컴퓨터 프로그래머, 코드 작성자, 소프트웨어 엔지니어, 데이터 분석가)
☑ 미디어 직종(저널리즘, 광고, 콘텐츠 창작)
☑ 법률업 직종(준법률가, 법률 사무직원)
☑ 시장 리서치 분석가
☑ 교사
☑ 금융업(금융 분석가, 보험 설계사 등 개인 자산 자문가)
☑ 주식 트레이더
☑ 그래픽 디자이너
☑ 회계사
☑ 고객상담사

1-16 챗GPT 등 인공지능이 대체할 10가지 직업, 〈내일도 뺏길라"…미래 AI가 대신할 직업 10가지〉, 뉴스핌, 2023. 2. 13.

성 AI인 '오토GPT(AutoGPT)'를 공개했다. 일반인의 접근성이 낮은 편이지만 기존 GPT-3 기반의 챗GPT보다 성능이 한층 뛰어나다는 평가를 들었다.

그런데 인공지능의 화려한 발전의 이면에는 그로 인해 사라질 직업들의 목록이 떠돌기도 한다. 챗GPT와 오토GPT가 미국 로스쿨 시험, MBA, 의사면허시험을 모두 통과했기에 머잖아 의사·법률가·증권거래인 등과 같이 데이터를 분석해 문제를 파악하고 해결 방안을 제시하는 직업인들은 인공지능에게 자리를 내주게 될 것이라는 전망이 지배적이다.(1-16) 두뇌를 사용하는 직업은 인공지능의 차지가 될 것이고, 손과 몸을 사용하는 직업만이 인간에게 허용될 것이라는 극단적인 예측마저 나오는 상황이다.

인공지능의 확산을 낙관적으로 바라보는 사람들은 인공지능의 성능이 아무리 뛰어나다 할지라도 결국은 인간의 활동을 보조하는 도구에 불과할 것이라고 주장한다. 데이터를 검색하고 분석하는 일의 시작은 인간이 던진 질문일 수밖에 없고, 질문을 어떻게 던지느냐에 따라 인공지능이 제

시하는 결과물은 달라질 것이기 때문이다. 결국 창의적인 질문을 던지는 것은 인간의 몫이고, 인공지능은 질문에 대한 답을 찾는 과정을 수월하게 해주는 도구에 머물 것이라는 관점이다.

이에 비해 비관적으로 보는 사람들은 인공지능이 인간의 창의적인 생산 활동마저도 장악하면서 인간을 단순한 수동적인 소비자로 전락시킬 것이라고 예측한다. 최초의 질문은 인간이 한다 하더라도 질문에 대한 답을 만드는 과정에서 다양한 창의적 활동이 수행되기 때문에 결과물에 대한 저작권자는 인간이 아니라 그것을 만든 인공지능이라 할 수 있기 때문이다. 그 예시로 〈모나리자〉의 창작자는 처음 초상화를 의뢰한 사람이라기보다는 그림을 그린 다빈치라는 근거를 들기도 한다.

이렇듯 비관적으로 보는 사람들은 인공지능이 단순히 질문에 답하는 도구로 활용되는 약한 인공지능이 아니라 스스로 생각하고 판단하는 강한 인공지능이 될 수 있으리라 생각한다. 반면에 낙관적으로 보는 사람들은 강한 인공지능이 아니라 약한 인공지능만이 존재할 것이라고 생각하는 셈이다. 인공지능이 만드는 콘텐츠가 기존 데이터의 종합에 머물 뿐일까? 아니면, 기존의 데이터와는 질적으로 다른 새로운 창작물이 될 수 있을까?

인공지능은 이제 특수한 전문영역에서만 이용되는 미디어가 아니다. 학교 과제 수행, 블로그 글 작성, 이메일 작성, 심지어는 사랑을 고백하는 편지 쓰기까지 누구나 일상생활에서 인공지능 미디어를 사용하고 있다. 특히 챗GPT와 같은 인공지능의 확산이 가속화되고 있는 상황이므로 인공지능의 속성에 대한 이해를 바탕으로 인공지능 기술의 발달과 사용이 가져올 미래의 모습에 대해 깊이 생각해보고 대비하는 시간을 가질 때이다.

디지털 시민으로 거듭나는 방법,
미디어 리터러시

디지털 원주민에게 꼭 필요한
미디어 리터러시

미디어는 다양한 방법으로 상대방에게 메시지를 전달하는 수단이다. 우리는 언어나 글을 통해 의견을 표현할 수 있고, 입는 옷이나 사용하는 물건을 통해서도 자기를 표현할 수 있다. 그림이나 사진·영화·텔레비전·인터넷 같은 매체를 통해서도 생각과 감정을 드러낼 수 있다. 가장 기본적인 미디어인 우리의 몸에서부터 오늘날 가장 강력한 힘을 가진 디지털 미디어에 이르기까지 미디어를 이용해 우리는 상호작용하며, 인간관계를 형성하고, 사회적 삶을 영위해간다. 따라서 미디어를 이해하고 이용할 줄 아는 '미디어 리터러시(media literacy)'는 인간의 사회적 삶에 있어 아주 중요한 능력이다.

리터러시(literacy)는 '문해력(文解力)'을 뜻하는데, 글자를 읽고 쓸 줄 아는 능력, 더 나아가 문장을 이해하고 글을 창작할 수 있는 능력을 가리킨다. 한글은 누구나 쉽게 배울 수 있는 글자이지만 자기 생각을 조리있게 표현하는 글을 쓰고, 남이 쓴 글을 제대로 이해할 수 있는 능력을 기르는 것은 단순히 한글을 읽고 쓸 줄 아는 것을 넘어서는 일이다.

과거에는 글이 사회적 커뮤니케이션에서 매우 중요한 위치를 차지했기에 문해력을 갖는 것은 훌륭한 시민이 되기 위한 필수 덕목이었다. 현대사회에서는 책과 같은 인쇄 미디어뿐만 아니라 영화·라디오·텔레비전·컴퓨터·인터넷·스마트폰 등의 다양한 미디어를 이용하지 않는다면 사회적 커뮤니케이션을 하기가 사실상 불가능해졌다. 글을 읽고 쓰는 것은 물론이고 영상의 문법을 이해하고 정보를 효과적으로 이용·처리·해석할 수 있어야만 사회적 커뮤니케이션 과정에서 당당한 주체로 활동할 수 있다.

특히 디지털 기술의 발달로 인해 미디어 환경이 급변하고 있으며, 그 결과 디지털 미디어는 현대인의 일상생활을 떠받치는 중요한 축으로 작동하게 되었다. 인터넷·PC·스마트폰·소셜미디어 등의 뉴미디어는 일상생활에서 물과 공기처럼 필수적인 요소가 되어 우리의 삶에 절대적인 영향력을 행사하고 있다.

그런데 디지털 미디어는 온갖 최첨단 기능을 탑재하고 있기 때문에 사용 방법이 복잡할뿐더러 다양한 네트워크로 연결되어 있어 정보의 진위를 분별해내기가 쉽지 않다. 그러다 보니 맹점을 악용하여 가짜 정보를 유포하는 범죄가 성행하기 시작했고, 이로 인한 피해가 점차 늘어나고 있다.

가짜 정보는 팬데믹이나 대형 사건과 같은 사회적 재난 상황이 발생하게 되면 정보 회전 속도가 빠른 소셜미디어를 통해 순식간에 퍼져나가 사회적 혼란을 가중시키기도 한다. 가짜 뉴스, 딥페이크, 탈진실 등 가짜 정보가 미디어나 인터넷 등에 빠르게 확산되는 현상을 두고 '인포데믹(infodemic)'이라고 한다. 인포데믹은 '정보(information)'와 '전염병(endemic)'의 합성어로 '정보전염병'이라 부르는데, 그 위력이 대단하다. 미국 매사추세츠공대(MIT) 과학자들의 연구에 따르면, 가짜 정보의 온라인 확산 속도가 진짜 정보보다 6배나 빠르다고 한다.

예를 들어 지난 2020년 코로나19 초기에 잘못된 예방수칙들이 온라인상에 퍼져 심각한 피해가 발생했고, 확진자 수 허위 공개나 마스크 대란 등을 둘러싸고 가짜 정보가 난무하기도 했다. 그리고 2022년 이태원에서 발생한 10·29 참사에서 온라인상으로 가짜 정보들이 마치 사실처럼 퍼져 엄청난 혼란을 야기하기도 했다. 이러한 인포데믹 상황에서는 가짜와 진짜를 구분해내는 '팩트체크'의 자세가 필요하다.

이렇듯 최첨단 디지털 환경하에서 건강한 시민 사회를 구현하기 위해서 미디어 리터러시 능력은 필수에 가깝다. 시민들은 미디어 콘텐츠를 단순히 소비하는 수동적 수용자가 아니라 콘텐츠를 비평하고 미디어 활동을 감시하는 능동적 이용자가 되어야 한다. 디지털 미디어를 이용해 정보를 찾고 평가하며 실생활의 문제를 해결하는 능력인 '디지털 리터러시'는 코딩 기술에서 시작해 다양한 디지털 미디어가 만들어내는 새로운 문화에 대한 이해에 이르기까지 21세기 사회를 살아가는 디지털 원주민에게

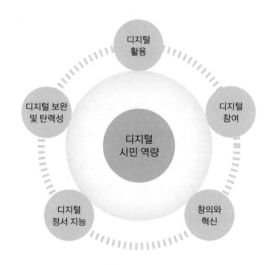

1-17 디지털 미디어 리터러시의 핵심 역량. 출처: UNESCO DKAP(Digital Kids ASIA-Pacific) Project, 2019.

디지털 원주민(digital native)
어린 시절부터 컴퓨터나 스마트
폰, 인터넷과 같은 디지털 환경에
서 성장한 세대를 뜻하는 말.

절대적으로 필요한 능력이다.(1-17)

미디어와 더불어 살아가는 능력,
미디어 리터러시

우리나라의 경우에는 불과 몇 년 전부터 미
디어 리터러시 교육의 필요성이 본격적으로 대두되었지만, 이미 1964년
유네스코에서 그 필요성이 제안된 바 있다. 서구에서 미디어 리터러시 교
육에 대한 논의가 본격적으로 진행된 것은 1980년대부터인데, 이 시기
의 논의들은 대부분 미디어로부터 청소년을 보호하고자 하는 보호주의
적 태도를 취했다. 교육을 통해 청소년들에게 미디어의 해악으로부터 면

역력을 갖게 해주자는 것이 당시 미디어 리터러시 교육의 목적이었다. 이후 1990년대에 들어서면서 '미디어 능력' 개념이 등장했는데, 이는 미디어에 대한 지식과 활용 방법을 교육함으로써 능동적인 능력을 가진 성숙한 수용자를 양성하기 위함이었다.

전통적으로 미디어 리터러시 교육은 매스 미디어에 대한 교육으로 한정되었는데, '신문 활용 교육(Newspaper In Education: NIE)'이나 '미디어 비평 교육'이 대표적이다. 이는 신문과 텔레비전이 제공하는 콘텐츠를 비판적으로 수용하고 활용하는 교육으로 구성되었는데, 일반 대중에게 매스 미디어의 강력한 영향력에 대항할 수 있는 힘을 길러주려는 방식의 교육이었다.

최근의 미디어 리터러시 교육은 매스 미디어, 즉 매스 커뮤니케이션에 대한 이해에서 미디어 커뮤니케이션 일반에 대한 이해로 이동하고 있다. 이는 디지털 미디어가 발달함으로써 촉진된 개인화된 커뮤니케이션의 확대 때문이기도 하지만, 디지털 전환에서 요구되는 인간 능력의 새로운 확장과도 관련이 있다.

현재 미디어 리터러시 교육은 언어·문자·신문·사진·영화·라디오·텔레비전·인터넷·스마트폰 등 다양한 미디어에 대한 개인들의 비판적인 이해 능력을 키우고, 콘텐츠를 분석·평가하는 능력과 함께 직접 콘텐츠를 제작할 수 있는 창의적인 능력을 길러주는 것을 목적으로 한다. 궁극적으로 미디어와 더불어 살아가는 능력을 길러주고자 하는 것이다. 따라서 대화부터 디지털 미디어에 이르는 다양한 미디어를 모두 포괄하는 미디어 리터러시 교육은 인간의 커뮤니케이션 능력을 개발하는 교육으로 귀결된다.[1-18]

우리가 교육현장에서 강조하는 미디어 리터러시는 크게 미디어 콘텐츠

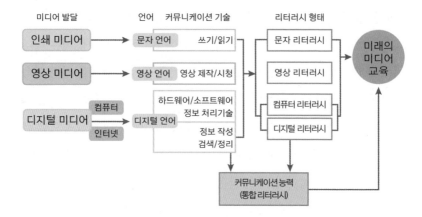

1-18 미디어 발달에 따른 리터러시 개념의 변화. 참조: 김양은, 『디지털 시대의 미디어 리터러시』(2009, p.123)

수용 능력, 미디어 콘텐츠 창작 능력, 미디어를 이용한 문제 해결 능력이라는 세 가지 영역으로 구분된다.

첫째, 미디어 콘텐츠에 대한 비판적 수용 능력은 다양한 미디어 콘텐츠가 제공하는 의미를 정확하게 파악하고, 미디어 콘텐츠가 사회적·문화적으로 어떤 영향을 미치는지를 분석하는 능력이다. 신문·방송 같은 매스 미디어 콘텐츠는 물론이고, 블로그·유튜브 등의 1인 미디어 콘텐츠, 인터넷 커뮤니티나 사이트 등을 통해 제공되는 다양한 콘텐츠를 비판적으로 읽고 이해하는 힘은 미디어 리터러시를 형성하는 기본적 능력이다.

둘째, 미디어를 이용한 창의적 콘텐츠 제작 능력은 접근 가능한 다양한 미디어를 이용해 자기의 생각·의견·감정을 표현하고 나아가 타인에게 영향을 미칠 수 있는 콘텐츠를 제작하는 능력이다. 창의적 콘텐츠 제작 능력은 글쓰기부터 시작해 PPT와 같은 발표 자료 만들기, 사진이나 동영상 촬영과 편집하기, 프로그램 코딩하기 등의 다양한 활동을 수행하는 능력이다.

셋째, 미디어를 이용한 문제 해결 능력은 우리가 사회적 생활을 영위하면서 맞닥뜨리는 여러 문제를 해결하기 위해 미디어를 이용하고 콘텐츠를 제작하는 능력이다. 이는 비판적 수용 능력과 콘텐츠 제작 능력을 갖춘 후에 도달할 수 있는 가장 핵심적인 능력이다. 타인이 만든 미디어 콘텐츠를 비판적으로 이해하고 자기의 생각과 감정을 표현하는 콘텐츠를 제작할 수 있는 능력을 갖추는 것은 우리가 살면서 만나게 되는 수많은 문제를 미디어를 이용해 좀 더 효율적이고 생산적인 방식으로 해결할 수 있는 능력을 기르기 위한 밑바탕이 된다.

디지털 미디어와 함께 성장한 디지털 원주민 세대는 미디어를 소비하는 데 그치지 않고, 미디어를 이용해 새로운 것을 창조하는 즐거움을 누리고자 할 것이다. 그들은 미디어를 통해 관계를 만들고 역사를 만들어간다. 그렇기 때문에 그들을 위한 미디어 리터러시 교육은 '미디어 능력'을 넘어 '커뮤니케이션 능력'을 향상시키는 방향으로 진행되어야 할 것이다. 커뮤니케이션 능력은 타인과 더불어 살 수 있는 창조적 능력이기 때문이다.

포스트 코로나 시대의
미디어 생태계

세계보건기구(WHO)가 2023년 5월 5일 약 3년 4개월 만에 코로나19에 대한 비상사태를 해제하고 '엔데믹(풍토병화)'을 선언하면서 '포스트 코로나(post corona)' 시대라는 말이 자주 쓰이고 있다.

'포스트(post)'라는 접두어는 보통 '탈(脫)'과 '후기(後期)'라는 두 가지 의미로 번역된다. 이 두 단어는 미묘한 의미의 차이를 갖고 있다. '탈'은 벗어난다는 의미가 있기 때문에 앞선 시대와는 완전히 다른 새로운 시대의 등장이라는 의미가 강하다. 반면 '후기'는 앞선 시대를 잇는다는 의미를 함축하고 있기 때문에 코로나 시대의 연속선 내지는 연장선 위에서 변화하는 시대라는 사실에 방점을 둔다.

포스트 코로나를 어떤 식으로 해석하든 간에, 코로나 시대가 끝나고 뒤에 오는 시대는 코로나 시대와는 다른 모습일 것이라는 점에서는 모두 동일한 인식을 보여준다. 2019년 말부터 세계를 강타한 코로나바이러스 감염증(COVID-19)은 세계적인 팬데믹을 일으키면서 우리가 세상을 이해하고 타인과 관계를 맺는 방식을 완전히 뒤바꾸어놓았다. 이전에 당연하게 여겨지던 규범과 정상적인 것이 무너지고 새로운 규범과 새로운 정상적인 것, 즉 '뉴 노멀(new normal)'이 들어섰다.

코로나 시대에 우리가 뉴 노멀을 만들어가는 과정에서 미디어는 매우 중요한 역할을 했다. 화상 회의, 재택근무, 온라인 강의와 시험

등과 같이 디지털 미디어를 이용한 새로운 커뮤니케이션 방법이 존재하지 않았다면 우리의 일상생활에서 가장 큰 비중을 차지하는 교육과 노동의 활동이 사실상 마비될 뻔했다. 배달 앱, 온라인 게임, OTT와 같은 디지털 미디어가 없었다면 오락과 여가 활동을 통해 일상의 스트레스를 풀기도 쉽지 않았을 것이다. 1인 미디어와 소셜미디어는 친구들 간의 커뮤니케이션뿐만 아니라 기업의 제품 광고와 소비를 위한 미디어로 기능했다. 우리가 코로나 시대를 살아갈 수 있게 만든 비대면 활동은 디지털 미디어가 있었기 때문에 가능했다.

디지털 미디어는 사람들이 만나지 않고도 만난 것과 같은 커뮤니케이션을 할 수 있게 해주었다. 코로나 팬데믹이 강요한 언택트(untact), 즉 비대면 상황은 디지털 미디어 덕분에 온택트(ontact: online+untact)로 전환되었다. 우리는 비록 사람들을 직접 대면하지 못했지만 디지털 미디어를 통해 온라인으로 만나고 활동할 수 있었다. 실제로 코로나 시대에 사용량이 급증한 미디어를 보면, 대부분이 온라인을 통해 비대면 상황을 극복하게 해주는 온택트 미디어였다.

줌(Zoom)과 같이 온라인 교육과 화상 회의를 위한 실시간 동영상 연결 서비스를 제공하는 플랫폼은 팬데믹 기간에 급성장한 대표적인 미디어이다. 2020년 3월 코로나의 급속한 확산으로 팬데믹에 돌입하자, 수많은 교육기관이 줌을 사용한 온라인 수업으로 전환했고, 직장이나 단체들도 재택근무를 하면서 줌을 통한 화상 회의를 진행했다. 이에 줌 사용량은 폭발적으로 증가했으며, 이후 몇 차례의 코로나 팬데믹 기간에도 사용량이 늘어났다. 줌은 데스크톱이나 모바일 등 모든 장치에서 손쉽게 사용이 가능하고 편의성이 아주 뛰어난 서비스이기 때문에 포스트 코로나 시대에도 유용하게 쓰일 것이다.[1-19]

넷플릭스(Netflix)와 같은 OTT 미디어도 팬데믹 기간 중 급성장한 대표적인 미디어이다. 셋톱박스를 이용하지 않는 OTT(Over the

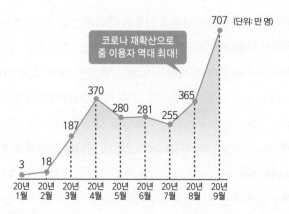

1-19 코로나 이전과 코로나 이후 국내 줌 사용량의 변화. 참조: 와이즈앱/오이즈리테일 조사

Top)는 텔레비전 수상기뿐만 아니라 PC·스마트폰·태블릿PC·스마트TV 등 다양한 미디어를 통해 동영상 서비스를 제공해주었다.(1-20)

코로나 팬데믹은 사람들 사이의 교류와 접촉뿐만 아니라 지역과 국가 간의 교류와 접촉도 차단했다. 해외여행은 사실상 불가능해졌고, 사람들은 자기가 사는 지역을 떠나기 힘들어졌다. 외부 세계와 단절된 상황에서 감염병이 주는 공포는 사람들에게 엄청난 스트레스

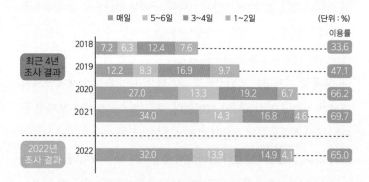

1-20 코로나 시대에 증가한 온라인 동영상 플랫폼 이용 빈도. 〈2022 언론수용자 조사〉, 한국언론진흥재단, 2022. 12. 31, p.122.

를 주었다.

이러한 상황에서 단절되고 격리된 사람들을 연결해준 온라인 미디어 중 하나인 OTT 미디어는 전 세계인에게 동일한 드라마와 영화 등을 제공함으로써 새로운 문화적 변화를 이끌어냈다. OTT 미디어는 여러 나라의 문화 콘텐츠를 전 세계에 유통하는 특징을 갖는데, OTT 미디어를 통해 특정 국가의 문화 콘텐츠를 접한 사람들은 그 국가에 대해 호감을 가질 가능성이 커진다. 넷플릭스를 통해 접할 수 있는 콘텐츠의 대다수가 다른 나라에서 제작된 것이다. 2021년 기준, 미국은 넷플릭스 전체 콘텐츠의 61%, 일본은 76%, 한국은 86%, 인도는 87%, 영국은 92%가 타국에서 만든 것이다.

넷플릭스를 통해 방송된 후 세계적인 인기를 끈 〈오징어 게임〉은 한국에서 제작한 콘텐츠이다.(1-21) 〈오징어 게임〉을 시청한 전 세계인들은 언어와 문화의 장벽을 넘어 한국의 문화를 접하고 이해할 기회를 가졌다. 실제로 〈오징어 게임〉을 비롯한 한국의 여러 문화 콘텐츠가 세계적으로 유통된 후 한국에 대한 외국인의 호감도가 증

1-21 넷플릭스를 통해 방송된 한국 드라마 〈오징어 게임〉.

가하는 추세이다. 이는 디지털 미디어를 통한 국가 간, 문화 간 커뮤니케이션이 코로나 팬데믹이 만든 단절로 인한 악영향을 어느 정도 상쇄하는 역할을 할 수 있었음을 보여준다.

격동의 역사 속에
미디어가 있었다

—— 미디어의 발명과 발전은 단순히 기술과 지식이 축적된 결과로 자연스럽게 나타나는 것이 아니다. 새로운 미디어가 출현하고 진화하는 과정에는 사회적·문화적 맥락이 끊임없이 개입한다. 사회적·문화적 요구와 필요성이 새로운 미디어의 출현을 부추긴다. 동시에 사회적 커뮤니케이션을 지배하는 미디어의 속성은 사회와 문화가 형성되고 유지·발전하는 방식에 영향을 끼친다. 근대의 정신은 인쇄술의 발명을 촉진했고, 인쇄 미디어는 근대의 사회와 문화를 만들어냈다. 하지만 과거의 미디어에 비해 새로운 미디어가 더 우수한 것은 아니며, 새로운 미디어가 과거의 미디어를 완전히 대체하는 것도 아니다. 종이책은 전자책과 공존하고, 편지는 이메일과 공존하며, 오프라인 영화관은 OTT와 공존한다.

새로운 미디어의 확산은 과거의 미디어를 소멸시키는 것이 아니라 이전 미디어가 가지고 있었던 기능과 역할을 변경한다. 책은 말을 좀 더 논리정연하게 만들었고, 텔레비전은 영화를 좀 더 화려하고 거대한 스펙터클로 탈바꿈시켰다. 텔레비전에 맞서기 위해 영화 스크린은 대형화되었고, 소리와 음향 기술은 더 생생하고 현장감을 주는 방식으로 발전했다.

미디어의 역사는 사회의 역사와 맞물리며 전개된다. 미디어는 인간의 몸과 정신을 확장하면서 인간이 경험하는 시간과 공간을 압축한다. 사람과 세상을 매개하는 미디어가 많아질수록 우리는 더 많은 시간과 공간을 더 빠르고 더 가깝게 경험하며 산다. 사회적 영향력을 점차 확대해나가는 미디어가 우리 사회와 문화를 어떻게 변화시켜가는지에 대해 함께 생각해보자.

미디어는 그 시대의
사회와 문화를 결정한다

미디어의 속성

인간이 만든 모든 것이
미디어가 될 수 있다

커뮤니케이션에 사용되는 미디어의 종류는 매우 다양하다. 인간의 몸은 가장 오래된 미디어이다. 표정과 몸짓은 물론 몸의 자세나 형태 등이 모두 메시지를 전달하는 데 사용된다. 태초부터 사용되었던 말도 몸에 있는 입이 만들어낸 소리로 구성된 것이다. 이후 문명이 발달하면서 문자와 활자가 발명되었다. 다양한 방식으로 제작되는 그림, 사진과 영화 같은 영상도 흔히 사용되는 미디어이다. 인간의 지식과 기술이 발달하자 전기와 전파를 이용한 여러 미디어가 발명되어 커뮤니케이션 영역을 시공간적으로 확장했다. 최근에는 디지털 기술의 비약적인 발달로 인해 새로운 미디어가 계속 등장하고 있다.

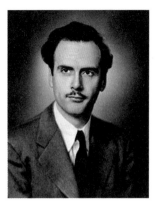

2-1 마셜 매클루언.

다양한 종류의 미디어가 생겨나 사회적 커뮤니케이션에서 중요한 역할을 맡게 되자 학계에서는 미디어 전개과정의 탐구를 통해 사회와 문화의 역사를 해석하려는 움직임이 나타났다. 1964년 캐나다 학자 마셜 매클루언(Herbert Marshall McLuhan, 1911~1980)은 미디어 개념을 넓은 의미로 재정의하면서 미디어 자체의 속성이 사회와 문화에 큰 영향을 끼친다고 주장했다.(2-1)

매클루언은 미디어가 무엇보다도 인간의 감각과 밀접히 연결되어 있다고 보았다. 일반적으로는 구체적인 메시지를 직접 전달하는 것같이 보이는 말·문자·전화·신문·텔레비전 등을 미디어라고 부르지만, 매클루언은 "인간의 몸을 확장하고 감각 활동에 영향을 주는 모든 것"을 미디어라고 정의했다. 예를 들어 안경은 눈을 확장한 것이고, 바퀴는 발을 확장한 것이며, 옷은 피부를 확장한 것이기 때문에 안경·바퀴·옷도 미디어라고 할 수 있다. 그뿐만 아니라 자동차·철도도 미디어이고, 화폐·주택·무기 등도 미디어가 된다. 한마디로 인간이 만들어낸 모든 것이 미디어가 될 수 있다.

인간이 창출해낸 미디어는 모두 특정한 기술적 속성을 가진다. 예를 들어 선글라스는 짙은 색의 유리를 이용하기 때문에 눈을 잘 보이지 않게 은

폐하는 속성을 가진다. 선글라스를 쓰게 되면 눈을 중심으로 얼굴의 상당 부분이 가려져 전체적인 얼굴을 식별하기 어렵게 된다. 이러한 상황은 우리의 시각에 영향을 미친다. 우리는 선글라스를 쓴 사람의 얼굴을 눈으로 식별해내기 어렵기 때문에 가려진 부분을 상상하게 된다. 선글라스가 상상력을 자극하는 것이다. 선글라스를 쓴 사람이 맨얼굴의 사람보다 더 매력적으로 보이는 이유는 이 때문이다. 코로나 팬데믹 시대에 얼굴에 쓰던 마스크도 비슷한 작용을 했다. 이처럼 모든 미디어는 인간의 감각에 영향을 미친다.

그런데 미디어는 단순히 감각에 영향을 미치고 마는 것이 아니다. 매클루언은 미디어가 감각에 장기적으로 영향을 끼치게 되면 인간의 심리적 상태가 변하게 되고, 그를 통해 사회적 환경도 변화할 수 있다고 주장했다. 미디어가 직접 전달하는 메시지는 사람에게 단기적인 영향을 끼치지만, 미디어의 기술적 속성은 인간의 특정한 감각을 발달시키고 인간관계와 사회제도에 장기적이고 지속적인 효과를 발생시킨다는 것이다.

이러한 주장은 사람에게 영향을 미치는 것은 메시지이고, 미디어는 중립적인 전달 수단에 지나지 않는다는 일반적인 생각과는 다르다. 우리는 영화나 텔레비전이 가진 사회적·문화적 악영향을 논의할 때 콘텐츠에 내포된 폭력성이나 선정성을 지적한다. 즉, 미디어가 아니라 메시지가 문제라고 파악하는 것이다. 하지만 매클루언은 영화나 텔레비전이 가진 기술적 속성 자체가 우리의 특정한 감각을 자극하고 활성화하는 것이 근본적인 문제라고 주장했다. 영화나 텔레비전의 내용이 사람들의 구체적인 생각이나 감정에 영향을 끼치기도 하지만, 영화나 텔레비전의 존재 자체가 사회와 문화에 결정적인 영향을 미친다는 것이다.

텔레비전이 사회적으로 중요한 미디어인 이유는 텔레비전 뉴스나 드라마의 내용이 사람들에게 어떤 영향을 주기 때문이라기보다는 텔레비전의 기술적 속성이 시각과 청각 같은 감각을 특정한 방식으로 활성화하기 때문이다. 마찬가지로, 인쇄된 책이 인간과 사회를 변화시켰다면 책의 내용이 특별했기 때문이라기보다는 대량으로 생산된 책이 사람들의 시각을 활성화함으로써 논리적 사고의 발달을 촉진시켰기 때문이라는 것이 매클루언의 생각이다.

철도·자동차·비행기와 같은 미디어의 등장도 마찬가지로 이해될 수 있다. 이 같은 새로 등장한 미디어들을 통해 무엇이 운송되는지는 큰 의미가 없다. 철도가 등장해 서로 멀리 떨어져 있던 지역을 연결했다는 점이, 자동차가 발명되고 자동차를 위한 도로가 도심과 외곽 또는 도시와 도시를 연결했다는 점이, 그리고 비행기가 먼 거리를 짧은 시간에 이동할 수 있게 만들었다는 점이 중요한 것이다.

예를 들어 철도는 빠른 속도로 많은 사람과 화물을 안전하게 원거리까지 연결·운송하는 기술적 속성을 가진다.(2-2) 이러한 속성 때문에 철로를 따라 공산품을 대량으로 생산하는 공장들이 모인 산업도시, 농산물을 대량으로 재배하고 비축하는 농업도시, 수산물의 대규모 처리 시설을 갖춘 항구도시가 발달했다. 코난 도일이 창조한 명탐정 셜록 홈즈는 철도가 없었다면 세상에 나타나지 못했을 것이다. 철도가 제공하는 이동 시간의 정확성은 완전범죄를 형성하는 트릭의 중요한 장치였

2-2 로코모션 제1호. 조지 스티븐슨이 1825년에 제작하여 최초로 실용화한 증기 기관차이다. 영국의 스톡턴과 달링턴 사이의 철도에서 90톤의 석탄 열차를 끌고 시속 18km로 달렸다. ⓒchris55

2-3 매클루언의 책 『미디어는 마사지다』 원서 표지.

고, 철도가 제공하는 장거리 여행은 추리 문학의 독자층을 형성하는 기반이었다. 결국, 철도(미디어)가 어떤 화물(메시지)을 운반하느냐가 아니라 철도(미디어)가 어떤 종류의 기술적 특성을 가지느냐가 중요하다. 미디어 자체가 메시지로 기능하는 것이다.

매클루언은 "미디어는 메시지다"라고 말했다. 이 유명한 문장은 미디어의 기술적 속성이 인간과 사회에 영향을 미침으로써 그 자체로 어떤 메시지처럼 기능한다는 뜻이다.[1] 매클루언은 한 걸음 더 나아가 "미디어는 마사지(massage)다"라고도 말했다.(2-3) 인간의 몸을 자극함으로써 감각을 직접 건드리고 몸의 변화를 유발하는 마사지처럼 미디어는 우리 몸의 감각에 직접 작용해 신체적·정신적 변화를 유발하고, 사람들이 살아가는 방식에 영향을 준다는 것이다.

미디어가 메시지처럼 작용하면서 인간과 사회에 영향을 미친다면 커뮤니케이션에서 주로 사용하는 미디어가 무엇이냐에 따라 그 미디어를 사용하는 사회의 모습이 달라진다. 미디어는 단순히 메시지를 전달하는 수단에 머무는 것이 아니라, 그 자체로 인간과 상호작용하는 환경이 되어 인간의 감각·지각·인식·이해·감정·가치 등에 영향을 끼친다. 이러한 시각과 관점을 바탕으로 '미디어 생태학(media ecology)' 연구가 태동하기 시작했다.

미디어에 따라
사회 · 문화가 달라진다

매클루언의 생각을 바탕으로 1968년 닐 포스트먼(Neil Postman, 1931~2003)이 주창한 미디어 생태학 연구는 미디어 기술이 인간과 사회, 문화에 어떤 영향을 미치는지를 탐구한다.

미디어 생태학의 관점에 따르면, 미디어는 메시지를 담는 중립적인 그릇이 아니다. 그릇의 모양이 다르면 안에 담기는 액체의 형태가 달라지고, 그릇의 재질이 다르면 내용물의 보존 상태가 달라지듯이, 미디어가 어떤 속성을 갖느냐에 따라 미디어를 사용하는 사람들의 지각 · 감정 · 인식 등이 달라지고 결국 사회의 모습도 달라진다. 미디어는 우리가 생각하는 방식, 사회를 조직하는 방식, 사물을 인식하는 방식, 우리가 상호 작용하는 방식을 변화시킨다.

인간과 사회에 영향을 미치는 미디어의 속성은 크게 물리적 속성과 상징적 속성으로 구분된다. 물리적 속성은 미디어가 물리적으로 존재하고 작동하는 형식이다. 메시지를 처리 · 전송 · 저장 · 유포하는 물리적 형식은 미디어마다 다르다. 말과 문자, 영화와 텔레비전의 물리적 형식은 동일하지 않다. 말은 발성기관 · 청각기관 · 음파 · 공기 등을 통해, 문자는 펜 · 종이 · 시각기관 · 우편 등을 통해 메시지를 처리 · 전송 · 저장 · 유포한다.

상징적 속성은 메시지를 상징적으로 표현하는 형식이다. 상징이란 어떤 메시지를 특수한 형태로 구현해서 감각을 통해 지각하고 인지할 수 있게 하는 것이다. 우리가 사용하는 언어가 대표적인 상징인데, 무형의 메시지를 어떤 상징적 형식을 통해 구체화한 것이 바로 미디어이다.

미디어마다 상징적 형식은 다르다. 예를 들어 말을 통해 메시지를 표현하는 것과 그림을 이용해 메시지를 전달하는 것은 엄연히 다르다. 말은 추상적인 메시지를 비교적 명확하게 전달할 수 있지만, 그림은 비유적으로 표현하기 때문에 해석이 필요하다. 그래서 '사랑한다'는 메시지를 말과 그림으로 표현하는 것은 서로 다를 수밖에 없으며, 그 효과도 동일하지 않다. 미디어의 상징적 속성이 다르기 때문이다.

하나의 미디어가 가진 고유한 물리적 속성과 상징적 속성은 인간의 감각·지각·인식 등을 특정한 방향으로 개발하는 편향성을 가진다. 사회적 커뮤니케이션에서 어떤 미디어가 지배적으로 사용되느냐에 따라 독특한 편향성이 작동하면서 인간의 감성과 사고방식, 태도는 물론 사회의 존재 양식과 문화의 형태가 특정한 방식으로 재구성된다.

미디어 생태학에서는 "특정 시대의 커뮤니케이션을 지배했던 미디어가 가진 속성은 그 시대의 사회와 문화의 모습을 결정한다"고 주장한다. 그 결과, 지배적인 미디어의 변천에 따라 인류 역사는 몇 가지 시대로 구분된다.

매클루언은 인류의 역사를 다음과 같이 네 단계로 구분했다.[2-4]

2-4 매클루언의 인류 역사의 구분.

인류가 사회생활을 영위하면서 이용한 최초의 미디어이자 지배적인 미디어는 소리 언어이다. 소리 언어는 부족사회의 미디어로서, 매클루언은 이 시대를 부족 시대라고 부른다. 문자 시대는 기원전 2000년경 표음문자가 발명되면서 시작된다. 오랫동안 지속되던 문자 시대는 15세기에 유럽에서 인쇄술이 발명되면서 끝이 나고, 인쇄 시대로 진입하게 된다. 마지막 전자 시대는 19세기 말 전신(무선)이 발명되면서 시작된다. 매클루언은 디지털 미디어의 등장을 보지 못했기 때문에 그의 시대구분은 전자 시대에서 멈추었지만, 그가 더 오래 살았다면 현재를 디지털 시대라고 명명했을 것이다.

지배적인 미디어인 소리 언어의 물리적 속성 때문에 부족 시대의 사람들은 소리를 들을 수 있는 근거리에 모여 살아야 했다. 말을 할 때는 표정을 짓거나 몸을 움직이는 것이 일반적이기에 소리 언어는 청각뿐만 아니라 시각·후각·촉각·미각 등 거의 모든 감각을 활성화하는 특성을 가진다. 반면에 문자는 메시지를 글에 담아 전달하는 방식이기 때문에 시각을 활성화하고, 활자로 인쇄된 책과 출판물은 더 적극적으로 시각을 활성화한다. 이에 비해 라디오나 텔레비전 같은 전자 미디어는 주로 청각·시각 등을 활성화한다.

마라톤의 전령은
무엇을 전달했을까?

구두 미디어

전령이 메시지와
동일시되던 시대

　　　　　　　기원전 490년, 페르시아의 군대가 아테네를
공격하기 위해 밀려들었다. 아테네 군대는 마라톤에서 페르시아의 대군
과 격돌했다. 마라톤 전투에서 페르시아 군은 무려 6천 명이 넘는 사망자
를 내며 대패했다. 아테네 군은 페르시아의 공격을 피해 피난을 서두르고
있는 아테네 시민들에게 승전보를 알리기 위해 전령을 보냈다. 전령은 40

여 킬로미터에 이르는 길을 쉬지 않고 달려 아테네에 도착했다. 전설에 따르면 이 전령은 도착하자마자 "기뻐하라. 우리가 승리했다"고 소리치고는 그 자리에서 숨을 거두었다.

2-5 1896년 제1회 아테네 대회에서 마라톤을 정식 종목으로 채택했다. 마라톤 경기 결승선에 들어오는 장면.

'올림픽 경기의 꽃'이라고 불리는 마라톤 경주는 이 전설적인 사건을 기리기 위해 고안되었다.(2-5) 이 신화적인 이야기는 반은 사실이고 반은 허구이다. 마라톤 전투와 전령의 존재는 역사서에 기록된 사실이지만, 전령이 장거리를 달린 끝에 승전보를 전하고 숨을 거두었다는 것은 후세에 지어진 이야기이기 때문이다.

고대 그리스에는 멀리 떨어진 도시 간의 커뮤니케이션을 위해 고도의 훈련을 받은 직업적 전령이 존재했다. 당시 전령은 하루 종일 달릴 수 있는 강인한 체력과 기술을 갖추고 있었다. 헤로도토스(Herodotos)의 저서 『역사(The Histories)』에는 마라톤 전투 당시 페이디피데스(Pheidippides)라는 전령이 스파르타에 지원을 요청하기 위해 하루에 112km를 달려

2-6 아테네 마라톤 로드에 서 있는 페이디피데스 동상. 출처: wikimedia.org

2-7 〈마라톤 전쟁 후 승리를 알리는 페이디피데스〉, 뤽 올리비에 작, 1869.

약 230km의 거리를 왕복했다는 기록이 있다. 다른 역사서에는 하루에 230km를 달렸다는 기록도 존재한다. 그런 전령이 고작 40km 남짓을 달리고 지쳐 죽지는 않았을 것이다.(2-6, 2-7)

고대 그리스에서 전령이 되기 위해서는 강인한 체력은 물론이거니와 매우 뛰어난 기억력과 우렁찬 목소리를 지녀야 했다. 전령은 전해야 하는 메시지를 완벽하게 암기한 후에 큰 소리로 전달해야 했기 때문이다. 그래서 전령이 자기 마음대로 단어나 문장을 변형시켜 전달할 경우 큰 비난을 받았다. 또한 전령은 메시지와 동일시되는 경우가 많았다. 좋은 소식을 전한 전령은 큰 환대와 보상을 받았지만, 나쁜 소식을 전한 전령은 욕을 듣거나 심한 경우에 죽임을 당하기까지 했다.

아메리카 대륙에서 번성했던 마야·아즈텍·잉카 제국에서도 멀리 떨어진 지역 사이의 사회적 커뮤니케이션을 위해 전문적인 전령과 중계 시스템을 만들어 운영했다. 그들은 민첩하고 건장한 신체를 가진 청년을 선발해 고도로 훈련을 시킨 후 전령으로 삼았다. 전령은 고대 그리스처럼 메시지를 암기할 수 있는 좋은 기억력을 갖고 있어야 했다. 중계소는 지형에 따라 10km에서 45km에 이르는 다양한 거리를 두고 설치되었다. 한 명의 전령이 중계소에 도착해 다른 전령에게 메시지를 전하는 방식으로 하루에 300km 정도의 거리를 연결할 수 있었다.

또한 전령은 메시지를 몸으로 표현하기도 했다. 예를 들어 전령이 머리카락을 풀고 목적지에 도착한다면 전투에서 패했다는 메시지를 갖고 온다는 의미였다. 반면에 머리를 단정하게 땋고 다양한 색의 리본을 매고 도착한다면, 좋은 소식을 전하러 왔다는 의미였다. 따라서 도착지의 사람들은 전령의 말을 듣기도 전에 전령의 모습만으로도 메시지의 호불호를 짐작할 수 있었다. 단정한 차림의 전령은 사람들의 환호와 환대를 받으면서 성안에 들어섰다.

말을 사용하는 커뮤니케이션을 '구두 커뮤니케이션(oral communication)'이라고 하고, 사용되는 미디어를 '구두 미디어'라고 한다. 대면 대화, 연설, 강의, 회의 같은 것이 대표적인 구두 커뮤니케이션의 형태이다.

구두 커뮤니케이션은 가장 오래되고 현재까지도 가장 널리 사용되는 커뮤니케이션이다. 말을 하려면 사람을 직접 만나야 한다. 대화는 구두 커뮤니케이션의 가장 보편적인 형태이다. 대화를 나눈다는 것은 단지 말을 하고 듣는 과정이 아니라 눈맞춤·표정·자세·몸짓·체취·분위기 등과 같은 다양한 비언어적 요소들을 교환하고 이해하는 과정이다. 또한 같은 공간과 시간에서 이루어지는 커뮤니케이션이기 때문에 행위자들 사이의 즉각적인 피드백을 통해 신속하고 유연한 메시지 공유와 의사결정이 가능하다. 이를 통해 행위자들은 비교적 쉽게 높은 수준의 상호 이해에 도달할 수 있으며, 서로 간의 신뢰를 구축할 수 있다. 즉, 구두 커뮤니케이션의 행위자들은 서로 잘 알고 이해하는 공동체의 구성원이 될 수 있다.

말은 살아 움직이는 힘

기록되고 보존되기 힘든 구두 미디어의 속성 때문에 사람들의 기억력이 중요해졌다. 중요한 일들은 암기되고 구전되어야 하기 때문이다. 부족사회의 사람들은 다양한 소리와 몸짓을 이용하고 온몸의 감각기관을 사용해 의사소통했다. 노인은 어린이에게 부족의 신화와 전설을 들려주었고, 부족 사람들은 일을 하거나 마을의 의식을 치를 때 집단으로 모여 춤을 추고 노래를 불렀다. 부족원들은 춤과 노래, 이야기를 통해 세상의 기원과 부족의 역사를 기억하고, 다음 세대에 전달했다. 구두 미디어는 이처럼 부족사회를 형성하고 유지하는 커뮤니케이션의 지배적 미디어였다.

소리의 장단·높낮이·운율, 그리고 표정·자세·몸짓·행동을 통해 기쁨·슬픔·분노·공포 등의 다양한 감정을 전달할 수 있는 구두 미디어는 문자·활자 미디어에 비해 훨씬 더 감정적으로 풍부하며, 일상적 삶의 체험과 깊이 연결되어 있다. 같은 의미를 가진 단어라도 말로 표현할 때와 문자나 활자로 표현할 때 우리가 받는 느낌이 다르다. 말을 통해서는 단어의 사전적 의미만 전달되는 것이 아니다. 목소리의 음색이나 장단고저, 말하는 사람의 표정과 자세가 달라짐에 따라 같은 단어도 다르게 느껴진다. 말은 그것이 지시하는 사물의 본성과 더 깊이 연결되어 있기 때문이다.

〈해리 포터〉 시리즈의 악당 볼드모트는 '이름을 부를 수 없는 자'로 불린다.(2-8) 이름을 부르는 행위 자체가 그를 소환하는 듯한 두려움을 유발하기 때문이다. 이는 우리가 말이 가진 힘을 어떻게 느끼는지를 보여주는 사례이다. 이름을 말하거나 개념을 말하는 행위는 그 말이 지시하는 사물이나 감정을 그대로 소환하는 듯한 감정을 불러일으킨다. "사랑해"라는 말은 그 자체로 사랑의 감정을 느끼게 해준다. 말은 엄밀히 말해 대상을 지시하는 인공적 기호에 불과하지만 우리는 말을 대상 자체로 생각한다. 이것이 말이 가진 상징적 속성이다.

구두 미디어가 커뮤니케이션을 지배하던 부족사회의 사람들은 말과 대상을 명확히 구분

2-8 영화 〈해리 포터(Harry Potter)〉 시리즈의 볼드모트.

하지 않았다. 인간이 만든 사회와 문화의 산물은 자연과 뚜렷이 구분되지 않았다. 사람들은 말이 가진 마법의 힘을 믿었다. 사람들의 말은 정령이나 자연과 유기적으로 연결되어 있었다. 부족사회의 사람들은 말을 통해 모습을 드러내는 자연의 힘에 순종하면서 신화와 의례로 가득 찬 마법의 세계에서 살아갔다.

1982년 월터 J. 옹(Walter J. Ong, 1912~2003)은 『구술문화와 문자문화』라는 책에서 말을 지배적 미디어로 사용하는 사회에서 문자를 지배적 미디어로 사용하는 사회로의 이행이 인간의 사고방식에 근본적인 변화를 불러왔다고 주장했다.[2] 옹이 보기에, 구술문화 속의 사람들은 말이 마법의 힘을 갖고 있다고 생각한다. 왜냐하면 그들에게 말은 대상을 가리키는 단순한 기호가 아니라 벌어지는 사건 그 자체이기 때문이다.

말을 한다는 것은 소리를 내는 것이다. 소리를 내는 순간 말은 존재하지만, 소리가 사라지면 말도 사라진다. 따라서 말을 하는 것은 하나의 사건을 일으키는 일이다. 반면에 문자는 종이에 기록하므로 고정되어 있어서 변하지 않는 일종의 죽은 사물이다. 말은 소리가 나는 사건이고, 말이라는 사건의 발생은 어떤 변화를 불러일으킨다. 누군가의 이름을 부르면 그가 쳐다볼 것이고, 누군가에게 "사랑한다"고 말하면 그의 감정이 변할 것이다. 말은 살아 움직이는 힘이자 사건, 행동이기 때문이다.

대성당의 시대에
마침표를 찍은 인쇄술의 발달

인쇄 미디어

르네상스의 문을 연
인쇄 미디어

"피렌체에선 말하지, 지구는 둥글다고/세상에는 또 다른 대륙이 있다고/대서양을 향해 배들은 떠났네/인도에 닿기 위한 길을 찾으려고/루터는 성경을 다시 쓸 것이고/우리는 서 있지, 불화의 시대 앞에/개혁자 구텐베르크 세상을 변화시켰고/쉴 새 없이 새 글이 인쇄되는 뉘렌베르크/수많은 시와 노래, 논문들과 팸플릿/새로운 사상들이 모든 걸 바꿔놓을/언제나 작은 것이 큰 것을 허물고/문학은 건축을 무너뜨리는 법/학교의 책들이 성당을 허물고/성경은 교회를, 인간들은 신을 무너뜨리리라."(뮤지컬 〈노트르담 드 파리〉, '피렌체' 중에서)

2-9 노트르담 대성당 전경(1345). ⓒF. Matthew

15세기 유럽에서는 수백 년을 이어온 대성당의 시대가 끝나고 있었다.(2-9) 대성당들의 시대에 신의 말을 문자로 기록한 성경은 소수의 성직자들이 독점하고 있었고, 대성당의 돌과 유리 위에 새겨진 신의 문자와 이미지가 인간을 지배했다. 위에 인용한 노래 '피렌체'는 대성당의 시대가 어떻게 끝나가는지를 잘 보여준다.

신대륙의 발견, 종교개혁, 인쇄술의 발명은 대성당의 시대가 종결되었음을 선언한 커다란 사건들이다. 이 사건들은 신의 시대가 끝나고 인간의 시대가 돌아왔음을 선포했다. 바로 피렌체에서 인간의 부활, 즉 르네상스가 시작되었다. '재탄생'이라는 뜻을 가진 르네상스(renaissance)는 신 중심의 세계관이 지배하던 중세의 문화에서 벗어나 고대 그리스와 로마 시대에 융성했던 인간 중심의 문화예술을 되살리고자 하는 운동을 가리키는데, 이 르네상스를 이끌었던 미디어가 바로 인쇄 미디어이다.

1448년 독일의 요하네스 구텐베르크(Johannes Gutenberg, 1398~1468)는 금속활자를 조합한 판으로 책을 인쇄하는 혁명적 기술을 발명했다.(2-10) 구텐베르크의 발명 이전에는 나무를 이용한 목판 인쇄술이 존재했는데, 특히 중국과 한국 등에서 아주 오래전부터 사용되고 있었다.

2-10 구텐베르크 시절의 인쇄소 풍경, Jost Amman 작, 1568.

8세기 초 중국에서 시작된 목판 인쇄술은 그 후 한국으로 전해졌는데, 통일신라 시대인 706~751년경에 제작된 것으로 추정되는 『무구정광대다라니경(無垢淨光大陀羅尼經)』이 현존하고 있을 정도로 한국 목판술의 역사는 장구하다.[2-11]

금속활자를 이용한 인쇄술의 경우도 기록상으로 고려시대 1234년부터 1241년 사이에 출판된 『상정고금예문(詳定古今禮文)』이 세계 최초의 금속활자본인 것으로 알려져 있다. 이후 1377년 간행된 『직지심체요절(直指心體要節)』이 세계에서 현존하는 가장 오래된 금속활자 인쇄본으로, 독일 구텐베르크의 금속활자본보다 70여 년이나 앞선 것으로 인정받고 있다.[2-12]

한국을 비롯한 아시아의 인쇄술은 유럽보다 시기적으로는 앞서지만, 글자 수가 너무 많은 표의문자인 한자의 특성과 소수의 지배계급이 지식을 독점하는 경직된 환경 때문에 널리 보급되지 않아 사회적 영향력이 크

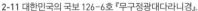

2-11 대한민국의 국보 126-6호 『무구정광대다라니경』.

지 않았다. 반면, 표음문자 알파벳을 이용하는 구텐베르크의 인쇄술은 일반 국민들이 쉽게 받아들일 수 있었기 때문에 유럽 전역에 널리 보급되면서 엄청난 변화와 파장을 불러일으켰다.

2-12 『직지심체요절』, 프랑스 국립도서관 소장.

금속활자를 이용한 인쇄술은 알파벳이나 문자를 하나씩 주조한 뒤 활자들을 배열·조합해 완성한 판을 종이에 찍어내는 방식이다. 나무판에 한 면의 텍스트를 한꺼번에 조각한 뒤에 인쇄하는 목판 인쇄술은 제작 기간도 길고 쉽게 마모되는 나무의 속성으로 인해 많은 양을 인쇄할 수 없다는 단점을 갖고 있었다. 반면, 이미 주조된 활자들을 배열·조합하는 방식의 금속활자 인쇄술은 단시간에 다량의 책을 인쇄할 수 있었다. 구텐베르크는 지용성 잉크를 사용하는 인쇄용 프레스 장치를 발명해 성경처럼 방대한 분량의 책도 단시간 안에 대량 제작할 수 있게 함으로써 유럽 사회에 대변혁을 가져왔다.

성경의 대중화와 자본주의의 탄생

구텐베르크의 인쇄술이 유럽에서 빠르게 확산한 것은 인쇄술에 대한 사회적 요구가 존재하고 있었기 때문이다. 13세기부터 유럽에서는 경제가 발달하면서 큰 도시들이 생겨나기 시작했다. 이 대도시에는 지식의 축적과 전수를 위한 대학과 각종 학교들과 도서관

2-13 1455년에 출간된 구텐베르크 성서.

들이 설립되었으며, 교육과 연구를 위해 반드시 필요한 책에 대한 수요가 급증했다. 교육의 기회가 확대되어 문맹률이 떨어지면서 언어를 해독하고 책을 읽을 수 있는 대중이 형성되기 시작했다.

기독교가 지배하던 당시 유럽에서 가장 중요한 책은 성경이었다. 성경은 주로 수도사들이 필사하는 방식으로 제작되었다. 방대한 양의 성경을 손으로 일일이 필사하는 것은 오랜 시간이 걸리는 고된 작업이었다. 그래서 성경은 극소수의 사람만이 소유할 수 있는 귀하고 비싼 책이었는데, 비로소 글을 읽을 수 있게 된 대중은 성경도 스스로 읽기를 원했다.

구텐베르크의 인쇄술은 이러한 대중의 욕구를 충족시켜줄 수 있는 중요한 기술이었다. 인쇄술로 많은 돈을 벌고자 했던 구텐베르크가 본격적으로 인쇄할 최초의 서적으로 성경을 선택한 것은 바로 잠재적인 독자 수를 가장 많이 가진 성경이 상업적으로 큰 가치를 지녔기 때문이었다. 금속활자 인쇄술의 발명으로 성경은 대량 인쇄되었고, 그 결과 누구나 손쉽게 구할 수 있는 책이 되었다.(2-13)

구텐베르크의 인쇄술은 유럽에서 새로운 계급으로 부상하던 부르주아들의 이해관계와 맞아떨어지면서 널리 퍼져나갔다. 원래 성(bourg)안에 사는 사람들을 의미하던 '부르주아(bourgeois)'는 도시에 주거하면서 상공업을 통해 부를 축적한 자본가들이었다. 사업의 확장을 꿈꾸던 부르주아들은 지식과 정보를 수집·유통하는 데 관심이 많았다. 인쇄술은 성경을 비롯한 다양한 서적뿐만 아니라 나중에 신문으로 발전하는 소식지 등을 빠르게 대량으로 제작·유통하는 데 필수적인 기술이었다. 그 결과 부르주아들을 중심으로 인쇄술에 대한 관심과 투자가 증가하면서 출판 산업이 크게 발달했다. 1455년 구텐베르크가 처음 인쇄한 성경은 180부에 불과했지만 1500년까지 유럽에서 출판된 책은 2천만 부에 달했다.

인쇄술의 발명과 확산은 표음문자의 사용으로 시작된 '시각의 지배'를 더욱 확고하게 만들었다. 문자 시대에 사람들은 손으로 글씨를 쓰고 글을 소리 내어 읽었기에 이 시기에도 여전히 촉각과 청각이 활성화되는 경우가 많았다. 하지만 금속활자로 인쇄한 출판물은 촉각과 청각을 더 명백하게 배제하는 결과를 낳았다.

인쇄술이 가져온
민족주의와 산업혁명

인쇄술을 통해 대량 생산된 책은 엄청난 양의 정보와 지식을 개인이 소유하고 축적할 수 있게 만들었다. 사람들은 서재와 같은 개인 공간에 앉아 인쇄된 책을 읽었다. 책은 소리 내어 읽는 것이 아니라 눈으로 읽는 미디어이다. 공원이나 도서관, 기차 안에서도 책을 펼쳐 눈으로 읽는 순간 사람들은 다른 사람과 분리된 자신만의 공간에 홀로 존재하는 개인으로 재탄생되었다.

시각이 지배적인 감각의 지위를 확고히 차지하게 됨에 따라 인간은 더욱더 개인화되고, 공간은 분화·파편화되고, 지식은 전문화되었다. 활자로 인쇄된 책을 눈으로 읽게 되면서 개인의 이성적 능력과 분석력이 증가했다. 책을 눈으로 읽는다는 것은 주변 환경과는 고립된 채 혼자서 책의 내용을 생각하고 분석한다는 뜻이기 때문이다.

책이 대량으로 인쇄 출판된다는 것은 넓은 지역에 사는 많은 사람이 책을 읽게 된다는 의미이다. 한번 인쇄된 책의 내용은 바꾸기 어렵기 때문에 누구나 쉽게 이해할 수 있는 언어로 누구나 인정할 수 있는 지식, 곧 표준어와 공인된 지식을 담고 있어야 했다. 그래서 국가마다 표준어가 지정되었고, 표준어가 아닌 방언들은 공인된 지식을 기록하는 책에서는 사용될 수 없었다. 그 결과 인쇄술은 지역의 방언들을 배제하고 단일 국가에서 사용되는 단일한 표준어 체계를 만들어냈다.

표준어의 사례에서 볼 수 있듯이, 인쇄술은 국가 차원에서 획일적이고 동질적인 사회 환경을 만드는 데 크게 기여했다. 민족주의(nationalism)도 이러한 사회 환경에서 등장했다. 민족주의는 하나의 민족(국민)이 하나의 국가를 구성한다는 정치적 이념인데, 민족주의가 실현되려면 사람들이 모두 같은 민족이며 하나의 국가에 속한다는 믿음을 가져야 한다. 같은 언어, 같은 화폐, 같은 복장, 같은 음식 등을 공유한다고 인식할 때 민족주의는 쉽게 고양된다.

인쇄 시대 이전의 사람들은 같은 국가의 구성원들이라 하더라도 자신이 사는 고장이나 도시에 대한 소속감이 강했고, 영주나 국왕과 같은 지도자에 대한 충성심이 더 높았다. 이질적인 방언을 사용하는 같은 국가의 구성원보다는 같은 방언을 사용하는 같은 지역의 구성원들과 더 큰 동질감을 느꼈으며, 국가보다는 국왕에 충성을 바쳤다. 이들이 같은 민족이라는 생각을 가지려면 우선 같은 언어를 사용하게 해야 했다. 인쇄된 책을 통한 표준어의 확산은 단일한 국가의 구성원이 공유하는 단일 언어라는 믿음 체계를 만들어냈다. 이와 함께 같은 화폐와 같은 도량을 이용하는 단일한 국가 경제의 탄생은 민족주의의 형성에 이바지했다.

또한 인쇄술은 문자 미디어가 가진 획일성·순차성·논리성을 더 강화함으로써 산업혁명을 촉진시켰다. 인쇄된 책을 통한 지식의 축적과 과학발전에 힘입어 증기 기관이 발명되고, 다양한 기계들이 산업에 활용되면서 산업혁명의 발단이 되었다. 대량 생산을 위해서는 기계의 사용뿐 아니라 노동 분업이나 조립 생산 라인과 같은 산업 기술의 발명이 필수적인데, 획일성·순차성·논리성을 가진 사고방식이 이를 가능하게 만들어주었다.

이와 같이 인쇄술은 문자 미디어의 특성을 강화함으로써 르네상스, 종교개혁, 계몽사상, 과학과 기술의 발전, 민족주의, 산업혁명을 촉진시키는 역할을 했다고 할 수 있다. 인쇄 미디어가 만들어낸 새로운 세계를 매클루언은 '구텐베르크 은하계'라고 불렀다.[3]

> **구텐베르크 은하계**
> 구텐베르크가 발명한 금속활판 인쇄술이 인간의 감각과 의식은 물론 사회와 문화에 광범위한 영향을 미침으로써 만들어낸 새로운 생태계를 우주에 비유해 일컫는 말이다.

사진과 영화를 통해
경험의 폭을 넓히다

사진과 영화의 발명

최초로 영화를 만든
뤼미에르 형제

프랑스 파리에 있는 오페라 건물에서 멀지 않은 곳에 스크리브(Scribe) 호텔이 있다. 100년 전에 이 호텔은 '그랑 카페'라는 카페였는데, 1895년 12월 28일 이 카페의 지하실에서 세계 최초의 영화 상영이 이루어졌다. 1895년 3월 22일 오귀스트 뤼미에르(Auguste Lumière, 1862~1954)와 루이 뤼미에르(Louis Lumière, 1864~1948) 형제는

자신들이 제작한 영화를 몇 명의 과학자
들에게 보여준 후에 좋은 평을 듣자 대중
에게 공개하기로 마음을 먹었다.

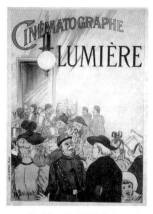

뤼미에르 형제는 자신들의 발명품에
영화의 탄생을 예고하는 '시네마토그래
프(cinématographe)'라는 이름을 붙였
다.[2-14] 처음에는 유명한 극장을 빌려 상
영하려고 했지만, 영화를 한 번도 본 적이
없었던 극장 관계자들의 반응은 거의 경
멸의 수준에 가까웠다. 우여곡절 끝에 간

2-14 뤼미에르 형제의 시네마토그래프
〈열차의 도착〉을 광고하기 위해 제작한
포스터(1895).

신히 그랑 카페의 지하실을 빌릴 수 있었지만 영화 상영에 관심을 가진
사람은 거의 없었다.

첫 번째 상영일에 언론사 기자들을 초대했지만 아무도 오지 않았다. 입
장료는 1프랑이었다. 당시 다른 공연의 입장료보다 더 비싼 가격 때문이
었는지 첫날 관객 수는 불과 30명이 조금 넘었을 뿐이다. 첫 상영작 〈공장
노동자들의 퇴근〉을 포함한 10편의 짧은 영화가 상영되는 데 걸린 시간
은 20분 정도였다. 이 20분이 세계의 공연 역사를 혁신적으로 바꾸어놓
았다. 움직이는 영상에 대한 소문은 삽시간에 퍼졌고, 관객들이 매일 저녁
카페의 지하실로 몰려들어 곧 2,500명을 넘어섰다.

첫날 영화를 관람한 호기심 많은 30여 명의 관객 중에는 조르주 멜리에
스(Georges Méliès)가 있었다. 마술사이자 연극 감독이었던 멜리에스는
이 새로운 영상 기술이 공연 예술계에 혁명을 가져오리라는 것을 직감했
다. 그는 곧바로 카메라를 구매하고 영화 제작사를 설립해 자신의 영화를
만들기 시작했다.

2-15 〈달세계 여행(A Trip to the Moon)〉 포스터(1902).

멜리에스는 현실에서 벌어지는 사건을 단순히 기록하는 다큐멘터리에 불과했던 영화를 환상적인 스토리를 담고 있는 마법의 세계로 창조해냈다. 카메라로 영화를 촬영하던 그는 우연한 사고로 카메라가 멈췄다가 다시 작동했을 때 영상 속의 물체가 사라지거나 뒤바뀌는 것처럼 보이는 효과가 발생한다는 것을 발견했다. 최초의 특수효과 촬영이 이루어진 것이다. 그는 다양한 특수효과 촬영 기법을 발명했고, 편집 기법과 영화 미술 기법을 만듦으로써 영화 예술의 선구자 역할을 했다. 그가 1902년 제작한 〈달세계 여행〉은 영화가 인간의 상상을 현실로 구현할 수 있다는 사실을 증명해주었다.(2-15)

현실을 세밀하게
관찰하고자 했던 시대정신

영화를 일반 대중에게 유료로 상영한 것은 뤼미에르 형제가 최초이지만, 영화와 관련된 모든 기술을 최초로 발명한 것은 아니다. 영화 촬영을 위한 카메라는 사진 카메라를 바탕으로 하여 다양한 발명가들에 의해 점차 개량된 결과로 탄생되었다.

영국 출신 미국인 사진가 에드워드 마이브리지(Eadweard Muybridge)는 1877년부터 12개 또는 24개의 사진기를 일정한 간격으로 세워놓고 인간이나 동물의 움직임을 연속적으로 촬영하는 작업을 진행했다.(2-16)

1882년 프랑스의 의사 에티엔 쥘 마레(Étienne-Jules Marey)는 하나의 카메라로 인간이나 동물의 움직임을 연속 촬영할 수 있는 '크로노포토그래피(Chronophotographie)'를 발명했다. 1초에 10장의 사진을 기록할 수 있는 마레의 크로노포토그래피는 사실상 영화 필름의 시초라고 할 수 있다.

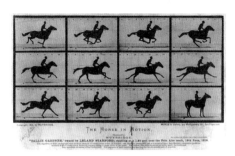

2-16 마이브리지가 12대의 카메라를 사용해서 찍은 사진 (1878).

카메라로 촬영된 영상을 스크린에 투사할 수 있는 환등기와 영사기도 여러 사람에 의해 개량된 것이다.

2-17 프락시노스코프, 버밍엄 박물관 소장.

프랑스의 물리학자 에밀 레이노(Émile Reynaud)는 1880년 일종의 영사기인 '프락시노스코프(praxinoscope)'를 개발했다.(2-17) 1892년 10월 28일 파리의 그레뱅 박물관에서 레이노는 영사용 프락시노스코프를 이용해 자신이 직접 제작한 애니메이션 영화인 〈불쌍한 광대(Pauvre Pierrot)〉, 〈맥주 한 잔(Un bon bock)〉, 〈어릿광대와 개(Le Clown et ses chiens)〉를 상영했다. 이 작품들은 유리판 위에 그려놓은 연속된 그림을 상영함으로써 움직이는 영상을 제공했다. 영화보다 애니메이션이 먼저 등장한 것이다.

2-18 에디슨이 만든 초기의 영화 영사 장치 키네토스코프(1889).

미국의 발명가 토머스 에디슨(Thomas A. Edison)은 1891년 연속 촬영된 사진영상을 이용해 움직임을 재현하는 '키네토스코프(Kinetoscope)'를 공개했다.(2-18) 키네토스코프는 큰 상자 위에 달린 렌즈에 눈을 대고 보면 움직이는 영상이 보이는 장치였다. 이는 관객이 한 명씩 개별적으로 상자 안의 영상을 감상할 수 있는 장치였기 때문에 어두운 방에서 스크린에 영상을 투사하는 영화와는 달랐다. 에디슨의 키네토스코프는 뤼미에르 형제의 영화에 직접적인 영향을 미쳤다고 볼 수 있다.

2-19 니에프스가 찍은 최초의 사진(1827).

사진과 영화는 카메라를 이용하여 현실세계를 영상으로 기록해 보여준 최초의 미디어라고 할 수 있으며, 현재까지도 우리의 일상생활에서 광범위하게 사용되면서 매우 큰 영향을 미치고 있다. 최초의 사진은 1826년 프랑스의 조제프 니세포르 니에프스(Joseph Nicéphore Niépce)가 자신의 2층 방 창문을 통해 바라본 풍경을 금속판 위에 인화해 얻은 것으로 알려져 있다.(2-19) 이후 여러 사람에 의해 개량된 사진술은 1839년 프랑스 정부가 특허를 사들여 대중에게 공개함으로써 누구나 사용할 수 있는 기술로 자리잡았다.

시각적 즐거움을
경험하다

1791년 제러미 벤담(Jeremy Bentham)이 '파놉티콘(panopticon)'을 발명했다.(2-20) 근대의 시각 문화를 가장 잘 보여 주는 장치인 파놉티콘은 효율적인 감시 장치인데 그 원리는 간단하다. 원 모양의 건물들을 짓고 그 가운데에 탑을 세운다. 이 탑에서 간수는 주위를 둘러싼 건물 안에 있는 방들을 관찰할 수 있다. 방에 있는 죄수들은 탑에서 그들을 관찰하는 간수를 볼 수가 없다. 죄수들은 누가 자신을 감시하고 있는지 모르기 때문에 스스로 알아서 행동을 조심하게 된다. 중앙에 있는 소수의 사람이 시각을 통해 주변의 모든 것을 관찰하고 감시한다는 파놉티콘의 시각적 논리는 그 당시 시대정신의 반영이었다.

파놉티콘과 거의 동시에 발명된 '파노라마(panorama)'도 같은 논리를 기반으로 작동하는 장치였다. 1787년 로버트 바커(Robert Barker)는 높은 망루에 올라 빙 돌면서 주변을 보듯이 전체 풍경을 360°로 재현할 수 있는 원형의 그림을 구상하고, 일 년 후에 첫 번째 파노라마 그림을 대중에게 공개했다.(2-21) '파노라마'라는 단어가 등장한 것은 1792년인데, 이 단어는

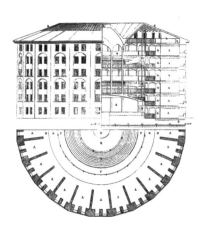

2-20 벤담의 파놉티콘 계획(1791).

2-21 바커가 그린 파노라마 단면(1789).

2-22 외젠 앗제, 〈코르셋〉, 파리 스트라스부르가, 1925년, 메트로폴리탄미술관.

그리스어에서 파생된 말로 '모두 보다'라는 뜻이다. 파노라마는 19세기 유럽과 미국에서 가장 인기 있는 공연물 중의 하나였다.

파노라마는 원형의 건축물의 내벽에 360°로 빙 돌아가며 그림을 그려 놓고 가운데 위치한 전망대에서 그림을 감상하게 만든 장치이다. 전망대 위의 사람들은 전투와 같은 역사적 사건이나 대도시의 모습을 사실대로 묘사한 그림을 보면서 그 사건이나 도시의 한복판에 자신이 실제로 놓여 있다는 느낌을 받을 수 있었다. 파노라마에서 중요한 것은 현실의 모습을 아주 세밀한 부분까지 전체적으로 관찰할 수 있도록 재현하는 일이었다. 파노라마는 시각이라는 단 하나의 감각으로 한 장소를 관찰하도록 만든 장치였던 것이다.

19세기 중반에 등장한 '쇼윈도(show window)'도 파놉티콘이나 파노라마와 같은 장치들에서 나타나는 관찰자의 시각이라는 논리를 따른다. 긴 아케이드 상점가를 따라 걸으면서 산보객은 쇼윈도를 구경하게 된다. 산보객은 쇼윈도 안에 진열된 온갖 종류의 물건들을 바라보기만 할 뿐 만져볼 수는 없다. 오직 시각적 즐거움만을 경험하는 것이다.(2-22)

19세기 중반에 일반화된 철도도 비슷한 논리를 따라 작동했다. 독일의 정치학자 돌프 슈테른베르거(Dolf Sternberger)가 말했듯이, 철도 교통은 세계를 바라보는 방식을 새롭게 구성했다.⁴ 철도는 열차 밖에 보이는 세상을 하나의 파노라마처럼 만들었다. 원거리 지역들을 철로와 기차로 연결한 철도는 편안하고 체계적인 여행을 통해 승객들이 마음 놓고 창문 밖의 경치를 즐길 수 있게 만들었다.

달리는 기차 안에서 승객은 유리와 철로 된

2-23 영화 〈열차의 도착〉에서 열차가 승강장으로 들어오는 장면.

객차에 의해 외부와는 완전히 차단된 공간 안에 놓인다. 창밖에서 지나가는 파노라마 같은 풍경을 감상하는 승객은 어두운 극장에 앉아 스크린 위에 펼쳐지는 영상을 바라보는 영화 관객과 흡사한 경험을 하는 셈이다. 뤼미에르 형제가 초기에 제작한 영화 중의 하나가 〈열차의 도착〉이었다는 것은 이러한 점에서 대단히 흥미롭다.(2-23)

세계를 하나의 지구촌으로 만든 텔레비전

라디오와 텔레비전의 등장

무선전신의 위력을 보여준 타이타닉호 사건

1912년 4월 15일 새벽, 영국의 사우샘프턴을 출발해 미국 뉴욕으로 가던 타이타닉호가 북대서양에서 빙산과 충돌하여 침몰했다.(2-24) 아마도 역사상 가장 유명한 선박 침몰 사건으로 기억될 이 참사에서 2,200여 명의 승객과 승무원 중 불과 710명만이 살아남았다. 이 끔찍한 사고의 시작과 끝에서 무선전신이 중요한 역할을 했다.

1896년 굴리엘모 마르코니(Guglielmo Marconi, 1874~1937)가 모스부호를 이용한 무선전신 기술에 대해 특허를 받고 상용화를 시작하자마자 무선전신은 즉시 선박들 사이의 커뮤니케이션에 가장 유용한 미디어로 인식되었다.(2-25) 1898년 도버 해협에서 50km 거리의 송신에 성공하면서 마르코니의 무선전신이 주목을 받기 시작했다. 곧 대형 여객선을 중심으로 무선전신 장비가 설치되고 항해 중 선박과 선박 사이, 선박과 항구 사이의 커뮤니케이션에 사용되기 시작했다.

2-24 1912년에 찍은 타이타닉호의 전경.

타이타닉호에는 최신의 무선전신 장비가 설치되어 있었다. 침몰 하루 전인 4월 14일에 타이타닉호의 무선사들은 다

2-25 마르코니가 무선송신을 하고 있는 모습.

른 선박들로부터 근처 바다에 빙산이 있다는 경고 메시지를 6차례나 받았다. 그런데 당시 타이타닉호의 무선사들은 선박의 승무원이 아니라 마르코니 무선전신사의 직원이었다. 그들의 주 업무는 1등석 승객들을 위해 육지에 메시지를 전송하고 수신하는 것이었다. 하필이면 전날 무선전신 장비가 고장 났었기 때문에 14일에는 처리해야 할 승객들의 메시지가 수북이 쌓여 있었다. 승객들의 무선 전보를 보내기 바빴던 무선사들은 빙산 경고 메시지를 승무원들에게 알리지 않고 무시했다. 14일 밤 10시 30분에 캘리포니안호로부터 마지막 경고 메시지가 들어왔을 때 타이타닉

호의 무선사 잭 필립스는 "닥쳐! 닥쳐! 지금 일하는 중이라고!"라는 답신을 보내고 통신을 꺼버렸다.

밤 11시 39분 승무원이 빙산을 발견했지만, 때는 이미 늦었다. 타이타닉호는 빙산과 충돌했다. 충돌로 인한 손상으로 배가 침몰하고 있다는 것이 알려지자, 15일 0시 15분부터 무선사들은 조난신호를 보내기 시작했다. 불과 16km 떨어진 곳에 캘리포니안호가 있었지만, 당시 무선사가 피로에 지쳐 자고 있었기 때문에 조난신호를 받지 못했다.

타이타닉호의 조난신호를 처음으로 수신한 것은 250km 떨어져 있던 프랑크푸르트호였다. 곧 주변에 있던 선박들이 조난신호에 응답하기 시작했고 타이타닉호를 향해 달려갔다. 타이타닉호의 무선사들은 무선실이 물에 잠기기 시작한 2시 17분까지 구조를 요청하는 메시지를 보냈다. 2시 20분경 타이타닉호는 완전히 침몰했다. 1,500여 명이 목숨을 잃었지만 그나마 700명이 넘는 사람들이 생존할 수 있었던 것은 무선전신을 통해 구조요청을 듣고 달려온 선박 덕분이었다.

무선전신을 이용한 최초의 라디오

마르코니에 의해 상용화된 초기의 무선전신은 단순한 모스부호를 이용하는 것이었는데, 이는 곧 소리를 전달하는 기술로 발전했다.(2-26) 1876년에 알렉산더 그레이엄 벨(Alexader Graham Bell)이 전화(telephone) 특허를 받았고, 1877년에 에디슨이 축음기를 발명한 상태였기 때문에 많은 과학자가 소리를 기록하고 전달할 수 있는 기술에 주목하기 시작했다.

International Morse Code

1. The length of a dot is one unit.
2. A dash is three units.
3. The space between parts of the same letter is one unit.
4. The space between letters is three units.
5. The space between words is seven units.

A
B
C
D
E
F
G
H
I
J
K
L
M
N
O
P
Q
R
S
T

U
V
W
X
Y
Z

1
2
3
4
5
6
7
8
9
0

2-26 모스부호의 문자와 숫자.

2-27 브랜트 록에서 사용된 페센든의 교류발전송신기.

1906년 미국인 발명가 레지널드 페센든(Reginald Fessenden)은 세계 최초로 무선전신을 이용해 소리를 전달하는 데 성공했다. 그는 크리스마스 이브에 자신의 기지국이 있는 매사추세츠 브랜트 록에서 멀리 떨어져 있는 대서양의 선박을 대상으로 자신의 목소리와 녹음된 음악을 전송했다. 당시 모스부호가 흘러나와야 할 수신 이어폰에서 크리스마스 음악과 성경 구절 낭독 소리가 흘러나오는 바람에 선박 무선전신원들은 놀라움을 금치 못했다고 한다. 바로 최초의 라디오 방송이었던 셈이다.[2-27]

페센든이 첫 음성방송을 시작했지만 이후에도 음성방송 수신에 필요한 기기(라디오)가 없었기 때문에 한동안은 모스부호를 통한 통신방법이 주로 이용되었다. 그 뒤 라디오 방송에 대한 아이디어와 기술이 세계 각국에서 개발되기 시작했다.

1916년 미국 마르코니 무선전신 회사의 기술 책임자였던 데이비드 사르노프(David Sarnoff)는 사장에게 "라디오를 피아노나 축음기와 같은 가정용 제품으로 만들 아이디어가 있다. 무선전신을 잘 이용한다면 가정에 음악을 전송할 수 있을 것"이라며 '라디오 뮤직 박스'를 만들자고 제안했다. 이 아이디어를 잘 살린 사르노프는 1919년 설립된 미국 최대의 무선통신 회사 RCA(Radio Corporation of America)를 이끌면서 미국 라디오와 텔레비전 산업에서 선구자의 역할을 수행했다.

이처럼 라디오 방송에 대한 기술이 하나둘 개발되면서 1919년 네덜란드·호주·캐나다·미국 등에서 실험적인 라디오 방송이 시작되었다. 1920년부터 세계 여러 나라에서 정기적인 방송을 하는 라디오 방송국이 하나둘씩 만들어졌고, 1920년대 중반에 이르러 대부분의 나라에 라디오 방송국들이 설립되었다. 한국에서는 1927년 경성방송국이 만들어지면서 라디오 방송이 개시되었다.

시간과 공간의 한계를 극복한 전자 미디어

1920년대와 30년대에 라디오와 영화는 가장 인기 있고 영향력이 큰 미디어였다. 미국의 경우, 1922년에 4천만 명이던 영화 관객 수는 1929년에 8천5백만 명으로 급증했다. 1910년대에 미국 서부 할리우드에 자리를 잡은 영화사들은 '꿈의 공장(dream factory)'이라 불리며 대중을 유혹하는 영화들을 제작하기 시작했으며, 제1차 세계대전이 끝난 후에는 세계 영화시장을 석권하게 되었다. 1920년대에 영화는 폭발적인 인기를 끌었으며, 1927년 제작된 〈재즈 싱어〉로부터 시작된 유성영화는 영화를 더욱 지배적인 미디어로 끌어올렸다.[2-28]

미국에서는 1920년부터 라디오 방송이 시작되었다. 그 후 1929년에 이르러 미국 가정의 절반 정도가 라디오를 소유하고 있을 정도로 급속히 발전했다. 사람들은 집에서는 라디오로 뉴스·음악·오락 등의 프로그램을 즐겼고, 저녁과 주말에는 밖에서 영화를 관람했다.

2-28 〈재즈 싱어(The Jazz Singer)〉의 포스터 (1927).

제1차 세계대전이 종결된 1920년대에 전쟁의 피해를 입지 않은 미국은 '포효하는 20년대(roaring twenties)'라고 불릴 정도로 경제적 풍요와 문화적 융성을 누리고 있었다. 1908년 포드 자동차 회사가 포드 T형을 대량 생산해 825달러라는 낮은 가격에 출시하면서 자동차가 대중화되었다. 자동차를 소유하게 된 도시인들은 살기 좋은 교외로 거주지를 옮겼다. 교외에 형성된 주택 단지에서 살게 된 중산층 사람들에게 라디오는 바깥세상과 가정을 연결해주는 정보와 오락의 미디어였다.

자동차의 대중화로 인해 개인적인 문화가 발달하기 시작했다. 자동차 안에서는 누구에게도 방해받지 않고 자신만의 즐거움을 추구할 수 있기 때문이다. 자동차를 타고 드라이브하는 것이 데이트의 주요한 양식으로 정착되었고, 자동차 안에서 음식을 주문해 먹는 드라이브 인 레스토랑이 인기를 끌었으며, 자동차를 탄 채 영화를 보는 자동차 극장이 등장했다. 이와 함께 자동차를 몰고 가서 물건을 대량 구매할 수 있는 창고형 대형 쇼핑몰이 교외에 들어섰다.

도시 근교의 주택 단지에 거주하는 많은 중산층 사람은 자연스럽게 라디오와 영화가 결합된 형태의 미디어를 요구했다. 텔레비전에 대한 사

2-29 기계식 텔레비전 시스템을 시연하는 베어드(1931).

회적 수요가 형성된 것이다. 1920년대부터 미국과 영국 등에서는 텔레비전 장치를 발명하기 위한 다양한 시도가 이루어졌다.

1921년 미국 유타주에 살던 14세의 소년 필로 판즈워스(Philo T. Farnsworth)가 텔레비전 장치의 기본 기술인 전자 영상 스캐닝 튜브와 주사 체계를 개발했고, 미국 공학자 블라디미르 즈보리킨(Vladimir K. Zworykin)은 1924년 브라운관을 이용한 원시적인 전자식 텔레비전의 개발에 도전했다. 1925년 영국의 기술자 존 로지 베어드(John L. Baird)는 기계식 텔레비전 시스템을 제작했다.(2-29)

미국에서 최초의 전자식 텔레비전의 시험방송은 1931년 RCA에 의해 주도되었으며, 1939년 뉴욕 세계 박람회 개회식에서 텔레비전 방송이 본격적으로 시작되었다. 당시 RCA의 사장이었던 사르노프는 텔레비전이 모든 가정에 보급되어 자녀들의 교육과 가족의 교양에 유익한 역할을 할 것이라고 예언했다.

텔레비전은 20세기 사회에 가장 큰 영향을 미친 미디어로 평가된다. 텔레비전과 같은 전자 미디어의 등장으로 소리 언어인 말이 다시 힘을 갖게 되었다. 인쇄 미디어가 지배하던 시대에는 활자화된 표준어가 권력을 행사했다. 말은 사람마다, 지역마다, 상황마다 다른 형태로 나타난다. 사람마다 특이한 말투가 있고 지역마다 고유한 방언이 있다. 똑같은 내용이라도 어떤 방식으로 말하느냐에 따라 느낌과 효과가 달라진다. 하지만 인쇄된 활자는 특별한 경우가 아니라면 획일적이고 표준화된 표현을 사용한다.

텔레비전과 같은 전자 미디어는 사람들이 하는 말을 전달한다. 뉴스와 같은 프로그램에서 공식적인 메시지를 전달할 때는 표준어를 사용하지만, 드라마나 예능 프로그램 등에서는 개인의 특이한 표현이나 사투리가 자주 등장한다. 말이 가진 개별적 특성은 그 말을 하는 사람의 개성으로 이해되기도 하고, 유행어처럼 특이한 말은 대중적으로 큰 인기를 얻으며 사회적으로 사용되기도 한다. 그렇기 때문에 전자 미디어에서는 획일적이고 표준적이고 논리적인 것보다는 개별적이고 지역적이고 감성적인 것이 더 큰 힘을 발휘한다.

전자 미디어는 또한 커뮤니케이션을 제약하는 시간과 공간의 한계를 극복할 수 있게 해준다. 올림픽이나 월드컵 같은 국제행사를 생중계하는 텔레비전의 사례에서 나타나듯이, 전자 미디어는 지구 위의 모든 지역과 모든 사람을 동시에 연결하면서 공동의 사건을 경험할 수 있게 해준다. 그래서 매클루언은 텔레비전이 세계를 하나의 마을 공동체, 즉 '지구촌(global village)'으로 만든다고 주장했다.[5]

유비쿼터스 시대에
새로운 부족사회가 태어나다

디지털 미디어

기계의 지능을
테스트하다

2013년 영국의 엘리자베스 2세 여왕은 크리스 그레일링 법무부 장관의 요청을 받아 앨런 튜링(Alan Turing)에 대한 사면을 승인했다. 튜링은 1952년 동성애자라는 이유로 음란죄 유죄 판결을 받은 후 화학적 거세를 당했다. 그는 1954년 6월 7일 독극물에 중독되어 사망했는데, 그의 곁에는 반쯤 먹은 사과가 떨어져 있었다. 경찰은 그의 죽음을 자살로 결론 내렸지만, 유족은 사고사라고 주장했다. 그레일링 장관은 사면을 발표하면서 "튜링은 전쟁 과정에서 보여준 환상적인 기여와 과학에 남긴 유산으로 인해 기억되

2-30 영화 〈이미테이션 게임〉의 한 장면.

고 인정받을 만한 자격이 있다. 여왕의 사면은 한 뛰어난 인간에 대한 적절한 헌사다"라고 치하했다.

2015년 영화 〈이미테이션 게임(The Imitation Game)〉은 튜링이 제2차 세계대전 동안 진행했던 극비 작업의 전개과정을 보여준다.(2-30) 천재적인 수학자였던 튜링은 독일군이 사용하는 에니그마 암호를 해독하는 데 결정적인 역할을 함으로써 전쟁을 일찍 끝내는데 기여했다.(2-31) 튜링은 또한 컴퓨터

회전자
전구판
키보드
배전판

2-31 제2차 세계대전 중 독일군이 제작하여 사용한 암호 제작 기계인 에니그마.

와 인공지능 연구 분야의 선구자였다. 영국 맨체스터의 한 공원에 세워진 그의 동상에는 '컴퓨터 과학의 아버지'이자 '편견의 희생자'라는 문구가 적혀 있다.

인공지능과 연관지어 튜링은 기계가 지능을 갖고 있음을 증명할 수 있는 테스트를 제안했다. 그는 이를 '이미테이션 게임'이라고

에니그마(Enigma Machine)
독일어로 '수수께끼'라는 뜻을 가진 암호 기계의 한 종류로, 단일 치환 암호를 만들고 해독함으로써 이전보다 뛰어난 안전성을 보인 기술이었다. 독일은 이 암호 시스템을 사용해 제2차 세계대전 초기에 승리를 거두었다.

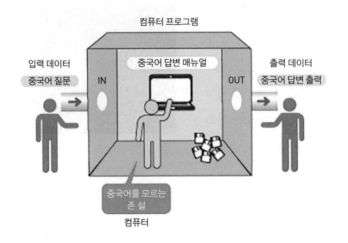

입력 데이터
중국어 질문

컴퓨터 프로그램
중국어 답변 매뉴얼

출력 데이터
중국어 답변 출력

중국어를 모르는
존 설

컴퓨터

2-32 존 설의 '중국어 방' 모형.

불렀지만, 세상에는 '튜링 테스트'라는 이름으로 알려졌다. 튜링 테스트의 원리는 간단하다. 각각 독립된 방에 있는 사람과 기계가 문자로 대화를 나눈다. 이 대화를 다른 방에 있는 평가자가 관찰한다. 평가자가 어느쪽이 사람이고 어느 쪽이 기계인지를 명확히 구분할 수 없다면, 기계는 테스트를 통과하게 된다. 즉, 기계가 인간과 같은 지능을 가졌다고 인정되는 것이다.

1980년 미국의 철학자 존 설(John Searle)은 기계가 인간과 비슷한 지능을 획득할 수 있지만 마음이나 의식을 가질 수는 없다고 주장하면서 튜링 테스트가 가진 문제점을 지적했다. 이때 그가 제시한 것이 '중국어 방'이라는 실험이다.(2-32)

존 설은 튜링 테스트를 통과할 정도로 유창하게 대화를 나눌 수 있는 중국어로 된 컴퓨터 프로그램이 있다고 가정한다. 이때 그가 기계를 대신해 방에 들어가 수동으로 컴퓨터 연산 프로그램을 작동시켜 나온 중국어를 출력해 옆방에 있는 사람과 대화를 나눈다면 대화는 자연스럽게 이어질 수 있을 것이다. 하지만 중국어를 전혀 모르는 존 설은 자신이 어떤 대화를 하는지 이해할 수 없을 것이다. 즉, 컴퓨터는 자연스럽게 대화하지만 그 대화 내용을 이해할 마음이나 의식은 가질 수 없다는 것이 존 설의 주장이다. 간단한 작업을 연산하고 수행하는 약한 인공지능은 가능하지만, 인간처럼 생각하는 의식을 가진 강한 인공지능은 불가능하다는 것이다.

컴퓨터와 스마트폰의
대중화로 시작된 디지털 시대

　　　　　　　　튜링과 같은 선구자들의 연구를 바탕으로 개발되기 시작한 컴퓨터는 처음에는 과학과 군사 분야에서 사용되는 거대하고 복잡한 기계였지만, 1970년대 초에 개인용 컴퓨터(personal computer), 즉 PC가 개발되고 1980년대부터 일반 가정에 보급되면서 대중적인 미디어로 자리잡았다.(2-33)

　　1993년 월드와이드웹(World Wide Web) 시스템이 공개되면서 일반 사람들이 본격적으로 인터넷을 사용하기 시작했다. 1990년대부터는 휴대전화가 대량 보급되었다. 1991년 2세대(2G) 디지털 통신 기술이 개발되면서 1990년대 중반 이후부터 휴대전화가 급속도로 보급되기 시작했다. 2007년 아이폰(iPhone)의 등장으로 스마트폰

2-33 제록스에서 개발한 최초의 개인용 컴퓨터(1973).

언제든지
(Anytime)

어느 서비스든지
(Anyservice)

어디서든지
(Anywhere)

5A

어느 단말기든지
(Anydevice)

어느 통신망이든지
(Anynetwork)

2-34 유비쿼터스 시스템의 장점.

(smartphone)의 시대가 열렸으며, 스마트폰은 21세기의 필수적인 개인용 미디어로 등극했다. 컴퓨터와 인터넷의 대중화와 스마트폰의 사용으로 디지털 시대가 활짝 열렸다.

정보 시대라고 불리기도 하는 디지털 시대는 디지털 미디어를 이용해 정보를 자유롭고 빠르게 전송하는 특징을 갖는다. 디지털 시대에 사람들은 사실상 제한 없이 정보를 전송하고, 손쉽게 방대한 정보에 접근한다. "언제 어디에나 존재한다"라는 의미를 가진 유비쿼터스는 시간과 장소에 관계없이 네트워크에 접속해 정보를 주고받고 공유하는 디지털 시대의 특징을 잘 보여주는 용어이다. 디지털 미디어는 마치 공기처럼 일상생활 곳곳에 촘촘하게 스며들어 있는 것이다.(2-34)

전자 미디어에 의해 시작된 시간과 공간의 압축은 디지털 미디어의 등장으로 인해 더 강화되었다. 인터넷과 스마트폰은 지구의 구석구석을 연결해 어디에 있든 공간의 제약을 받지 않고 실시간 커뮤니케이션이 가능하게 만들었다. 과거의 수많은 정보를 디지털 데이터로 전환해 인터넷을 통해 공개함으로써 과거와 현재 사이의 시간적 간격도 허물어졌다. 그 결과 30년 전 텔레비전에서 방영한 프로그램을 지금 현재 유튜브를 통해 즐길 수 있게 되었다. 이는 그 시대와 무관한 젊은 세대가 과거를 완전히 새로운 방식으로 "지금 여기"에서 경험하는 일이다.

디지털 미디어는 전자 미디어가 복원한 공감각을 바탕으로 한 부족사회의 특성을 극단적으로 강화한다. '터치스크린'이란 말이 의미하듯이 촉각은 디지털 미디어의 핵심 감각으로 부상했다. 스마트폰은 물론이고 가상현실(VR)과 증강현실(AR) 관련 미디어는 몸의 모든 감각을 활성화하는 방식으로 작동한다. 디지털 미디어는 사람들이 시간적·공간적으로 떨어져 있더라도 직접 만나 대화를 나눈다는 생생한 느낌을 만들어낸다. 이러한 느낌을 '사회적 현존감(social presence)'이라고 한다.

디지털 미디어를 이용하는 사람들은 같은 장소, 같은 시간에 존재하지 않더라도 마치 함께 있는 것처럼 서로 연결되어 있다고 느낀다. 친구와 문자 메시지로 대화를 나눌 때, 친구의 소셜미디어 계정을 방문하거나 내 소셜미디어 계정에서 친구가 '좋아요'를 눌러줄 때, 실시간 1인 미디어 방송을 보면서 댓글 창에 글을 남길 때, 디지털 게임을 하면서 참가자들과 상호작용할 때 등등 디지털 미디어를 사용하는 매순간마다 우리는 다른 사람과 연결되어 있으며 함께 있다는 느낌을 받는다.

'사회적 현존감'은 다른 사람과 함께 있다는 느낌이지만, 사람이 아닌 기계와도 비슷한 감정을 느낄 수 있다. 인공지능을 이용한 미디어는 사람이 기계와 커뮤니케이션하는 시대를 열었다. 스마트폰 제조사나 통신사에서 제공하는 음성인식 AI 개인 비서는 사용자의 명령에 반응하는 것을 뛰어넘어 말로 대화를 나눈다. 기계와의 구두 커뮤니케이션이 이루어지는 것이다. 또한 사용자의 말과 동작에 반응하는 사물인터넷 미디어는 우리가 어디에 있든 혼자가 아니라는 느낌을 부여해준다.

게다가 빅데이터를 기반으로 작동하는 다양한 디지털 미디어는 개인의 삶에서 나오는 엄청난 양의 정보를 처리하면서 사용자 개인에게 특화된 서비스를 제공한다. 일상생활의 모든 활동이 데이터로 저장·처리되고, 특정한 알고리즘에 의해 해석되기 때문에 사용자는 자신의 의지와 관계없이 기계와의 커뮤니케이션에 참여할 수밖에 없다. 빅데이터에 기반한 개인 맞춤형 서비스는 선제적으로 사용자에게 필요한 것을 제안하고 제공함으로써 끊임없는 커뮤니케이션 상황으로 밀어넣는다. 다른 사람은 물론이거니와 기계와도 커뮤니케이션을 하지 않으려야 않을 수 없는 것이다.

미디어가 만들어낸 수많은 부족사회

사방에 편재하는 디지털 미디어는 사람들을 항시적 커뮤니케이션 상황에 처하게 만든다. 그래서 사람들은 능동적이든 수동적이든 커뮤니케이션에 참여할 수밖에 없다. '참여'는 디지털 시대의 특징적 현상이다. 디지털 미디어는 사용자가 엄청난 양의 정보에 쉽게 접근할 수 있도록 해주면서 동시에 정보를 쉽게 조작할 수 있게 해준다. 사람들은 수많은 정보의 단편들을 모아 자신의 방식으로 고치고 수정하고 조합해서 새로운 정보를 만든다. 부족사회의 특징적 활동인 '브리콜라

2-35 아이다호 주 보이즈에 있는 공예품 가게 겸 미술관인 브리콜라주의 공간. ⓒKencf0618

주(bricolage)'라고 할 수 있는 이러한 활동은 디지털 시대의 특징적인 문화현상으로 정착되었다.(2-35)

브리콜라주는 프랑스 말로 여러 가지 도구와 재료를 이용해 필요한 것을 만드는 작업을 의미한다. 프랑스 인류학자 클로드 레비스트로스(Claude Lévi-Strauss)는 부족사회 사람들은 당장 손에 잡히는 잡다한 물건들을 조합해서 새로운 기능을 가진 물건으로 만드는 능력이 뛰어나다고 주장했다.[6] 디지털로 전환된 아날로그 콘텐츠와 새로 제작되는 디지털 콘텐츠를 즐기는 것에서 멈추지 않고 콘텐츠를 수정·해체·혼합하는 방식으로 새로운 콘텐츠를 만드는 것은 디지털 시대의 일상적 활동이다.

예전의 텔레비전과 같은 전자 미디어가 제작·유통하는 콘텐츠는 권력을 가진 소수의 집단이 만든 것이었고, 한번 만들면 수정이 쉽지 않았다. 전자 미디어는 시간과 공간을 압축하면서 세계를 지구촌으로 만들었다. 소수의 송신자가 전자 미디어를 이용해 소수의 사건을 전 세계에 전송했기 때문에 세계 곳곳의 사람들은 하나의 작은 마을에 사는 사람들처럼 같은 사건에 대한 같은 기억을 공유할 수 있었다. 전자 미디어가 소수의 대기업에 의해 독점되었기 때문에 가능했던 일이다.

이에 비해 디지털 미디어는 다수의 송신자와 다수의 수신자 사이의 커뮤니케이션을 매개한다. 디지털 시대에는 사실상 모든 사람이 자신의 미디어를 소유하고 자신이 만든 콘텐츠를 세계의 모든 사람을 향해 송신할 수 있는 상황이 만들어졌다. 1인 미디어의 시대가 열린 것이다. 콘텐츠의 제작과 유통이 소수에 의해 독점되지 않기 때문에 디지털 미디어에 의해 시간과 공간이 압축되었음에도 불구하고 지구촌은 오히려 분열되고 해체된다.

올림픽이나 월드컵 같은 지구촌 축제나 우크라이나 전쟁과 같이 파급력이 큰 분쟁에 대해 텔레비전은 획일적이고 규범적인 내용을 보도하지만, 1인 미디어 채널들은 세상에 대한 새로운 관점의 의견들을 표출한다. 사람들은 자기가 좋아하는 1인 미디어의 콘텐츠를 소비하고 기억한다. 동일한 사건에 대한 수많은 다른 기억이 공존하고, 다른 사건에 대한 다른 경험이 각각의 '작은 마을' 안에서만 공유되는 것이다.

그 결과, 세계의 지구촌이 해체되고 사람들이 다양한 속성과 가치관에 따라 이합집산하는 '부족화(tribalization)'가 나타났다. 디지털 미디어가 만들어낸 수많은 부족사회가 갈등과 대립을 지양하고 평화롭게 공존할 수 있는 길을 찾는 것이 디지털 시대에 우리가 해결해야 할 시급한 과제로 등장한 것이다.

세상을 뜨겁게도,
차갑게도 만드는 미디어

핫미디어와 쿨미디어

텔레비전의 속성에 적합한
케네디가 승리했다

1960년 미국에서는 35번째 대통령을 선출하기 위한 선거전이 진행되고 있었다. 공화당은 전임 아이젠하워 대통령 정부에서 부통령을 지낸 리처드 닉슨을 후보로 내세웠고, 민주당에서는 존 F. 케네디가 후보로 나섰다. 부통령을 지냈던 닉슨은 대중적 인지도가 높았을 뿐 아니라 원숙하고 안정적인 정치인이라는 느낌을 주었기 때문

2-36 케네디와 닉슨의 1차 대선 토론회 당시 모습.

에 상대적으로 젊고 자유분방한 이미지를 갖고 있던 케네디보다 앞서나가고 있었다.

선거기간 중이던 9월 26일 역사상 처음으로 대통령 후보들 간의 토론이 라디오와 텔레비전으로 생중계되었다.(2-36) 특히 당시 미국 가정의 텔레비전 보급률이 90%에 달했으므로 텔레비전 중계 방송에 대한 대중의 관심은 뜨거웠다. 실제로 미국 전체 인구의 약 3분의 1인 7천만 명 가량이 첫 텔레비전 토론회를 시청했다고 한다.

토론 전 컨디션이 좋지 않아 얼굴빛이 창백한 상태인데도 얼굴에 화장하는 것을 거부한 닉슨은 흑백 텔레비전 화면 속에서 팔자주름이 두드러져 나이보다 늙어 보였으며, 양복색과 배경색이 비슷했기 때문에 더 마르고 작아 보였다. 그리고 토론 전 리허설에도 참석하지 않아 마음에 여유가 없는 듯 불안한 눈빛을 보였다. 반면, 케네디는 토론 전 사전 연습을 거쳐 한결 여유로운 태도로 카메라를 응시했으며, 구릿빛 얼굴에서는 건강하고 젊고 활기찬 표정이 엿보였고, 짙은 양복색 덕분에 화면 속에서 강한 존재감을 과시했다. 피곤하고 힘든 표정으로 얼굴에 땀까지 흘리는 닉슨을 본 텔레비전 시청자들은 젊고 건강한 케네디의 매력에 빠져들었고, 케네디가 토론에서 승리했다고 평가했다.

이에 비해 실제 토론 장면을 눈으로 보지 못하고 라디오로 청취한 사람들은 닉슨이 정치적 쟁점에 대해 더 논리적이고 조리 있게 말을 했다고 판단하고, 닉슨의 승리를 예측했다. 그러나 당시 라디오 청취자는 상대적으로 적었다.

토론 직전까지 여론조사에서 우위를 보였던 닉슨은 1차 토론 후 역전을 당했다. 첫 토론회에서 기선을 잡은 케네디는 이후 4차 토론회까지 거치면서 결국 제35대 미국 대통령으로 선출되었다. 매클루언은 이와 관련해 닉슨보다는 케네디가 텔레비전의 속성에 더 적합한 인물이었기 때문에 텔레비전이 지배하는 시대에 권력을 잡을 수 있었다고 설명했다.

매클루언은 미디어를 '핫미디어(hot media)'와 '쿨미디어(cool media)'로 구분했다.[7] 그에 따르면, 라디오는 핫미디어이고 텔레비전은 쿨미디어이다. 미디어가 뜨겁고 차갑다는 말은 무슨 뜻인가? 미디어 자체의 온도가 높거나 낮다는 의미가 아니다. 매클루언이 핫미디어와 쿨미디어를 구분한 기준은 두 가지이다.

첫 번째 기준은 미디어가 가진 정보의 밀도(definition)이다. 핫미디어는 높은 밀도의 정보를 제공하는 미디어이고, 쿨미디어는 낮은 밀도의 정보를 제공하는 미디어이다. 정보의 밀도가 높다는 것은 미디어가 단일한 감각에 많은 정보를 제공한다는 의미이다.

시각적 정보를 제공하는 만화와 사진을 비교해보자. 만화는 일반적으로 단순하고 과장된 선과 형태를 통해 대상에 대한 정보를 전달한다. 캐리커처처럼 인물의 얼굴이 가진 특징을 포착하는 만화는 얼굴의 형태를 정확하게 묘사하지는 않는다. 반면에 사진은 대상의 형태를 세세한 부분까지 정확히 재현한다. 시각 정보의 밀도라는 측면에서 본다면, 만화는 쿨미디어이고 사진은 핫미디어라고 할 수 있다.

시청각적 정보를 제공하는 영화와 텔레비전의 경우를 비교해보자. 거대한 스크린의 영상과 생생한 스테레오 사운드를 제공하는 영화가 텔레비전에 비해 더 높은 밀도의 정보를 전달한다. 초대형 고화질 텔레비전의

2-37 쿨미디어와 핫미디어.

경우에는 영화 못지않은 화면과 소리를 전달하지만, 여전히 영화보다는 정보의 밀도가 상대적으로 낮다고 할 수 있다. 영화는 핫미디어이고, 텔레비전은 쿨미디어로 분류되는 이유이다.

두 번째 기준은 미디어 사용자의 참여(participation) 정도이다. 이는 우리가 미디어를 이용하는 과정에서 정보를 얻기 위해 얼마나 많은 감각적 노력을 기울여야 하는가에 따라 미디어를 구분하는 것이다. 특별히 감각을 동원하는 노력을 하지 않아도 비교적 쉽게 정보를 얻을 수 있는 미디어는 핫미디어이고, 감각을 집중해서 정보를 얻어야 하는 미디어는 쿨미디어이다. 사용자의 낮은 참여도를 요구하는 미디어는 핫미디어이고, 높은 참여도를 요구하는 미디어는 쿨미디어다. 정보의 밀도가 영화에 비해 상대적으로 낮은 텔레비전의 경우에는 영상이나 소리를 지각하기 위해서 사용자가 시각과 청각을 더 집중해야 한다.(2-37)

전자 미디어는
'차가운 사회'를 만든다

정보의 밀도와 사용자의 참여도는 미디어 자체가 가진 속성이며, 일반적으로 이 둘은 밀접히 연결되어 있다. 높은 밀도의 정보를 제공하는 미디어는 상대적으로 낮은 참여도를 요구한다. 반면 낮은 밀도의 정보를 제공하는 미디어는 상대적으로 높은 참여도를 요구한다. 정보의 밀도가 높다면 굳이 감각을 집중하지 않아도 정보를 잘 얻을 수 있기 때문이다. 예를 들어 소리가 깨끗하고 명확하게 들린다면 그냥 편안하게 소리를 들으면 된다. 하지만 소리가 선명하게 들리지 않는다면 무슨 소리인지 알아내기 위해 청각을 집중해야 한다.

따라서 핫미디어는 정보의 높은 밀도와 사용자의 낮은 참여도를 가진 미디어이고, 쿨미디어는 정보의 낮은 밀도와 사용자의 높은 참여도를 가진 미디어라고 정의할 수 있다.

인쇄 미디어에 비해, 사람들 사이의 대화에서 이용하는 구두 미디어는 정보의 밀도는 낮고 참여도는 높은 쿨미디어로 분류될 수 있다. 인쇄된 활자를 통해 전달한다면 몇 문장이면 충분한 정보도 말을 통해 전달하려면 비슷한 표현을 여러 번 되풀이하면서 더 많은 문장을 사용하는 경우가 많다. 상대방의 말을 쉽게 알아듣기 어려운 상황도 많기 때문에 우리는 대화하는 과정에서 상대방이 전달하는 정보를 잘 수용하기 위해 청각·시각·촉각 등 다양한 감각을 동원해야 한다. 구두 미디어가 사회의 지배적 미디어일 때 사람들은 공감각적 경험을 하면서 친밀하고 집단적인 공동체를 형성하기가 쉽다.

매클루언에 따르면, 핫미디어는 인간과 사회를 밖으로 팽창시키며 경쟁시키는 경향이 있는 반면에, 쿨미디어는 인간과 사회를 내부적으로 응집하여 참여시키는 경향이 있다. 하나의 감각만을 극도로 활성화하면서 분업화의 경향이 강한 핫미디어는 파편화·전문화된 개인들이 치열하게 경쟁하는 '뜨거운 사회'를 형성한다. 여러 감각을 골고루 자극하는 쿨미디어는 사람들을 유기적으로 연결하면서 통합적이고 협력적인 관계로 구성된 '차가운 사회'를 만든다.

이러한 관점에서 역사를 바라보면 세상은 점점 차가워지고 있다. 구두 미디어가 지배하던 부족사회는 차가운 사회였지만 문자와 활자 미디어가 지배적 미디어로 자리잡으면서 만들어진 국가는 뜨거운 사회가 되었다. 전자 미디어가 활자 미디어를 대체하면서 사회는 다시 차가운 사회로 변화하는 중이다.

물론 미디어를 핫미디어와 쿨미디어로 양분하고 지배적인 미디어의 속성에 따라 인간과 사회도 뜨겁거나 차가워진다고 단언하는 것은 도식적인 생각이라고 할 수 있다. 하지만 우리가 사용하는 미디어의 속성이 우리의 감각과 생각에 어떤 영향을 미칠지 생각해보는 것은 미디어에 대한 우리의 이해를 더 심화시킬 수 있다.

AI와 컴퓨터 그래픽스 최첨단 기술의 결합, 디지털 휴먼

2019년 11월 한국콘텐츠진흥원이 지원하는 '백범 김구 토크 콘서트'가 열렸다. 메타버스 전문 기업 '비빔블'에서 VR과 인터랙션 홀로그램을 이용해 백범 김구를 3D 디지털 이미지로 구현한 것이다. 제작진은 모션캡처 기술을 이용해 대역배우의 표정과 움직임을 김구의 3D 이미지에 그대로 입힌 후에 실시간으로 관객과 상호작용할수 있도록 만들었다.(2-38) 백범 김구는 흰 두루마기를 입은 모습으로 무대에 등장해 관객에게 말을 건네고 관객의 질문에 실시간으로 답변했다.

2021년 11월 일본군 위안부 피해자 할머니의 영상이 관객과 실시간 대화를 나누는 '영원한 증언' 전시회가 열렸다. 이 전시회에서 관객이 디지털 디스플레이에 나타난 이용수·이옥선 할머니의 영상

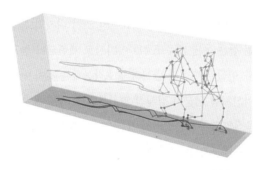

2-38 모션캡처 기술을 사용하여 기록한 걷는 모습. ⓒLars Lau Raket

을 마주 보고 위안부 문제에 대한 질문을 하면, 할머니가 바로 적절한 답변을 해주었다. 관객과 할머니 영상 사이의 실시간 커뮤니케이션을 구현하기 위해 연구팀은 피해 생존자 13명 가운데 대화가 가능한 두 할머니와 함께 1000개의 경우의 수를 가정해 답변 영상을 촬영했다. 관객의 질문을 대화형 인공지능 기술을 통해 인식한 후에 적절한 답변 영상을 보여주는 방식으로 전시회가 진행되었다.

2019년 미국의 달리 박물관에서는 딥페이크 기술을 이용해 초현실주의 작가 살바도르 달리를 3D 이미지로 구현하고 인공지능 기술과 접목해 방문객과 상호작용하는 서비스를 시작했다. 1989년 사망했지만 3D 이미지로 되살아난 달리는 방문객들과 대화를 나누고 상호작용을 할 뿐만 아니라 방문객과 함께 셀피를 찍기도 했다.

2021년 디지털 이미지 제작 기업 유니큐(UneeQ)는 물리학자 아인슈타인을 3D 이미지로 구현한 '디지털 아인슈타인'을 제작했다. '디지털 아인슈타인'은 챗GPT 같은 인공지능 기술과 결합해 실시간으로 과학에 대한 대화를 나눌 수 있다. 이처럼 디지털 이미지로 만든 사람, 즉 '디지털 휴먼(digital human)'은 인공지능과 결합해 마치 현실의 사람처럼 대화를 나누는 것이 가능하다.

생존했던 인물을 디지털 영상으로 재현하거나 디지털 휴먼으로 만드는 작업은 1990년대 말부터 시작되었다. 한국에서는 1998년에 등장한 사이버 가수 '아담'이 대표적인 초기 디지털 휴먼이었다. 오드리 헵번 같은 유명 배우도 3D 이미지로 재현되어 광고에 등장하기도 했다. 이들은 현실의 관객과 상호작용하는 것이 아니라 일종의 애니메이션처럼 단순히 정해진 연기를 하는 수준에 머물렀으며, 겉모습과 움직임도 부자연스러워 이질감이 느껴지기도 했다.

최근의 디지털 휴먼은 마치 실제 인물을 촬영한 것처럼 자연스러운 외양과 움직임을 보여주고 있으며, 인공지능 기술과 결합해 관객과 실시간으로 커뮤니케이션하는 특징을 갖는다. 문자를 이용한 인 공지능과의 대화보다 디지털 휴먼 형태의 인공지능과의 커뮤니케이 션이 더 주목받는 이유는 커뮤니케이션이 표정·몸짓 같은 비언어적 요소를 더 많이 이용하는 행위이기 때문이다. 디지털 휴먼과의 커뮤 니케이션은 챗GPT와의 문자 채팅과는 달리 감정의 교류를 바탕으 로 더 풍부하고 깊은 수준의 상호작용을 가능하게 해준다.

디지털 휴먼은 크게 두 가지 형태로 구분된다. 하나는 실제 사람의 복제물로서의 디지털 휴먼이다. 우리는 간단한 소프트웨어를 이용 하면 몇 분 만에 나와 똑같은 외형의 디지털 복제인간을 만들 수 있 다. 이 디지털 휴먼은 나와 똑같은 쌍둥이, 즉 '디지털 트윈'이다. 다른 하나는 디지털 이미징 기술을 통해 생성된 가상의 인간으로서의 디 지털 휴먼이다. 2021년 등장해 사람들에게 놀라움을 선사했던 광고 모델 '로지'가 대표적이다.

컴퓨터 프로그램이 생성한 디지털 휴먼이 새로운 정체성을 부여 받고 활동을 할 수도 있고, 이미 현실의 정체성을 가진 사람의 디지 털 트윈이 새로운 분야에서 활동할 수도 있다. 예를 들어, 아인슈타인 의 디지털 트윈이 고등학교 과학 교사로 활동할 수 있다. 디지털 아 인슈타인이 가르치는 메타버스 안의 과학 교실에서는 나의 디지털 트윈이 나를 대신해 출석할 수도 있을 것이다.

그런데 디지털 휴먼의 존재는 몇 가지 문제를 일으킬 수 있다. 대 표적인 것이 '불쾌한 골짜기(uncanny valley) 현상'이다.(2-39) 우리 는 인간과 흡사한 인공물에 대해 불안감이나 혐오감과 같은 불쾌한 감정을 느낄 수 있다. 디지털 휴먼의 외양이나 움직임이 어설프다면 비호감도가 증가하지만, 디지털 휴먼이 인간과 너무나 똑같아서 구 별이 불가능할 정도라면 불쾌한 감정을 느끼기 어려워진다. 하지만 디지털 휴먼에 대한 호감도가 증가한 상태에서 우리와 상호작용하

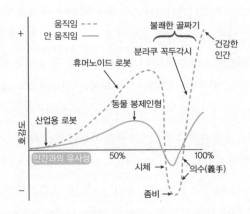

움직임 - - -
안 움직임 ——

불쾌한 골짜기

휴머노이드 로봇

분라쿠 꼭두각시

건강한 인간

동물 봉제인형

호감도

산업용 로봇

인간과의 유사성   50%   시체 →   100%   의수(義手)

좀비 →

2-39 모리 마사히로의 이론에 따른 불쾌한 골짜기 그래프. ⓒFriedC

는 존재가 인간이 아니라는 것을 알게 된다면 속았다는 느낌을 받을 수 있으며, 커뮤니케이션에 대한 신뢰감이 사라질 수도 있다.

또한, 디지털 휴먼과의 커뮤니케이션 과정에서 감정적 교류가 확대될 경우에는 사용자의 프라이버시가 침해될 위험이 커진다. 자기도 모르게 디지털 휴먼을 마치 친구나 가족처럼 믿게 될 가능성이 있기 때문이다. 디지털 휴먼에 대한 큰 호감을 이용해 사용자의 태도를 조작하고 조종하려는 시도가 나타날 수도 있다.

아울러, 디지털 휴먼을 이용해 범죄를 저지르거나 부적절한 성적 행위나 인종차별과 같은 비윤리적인 일이 발생할 수도 있다. 디지털 휴먼이 무분별하게 사용될 때는 현실세계의 인간관계가 가져야 할 신뢰가 약해지고, 인간의 정체성이 불분명해질 수 있다.

마지막으로 이미 사망한 사람을 디지털 휴먼으로 되살리는 경우, 그의 동의를 받을 수 없다는 점에서 인간의 잊힐 권리를 침해한다는 지적이 제기될 수 있다.

영화가 보여주는
미디어의 겉과 속

—— "영화보다 더 영화 같은 현실"이라는 말이 있다. 이 말은 영화가 실제의 현실보다 좀 더 과장되어 있고 극적으로 가공되어 있다는 의미로 해석되지만, 동시에 영화가 현실의 적나라한 모습을 온전히 다 보여주지는 못한다는 의미로 수용될 수도 있다.

영화는 발명된 이후로 지금까지 현실과 관련해 두 가지의 상반된 태도를 보여왔다. 에디슨이나 뤼미에르 형제가 제작한 초기의 영화들은 현실에서 일어나는 사건을 그대로 재현한 일종의 다큐멘터리 영화였다. 그 뒤 상상의 세계를 영상으로 구현하는 픽션 영화가 영화산업을 지배하기 시작했다. 영화는 한편에서는 인간의 눈으로는 관찰하기 어려운 현실의 참모습을 보여주는 미디어의 역할을 요청받았지만, 다른 한편에서는 사람들이 원하고 바라고 상상하는 꿈의 세계를 만들어 보여주는 미디어의 역할도 부여받았다.

영화가 보여주는 세계가 어떤 것이든 간에 그 안에는 우리가 사는 세상의 한 부분이 담겨 있다. 영화는 실재하는 현실로부터 나온 영상일 뿐만 아니라 현실처럼 보여야 하는 것에 대한 영상이기도 하기 때문이다. 영화가 보여주는 미디어의 세계는 '미디어의 현실' 그 자체일 수는 없지만 동시에 '미디어의 가능한 현실'이기도 하다. 영화는 궁극적으로 허구의 세계를 재현하지만, 그 허구의 세계는 본질적으로 현실세계를 바탕으로 만들어진 세계이다.

영화는 왜 노래를 불렀을까?

영화에서 꿈꾼 세상

영화는
꿈의 언어를 사용한다

1914년 4월 11일 미국 뉴욕 브로드웨이에 '스트랜드 극장(Strand Theatre)'이 문을 열었다. 당시 돈으로 1백만 달러를 들여 건립한 이 극장은 오직 영화만을 상영하기 위한 최초의 영화관이었다. 오케스트라를 위한 공간과 발코니, 49개의 음역이 있는 3개의 수동 오르간, 그리고 3,500명이 입장할 수 있는 좌석을 보유하고 있었다. 내부

는 붉은 카펫과 온갖 화려한 장
식으로 수놓여 있었고, 넓은 좌
석 공간과 에어컨, 탁아 서비스
가 제공되었다. 영화관의 관객
은 마치 왕족이나 귀족이 되어
화려한 궁전에 있는 듯한 기분
을 느낄 수 있었다.

3-1 스트랜드 극장, 1914.

　이 호화로운 영화관은 가난
한 노동자들뿐만 아니라 중산층도 불러들였다. 사람들은 그곳을 '영화궁
전(movie palace)'이라고 불렀다.(3-1) 1920년대에 들어서 영화궁전은 더
크고 더 화려해졌다. 바로크 양식, 지중해 양식, 힌두 양식, 고딕 양식, 고대
이집트 양식 등 온갖 다양한 장식들로 꾸며졌고, 천장에는 구름과 천체 효
과를 보여주는 영상이 투사되었다.

　1950년대에 문화산업의 주도권이 텔레비전으로 넘어가기 전까지 영
화관은 대중을 위한 '꿈의 정원'이었다. 이탈리아 영화감독 페데리코 펠리
니(Federico Fellini)는 "꿈에 대해 말하는 것은 영화에 대해 말하는 것과
같다. 영화는 꿈의 언어를 사용하기 때문이다"라고 말했다. 그의 말처럼
영화는 꿈과 같은 언어를 사용해 꿈을 이야기하는 미디어였다. 꿈이 스크
린 위에서 구체적으로 실현되는 것을 본 사람들은 열광했다. 영화는 등장
하자마자 엄청난 인기를 끌면서 20세기 문화산업을 지배했으며, 현재까
지도 지대한 영향력을 행사하는 매스 미디어의 자리를 고수하고 있다.

　영화의 발명과 성공은 19세기 말과 20세기 초의 사회문화적 환경과
밀접히 연관되어 있다. 18세기 산업혁명 이후 제조업이 크게 발달하면
서 19세기에는 유럽 각국에 새로운 공업 도시들이 생겨났다. 1800년

3-2 1899년 보드빌 광고 포스터.

대에 20여 개에 불과하던 인구 10만 명의 유럽 도시가 1900년대가 되자 135개를 넘어섰다. 일자리를 찾아 몰려든 노동자들로 인해 도시 인구도 증가하기 시작했다. 1817년에 71만 명이던 프랑스 파리의 인구가 1900년에는 271만 명에 달할 정도였다. 산업화와 도시화가 진행되면서 도시 수와 도시 인구수가 폭발적으로 증가하자 도시의 좁은 지역에 많은 노동자가 밀집해 살게 되었다.

당시 노동자들의 소득 수준과 교육 수준은 매우 낮았다. 도시에는 하루 내내 공장 노동에 시달린 노동자들이 스트레스를 풀고 여가를 즐길 수 있는 오락시설이 우후죽순으로 생겨났다. 그 가운데 잡다한 단막극과 곡예, 노래 등으로 이루어진 '보드빌(vaudeville)'이 공연되는 극장들이 인기를 끌었다.(3-2) 영화도 보드빌 공연의 한 부분을 차지했다.

초기의 영화는 소리가 삽입되어 있지 않은 무성영화였다. 간단한 피아노 반주와 함께 상영되는 짧은 영화들은 노동자들과 아이들 사이에서 인기가 매우 많았다. 〈공장 노동자들의 퇴근〉(1895)이나 〈열차의 도착〉(1895)처럼 일상에서 벌어지는 일을 단순히 촬영한 작품이 1900년에 전체 영화

의 87%를 차지할 정도로 초기 영화는 특별한 스토리가 없는 단순한 기록 영화가 대부분이었다.(3-3)

보드빌 공연에서 인기를 끌던 영화는 곧 상설 영화관에서 상영되는 독

3-3 영화 〈공장 노동자들의 퇴근〉은 46초의 짧은 분량으로, 카메라가 적당한 거리에서 그저 공장에서 나오는 노동자들의 모습을 담고 있을 뿐이다.

자적인 작품으로 발전했다. 영화를 제작하고 배급하는 일을 전문으로 하는 회사들이 생겨나면서 점차 가공의 스토리를 전달하는 픽션 영화가 늘어나기 시작했다. 단순한 눈요깃거리에 불과한 기록 영화로는 폭넓은 관객층을 확보하는 데 한계가 있었기 때문이었다. 특히 일정한 교육 수준을 갖춘 중산층의 취향을 만족시키기 위해서는 기승전결의 서사구조를 갖춘 픽션 영화가 꼭 필요했다. 1908년에는 전체 영화의 96%를 픽션 영화가 차지하게 되었다.

말하는 그림,
유성영화의 개발

카메라 기술의 특성을 이용해 일반적인 공연으로는 구현하기 어려운 장면을 촬영할 수 있게 되면서 영화는 관객들에게 새로운 시각적 경험을 제공했다. 영상 속의 인물이 갑자기 사라지거나 다른 인물로 변하는 특수효과를 사용한 판타지 영화가 제작되어 인기를 끌었다. 프랑스의 영화 제작자 멜리에스는 다양한 특수효과를 개발해 영

화가 상상과 환상의 세계를 영상으로 구현할 수 있음을 보여주었다.

영화는 가장 주요한 오락 산업으로 급성장했다. 도시의 공장 지역에 밀집해 살면서 힘든 노동에 시달리던 일반 대중은 환상의 세계에서 벌어지는 가공의 이야기를 보여주는 영화를 통해 잠시나마 고통스러운 현실을 잊을 수 있었다. 제1차 세계대전, 경제 대공황 등의 사회적·경제적 격변 속에서도 영화산업은 꾸준히 성장했다. 특히 두 번의 세계대전으로 인해 유럽에서 영화산업의 기반이 파괴된 틈을 타 미국 영화가 세계 시장을 지배하기 시작했고, 미국 영화산업의 심장부인 할리우드는 세계 영화의 중심지로 급부상했다.

1920년대에는 '토키'라고 부르는 유성영화가 개발되었다. 당시 미국의 워너 브러더스(Warner Bros.) 영화사는 재정난을 겪고 있었는데, 경제적 위기를 타개하기 위해 유성영화를 개발했다. 최초의 유성영화는 1927년 제작된 〈재즈 싱어〉였다.(3-4) 대중은 주인공이 말하고 노래하는 것을 직접 들을 수 있는 유성영화에 열광했다. 사실 영화사들은 녹음 설비를 갖추기 위해 막대한 투자를 해야 하는 유성영화의 제작을 꺼리고 있었다. 아울러 영화인들은 완전히 자리를 잡

토키(talkie)
말하는 그림(talking pictures)을 줄여 '토키'라고 불렀다.

은 무성영화 시스템에 익숙해졌기 때문에 영화에 소리를 삽입하는 것은 영화의 미학을 해친다고 생각했다.

하지만 유성영화는 광범위한 대중의 호응을 얻었다. 게다가 무성영화의 반주를 위한 오케스트라단을 운영하는 비용을 감당하기 어려웠던 소규모 영화관들은 별도의 오케스트라가 필요하지 않은 유성영화의 도입을 적극 지지했다. 대중의 폭발적인 인기를 바탕으로 큰 상업적 성공을 거둔 유성영화는 빠르게 무성영화를 대체했다.

유성영화를 제작하는 데는 큰 비용이 들었기 때문에 탄탄한 자본력을 갖춘 대규모 영화사를 중심으로 영화산업이 재편되었다. 선도적으로 유성영화를 제작하기 시작한 미국의 영화사들은 막대한 제작비를 회수하기 위해 해외시장으로 눈을 돌렸다. 제1차 세계대전 이후 어려움을 겪고 있던 유럽의 영화사들은 거대 자본을 앞세운 미국 영화에 맞설 만한 경쟁력을 갖출 수가 없었다. 유성영화는 미국 영화산업이 세계 영화시장을 지배할 수 있는 길을 열어주었던 것이다.

가상의 신분과 개성을 연기해야 했던 할리우드 스타들

1952년 제작된 영화 〈사랑은 비를 타고(Singin' in the Rain)〉는 1920년대 미국 할리우드 영화계를 배경으로 벌어지는 이야기를 다루고 있다.

주인공 돈 록우드는 친구인 코스모와 함께 보드빌 극장을 전전하던 중 할리우드의 한 영화사의 스턴트맨이 된다. 온갖 위험한 연기도 마다않고 소화하던 그는 제작자의 눈에 들어 당대 최고 여배우 리나 레이먼트와 함께 영화사를 대표하는 톱스타로 성장한다.

돈 록우드는 거만한 리나를 싫어하지만, 영화사가 전속배우를 관리하는 스타 시스템에 따라 대중 앞에서는 당장이라도 결혼할 세계적인 커플처럼 보이도록 연기한다. 20세기 초 할리우드 영화계의 스타 시스템은 스타 배우에게 가상의 신분과 개성을 부여하고 필요한 사건들을 연출하면서 체계적으로 홍보하고 관리하는 마케팅 장치였기 때문이다. 당시 영화에 출연한 스타는 사생활에서도 자신의 진짜 모습이 아닌 대중이 원하고 바라는 모습대로 살아야 했다.

돈 록우드가 무성영화의 톱스타로 승승장구하던 중에 낯선 유성영화가 등장한다. 돈 록우드와 제작자는 유성영화를 애써 무시했지만 〈재즈 싱어〉가 엄청난 성공을 거두자 영화사의 태도가 돌변한다. 한창 영화를 촬영하던 스튜디오에 영화사 제작자가 난입해 영화 제작을 중단시킨 후 유성영화로 제작하라고 명령한다. 당시 할리우드 영화산업은 분업화된 영화 제작 시스템을 통해 운영되고 있었기 때문에 영화감독도 다른 제작진과 마찬가지로 영화사에 고용된 노동자로서 언제든지 교체 가능한 존재였다. 감독보다는 제작자의 결정이 절대적이었다.

3-5 영화 〈사랑은 비를 타고〉에서 리나의 립싱크가 폭로되는 장면.

제작자의 지시로 갑작스럽게 유성영화로 제작하게 되었지만 여러 난제에 부딪치면서 촬영은 순조롭게 진행되지 못한다. 마이크 설치와 관련된 기술적인 문제로 녹음된 목소리가 커졌다 작아졌다 하는 일이 발생한다. 가장 큰 문제는 여주인공 리나의 목소리였다. 매력적인 외모와는 달리 리나의 목소리 연기는 듣기 거북할 정도로 비호감이었다. 우여곡절 끝에 영화는 완성되었지만, 결과물은 시사회에서 관객들의 조롱을 받을 정도로 형편없었다.

큰 위기에 처한 돈 록우드와 제작자는 무명 여배우인 캐시 셀던의 목소리를 리나의 영상에 입히는 방법을 이용해 영화를 수정한다. 수정된 영화는 대성공을 거두었다. 하지만 리나는 고마움을 표하기보다는 오히려 캐시를 매장하려 든다.

리나의 태도에 분노한 돈 록우드와 제작자는 리나의 실상과 캐시의 숨겨진 재능을 세상에 알리면서 캐시를 새로운 스타로 만든다. 리나가 무대 앞에서 입을 벙긋거리고 캐시가 커튼 뒤에서 노래를 부르는 마지막 장면에서 돈 록우드와 제작자는 커튼을 올려 실제로 노래를 부른 사람은 캐시라는 것을 폭로한다.(3-5) 할리우드 영화의 부정적인 한 측면이 세상에 알려지는 순간이었다.

재미없는 신문은 죄악일까?

〈시민 케인〉

미디어 제국을 건설한 케인이
쓸쓸한 최후를 맞은 이유

　　　　　　　　　미국 플로리다에 있는 엄청난 규모의 대저택
제너두에서 한 노인이 홀로 숨을 거둔다. 그가 임종 직전 나지막이 내뱉은
'로즈버드(rosebud)'라는 말의 의미를 알아내기 위해《뉴스 온 더 마치》의
편집장은 기자를 파견한다. 제너두에서 고독한 죽음을 맞이한 사람은 신
문왕으로 한 시대를 풍미했던 찰스 포스터 케인(Charles Foster Kane)이었

다. 사실, 로즈버드는 케인이 가난했던 어린 시절에 타던 썰매에 적힌 이름이었다. 케인은 죽음을 앞둔 순간에 어린 시절 자기가 타고 놀던 썰매를 떠올렸지만, 이 사실을 아무도 알 수 없었다. 그리하여 죽은 케인의 물건을 정리하는 영화의 마지막 장면에

3-6 영화 〈시민 케인〉에서 케인이 '뉴욕 인콰이어러'를 거대한 신문사로 성장시킨 것을 상징적으로 보여주는 장면.

서 먼지로 뒤덮인 채 창고에 처박혀 있던 로즈버드 썰매는 소각되고 만다.

금광을 발견한 부모 덕분에 졸지에 엄청난 재산을 물려받게 된 케인은 성인이 되자 신문사의 경영에 관심을 보인다. 그는 막대한 부를 바탕으로 '뉴욕 인콰이어러'를 인수한 후 라이벌 신문사의 유능한 기자들을 빼내 오는 등의 공격적인 경영을 통해 발행 부수를 늘려간다. 그의 신문은 대중이 좋아할 만한 사건들을 온갖 수단을 동원해 취재하고 보도하는 방식으로 인기를 얻는다.

선정적 기사를 통해 신문사의 덩치를 키운 그는 미국 전역에서 37개가 넘는 신문사를 인수하고 라디오 방송사를 소유하는 등 미디어 제국을 건설한다. 그는 소유한 언론을 통해 여론을 좌지우지하며 엄청난 정치적 영향력을 행사하면서 대권을 꿈꾼다. 하지만 혼외정사 스캔들로 인해 주지사 선거에서 패배한 후 가정과 사업 양쪽에서 모두 진퇴양난의 어려움에 직면하게 된다. 결국 외톨이가 된 케인은 제너두에서 은둔하다 생을 마감한다. 이는 20세기의 가장 위대한 영화 중 하나로 손꼽히는 〈시민 케인(Citizen Kane)〉(1941)의 내용이다.(3-6)

미디어 제국을 건설했지만 결국 모든 것을 잃고 쓸쓸히 최후를 맞이한 케인의 삶을 그린 영화 〈시민 케인〉은 당시 신문왕 윌리엄 랜돌프 허스트 (William Randolph Hearst)를 모델로 삼았다고 알려져 있다. 1887년 아버지가 소유하고 있던 신문사를 인수하면서 언론 산업에 뛰어든 허스트는 1890년대 《뉴욕 저널(New York Journal)》을 비롯해 미국 전역의 신문사·통신사·방송국 등을 소유하면서 미디어 제국을 건설했다.

허스트는 《뉴욕 월드(New York World)》 등을 경영하던 조지프 퓰리처 (Joseph Pulitzer)와 라이벌 관계를 유지했다. "재미없는 신문은 죄악이다"라고 말한 퓰리처는 탐사 기사, 만화, 스포츠 기사, 연예 기사 등을 실으면서 《뉴욕 월드》를 발행 부수 1위 신문으로 만들었다. 그는 미국에서 언론인에게 주는 가장 권위 있는 상인 퓰리처상을 만든 장본인이기도 하다.

《뉴욕 저널》과 《뉴욕 월드》는 미국 최고 신문의 자리를 놓고 치열한 경쟁을 벌인다. 허스트는 막강한 자본력을 바탕으로 신문값 인하 경쟁을 주도하고 《뉴욕 월드》의 유능한 기자들을 빼내간다. 두 신문의 싸움이 가장 극적으로 드러난 건 '황색 소년(the yellow kid)'을 주인공으로 하는 만화의 연재 사건이다.[3-7] 1895년 《뉴욕 월드》는 노란 옷을 입은 '황색 소년'을 주인공으로 하는 만화를 연재했다. 이 만화가 인기를 끌자 《뉴욕 저널》은 더 높은 보수를 미끼로 만화가를 빼내와 자기 신문에 '황색 소년' 만화를

3-7 '황색 언론'이라는 용어를 탄생시킨 단초가 된 만화 주인공 '황색 소년'

연재했다. 졸지에 만화가를 빼앗긴《뉴욕 월드》는 다른 만화가를 고용해 '황색 소년' 만화를 연재했다. 두 신문이 다른 만화가를 고용해 같은 캐릭터의 만화를 연재하는 터무니없는 상황이 발생한 것이다. '황색 소년' 연재 사건으로 인해 상업적 목적을 위해 선정적 보도를 일삼는 언론을 일컫는 '황색 언론(yellow journalism)'이라는 용어가 탄생했다.

언론이 가진 막강한 영향력

두 신문사는 더 많은 신문을 팔기 위해 대중의 흥미를 자극하는 선정성 경쟁을 벌였다. 대중의 알 권리를 충족시킨다는 명목으로 시작된 탐사 보도는 타인의 사생활을 파헤치고 뒷조사를 통해 개인 정보를 폭로하는 비열한 행위로 전락했고, 대중의 관심을 끌 목적으로 차마 눈뜨고 보기 어려울 정도의 잔인한 삽화를 게재하는 일도 서슴지 않았다. 두 신문은 기사 내용과는 별 관계가 없는 자극적인 제목을 달아 대중을 현혹하고 사실을 왜곡 보도할 뿐만 아니라 거짓 이야기를 지어내기까지 하며 치열하게 경쟁했다. 이들의 선정성 경쟁은 1898년 미국-스페인 전쟁이 발발하는 데 일조하기도 했다.

1898년 2월 15일 쿠바의 아바나 항에 정박 중이던 미국 군함이 원인 불명의 폭발사고로 침몰하는 사건이 발생했다. 당시 쿠바를 둘러싸고 미국과 스페인이 대립하고 있었기 때문에 이 사건은 매우 심각한 위기 상황으로 받아들여졌다.

《뉴욕 저널》과《뉴욕 월드》는 군함 침몰 사건을 대서특필하면서 스페인의 공격으로 미국 군함이 침몰했다는 기사를 쏟아냈다. 폭발과 침몰의 정

3-8 영화 〈007 네버 다이〉에서 엘리엇 카버가 뉴스거리를 만들기 위해 음모를 꾸미는 장면.

확한 원인이 밝혀지지 않은 상황에서 두 신문은 스페인의 공격을 기정사실화하고 스페인을 살인마라고 부르면서 지옥으로 보내야 한다고 선동했다. 이 와중에 쿠바에 머물고 있던 《뉴욕 저널》의 삽화가가 "쿠바에서는 전쟁의 기운이 감돌지 않는다"는 내용의 전보를 보내자 허스트는 "당신은 그림을 제공하시오. 그러면 나는 전쟁을 제공하겠소"라는 답장을 보냈다고 한다. 이 발언의 진위는 확인되지 않았지만, 이런 말이 사실처럼 사람들 사이에서 떠돌 정도로 대중을 선동하는 황색 언론의 악명이 높았다.

〈시민 케인〉에서 케인은 자기가 건설해놓은 미디어 제국을 통해 확보한 영향력을 바탕으로 대통령의 자리에 오르려고 한다. 개인적 스캔들로 정계 진출에 실패한 뒤에도 그의 정치적 영향력은 줄어들지 않는다. 현실에서도 언론은 여론을 형성하고 이끄는 과정에서 영향력을 발휘하기 때문에 언론을 누가 소유하고 어떻게 운영하느냐 하는 것은 민주주의 사회 유지에 매우 중요한 일이다.

007 시리즈 제18번째 영화 〈007 네버 다이(Tomorrow Never Dies)〉(1998)에서는 세계적인 미디어 재벌이 자기 소유의 언론에 게재할 뉴스거리를 만들어내기 위해 중국과 영국을 이간질해 전쟁을 일으키려는 음모를 꾸민다.(3-8) 그는 스스로 미디어를 무기로 삼아 전 세계에서 영향력이 가장 큰 사람이 되었다고 호언한다.

상업적 목적을 달성하기 위해 선정성 경쟁을 하는 황색 언론의 폐해가 점점 커지자 언론 윤리 규정을 만들어 언론 활동을 자정하려는 노력이 시작되었다. 그 결과, 기사에 대한 책임, 사실 왜곡이나 조작 금지, 금품수수 금지, 표절 금지, 직업상의 비밀 유지, 양심과 정의에 따르는 행동 등이 언론인이 지켜야 할 의무로 제시되었다. 이후, 책임·자유·독립·정직·정확·불편부당·공정·품위 등이 언론 윤리의 핵심 개념으로 자리잡았다.

하지만 여전히 언론이 편협한 정치적 목적과 자신의 상업적 이익을 위해 권력과 결탁하고 여론을 조종하려 한다는 의심이 사회 전반에 퍼져 있다. 2015년 제작된 영화 〈내부자들〉은 그런 대중의 합리적 의심을 잘 보여주는 영화이다.

주요 일간지의 논설주간 이강희는 유력 정치인, 재벌 회장 등과 어울리면서 여론을 조작하거나 호도하여 권력을 재생산하려는 인물이다. 정치권력·경제권력·언

어차피 대중들은 개돼지입니다.

적당히 짖어대다가 알아서 조용해질 겁니다.

3-9 영화 〈내부자들〉에서 대중을 폄하하고 조롱하는 이강희의 발언 내용.

론권력이 일종의 권력 카르텔을 형성하면 사회를 쥐락펴락할 수 있다고 믿는 이강희는 "어차피 대중들은 개돼지입니다. 적당히 짖어대다가 알아서 조용해질 겁니다"라고 말하면서 언제든지 여론을 조작할 수 있다고 큰소리친다.[3-9] "말은 권력이고 힘이야"라는 그의 대사는 언론이 가진 정치적·사회적 영향력을 집약적으로 보여준다.

윤리와 권력 사이에서
흔들리는 언론

〈스포트라이트〉, 〈더 포스트〉

발행인과 기자의 대립 구도

　　　　　　　　　언론사 안에는 두 개의 권력이 있다. 하나는 언론사를 운영하는 경영진의 권력이고, 다른 하나는 기사를 만드는 편집국의 권력이다. 언론사는 뉴스라는 상품을 파는 기업이다. 경영진은 대중이 좋아할 만한 뉴스를 제공해 기업의 이윤을 높이고자 한다. 편집국의 기자들은 사실을 전달하고 진실을 알리는 뉴스를 제공함으로써 대중이 세상을 객관적으로 이해하기를 바라고, 사회를 더 나은 모습으로 만들고자 한다. 뉴스에 대한 경영진과 편집국의 접근 방법이 본질적으로 다르기 때문에 어떤 뉴스를 제공할 것이냐 하는 문제를 두고 두 권력은 늘 첨예하게 대립하기 마련이다.

사실, 대중이 반드시 알아야 하는 사실이 있다면 설령 불편한 내용일지라도 보도하거나, 혹은 권력의 심기를 거스를 수 있는 진실을 알리면서 부당한 권력자에 저항하는 기자의 모습은 대중이 원하는 이상적인 자세이다. 기자는 그러한 행위를 통해 개인적인 고난에 봉착할 수도 있지만 결국에는 훌륭한 기자라는 명예를 얻고 사회적 존경을 받게 될 것이다.

이에 반해 언론을 소유하고 경영하는 발행인의 입장에서 본다면, 대중이 외면하는 뉴스를 제공하고 권력의 공격을 받을 기사를 계속 내보내는 것은 언론사의 존립 자체를 위협하는 위험한 일이다. 기자는 기사를 통해 명성을 얻고 성공적인 사회적 삶을 계속 유지할 수 있지만, 발행인은 언론사의 소유권을 잃거나 파산할 수도 있는 위기에 처하게 된다. 따라서 발행인은 대중의 인기에 예민하게 반응하고 권력에 영합하면서 공생하고자 하는 태생적 한계를 가질 수밖에 없다.

2015년에 발표된 영화 〈스포트라이트(Spotlight)〉는 미국 보스턴의 가톨릭 교회에서 사제들이 저지른 아동 성추행 사건을 조직적으로 은폐한 문제에 대해 파헤친 《보스턴 글로브》 신문 기자들의 실화를 바탕으로 한 영화이다.(3-10) 가톨릭 신자가 많이 거주하는 보스턴 지역의 특성으로 인해 가톨릭 교회의 영향력이 컸기 때문에 사제들의 성추행 사실은 오랫동안 법원·경찰·언론의 암묵적 동의하에 침묵 속에서 은폐되어 왔다. 보스턴 주민들은 굳이 불편한 사실을 들추기보다는 덮는 것을 선택했기 때문이다. 《보스턴 글로브》의 새로운 편집국장은 이 사건을 파헤치기로 하고

'스포트라이트'팀에게 취재를 지시한다.

취재를 시작한 기자들은 가는 곳마다 조직적인 저항에 부딪친다. 판사는 "이런 것을 보도하는 것이 언론이냐?"고 따져 묻고, 발행인은 《보스턴 글로브》 구독자의 절반 이상이 가톨릭 신도라면서 난색을 표한다. 게다가 추기경까지 나서서 취재 기자들을 압박한다. 결국 압력에도 굴하지 않고 끈질기게 사건을 파헤친 기자들의 취재로 감추어졌던 추악한 진실이 밝혀지면서 영화는 끝을 맺는다. 진실 보도를 위해 권력과 끝내 타협하지 않고 목숨을 걸고 취재하여 진실을 보도하는 기자의 모습은 많은 영화에서 그려지는 이상적인 기자상이다.

진실 보도가 어려운 이유

2017년 제작된 영화 〈더 포스트〉는 미국에서 일어났던 실제 사건을 바탕으로, 발행인의 입장에서 경험하는 진실 보도의 어려움에 대해 이야기한다. 미국의 국방장관이던 로버트 맥나마라는 미국 정부가 베트남 전쟁에서 패전할 것을 알고 있으면서도 전쟁을 합

리화하고, 수많은 미국 청년을 희생시켜가면서 억지로 전쟁을 이끌어가고 있다는 내용을 담은 비밀문서 '펜타곤 페이퍼'를 작성한다. 영화는 베트남 전쟁에 대한 정보를 조작하고 은폐한 미국 정부의 활동을 기록한 '펜타곤 페이퍼'의 내용을 폭로하는 《워싱턴 포스트》의 발행인과 기자들의 활약상을 보여준다.

캐서린 그레이엄은 《워싱턴 포스트》를 발행하던 남편의 자살로 인해 갑작스럽게 발행인의 자리에 올라 신문사를 경영하게 된다. 신문사의 재정이 좋지 않은 상황이었기에 캐서린은 주식 공개를 하고, 투자를 유치하기 위해 노력한다. 그러던 중 '펜타곤 페이퍼'의 내용을 취재해 보도하자는 편집국장의 제안을 받게 된다.

'펜타곤 페이퍼'의 내용은 1971년 6월 13일 《뉴욕타임스》가 처음으로 폭로했는데, 이에 대해 미국 정부는 즉각적으로 국가 안보를 위협하는 반역 행위라는 이유를 내세워 《뉴욕타임스》를 기소하고, 후속 보도를 금지하는 가처분 소송을 낸다. 이 긴박한 상황에서 《워싱턴 포스트》의 편집국장은 이를 다시 취재해 자세한 내용을 보도하자고 제안한다.

신문사의 경영이 어려운 상황에서 정부가 필사적으로 막고자 하는 문서의 공개를 추진하는 것은 자칫하면 신문사를 파산으로도 몰아갈 수 있는 일이다. 편집국장이나 기자들은 진실 보도와 언론 자유라는 명분을 앞세우면서 문서 공개를 강하게 요구한다. 하지만 정부의 노골적인 압력에 맞서 신문사의 생존을 걱정해야 하는 발행인의 심사는 매우 복잡하다. 편집국장은 캐서린에게 맥나마라와의 친분을 이용해 문서를 구해줄 것을 요구하고, 맥나마라는 오히려 캐서린에게 대통령을 도우라고 말한다. 대통령의 심기를 건드리면 신문사를 유지하기 어려울 것이라는 경고음이 전해지는 가운데 이사진도 투자 유치가 철회될 수 있다는 우려를 표한다.

모든 것을 잃을 수도 있는 상황에서 캐서린은 "신문 본연의 임무는 뛰어난 뉴스 취재와 보도"라면서, 기사 게재를 결정한다.(3-11) "기사는 역사의 초고(草稿)"라고 믿는 그녀는 "언론은 항상 옳을 수는 없고 항상 완벽한 것도 아니지만 계속 써나갈 수밖에 없다"고 주장한다. '펜타곤 페이퍼' 보도 사건과 관련한 재판에서 미국 대법원은 "언론은 통치자가 아니라 국민을 섬겨야 한다"라며 정부가 아닌 언론의 손을 들어준다.

〈더 포스트〉에서 신문 경영에 대해 고민하던 캐서린은 "신문의 수익은 기사의 질이 결정한다"라고 말하며, 말초신경을 자극하는 선정적 기사가 대중의 관심을 끌 수는 있지만, 결국 대중의 사랑과 지지를 얻는 것은 양질의 기사라는 믿음을 보여준다. 권력의 위협과 투자 유치 실패라는 위기 상황에서도 캐서린을 굳건하게 지켜준 것은 언론사를 건실한 기업으로 만드는 가장 확실한 길은 진실 보도에 있다는 신념이었다.

이후 《워싱턴 포스트》는 1972년 워터게이트 사건을 파헤쳐 숨겨진 진실을 밝힘으로써 닉슨 대통령의 하야 과정에서 큰 기여를 했는데, 이는 1976년 제작된 〈모두가 대통령의 사람들(All The President's Men)〉이라는 영화에서 중점적으로 다루어졌다.

영상이 충격적이니
시청에 주의하십시오

〈나이트 크롤러〉

뉴스가 상업적 목적으로 이용될 때
도달하는 극점

　　자동차들이 충돌하고 부서지고 깨지는 교통
사고 현장에서 피 흘리며 쓰러져 있는 사람들의 영상이 있다면 보고 싶은
생각이 드는가? 텔레비전이 등장하자마자 선풍적인 인기를 끌게 된 것은
현실에서 발생하는 사건을 카메라로 촬영해 생생하게 보여줄 수 있었기
때문이다. 저 멀리 떨어져 있는 이국적인 것들을 마치 눈앞에 있는 것처럼

생생하게 보고 싶어 하는 대중의 욕구는 비일상적이고 비범한 것을 탐닉하는 욕망으로 확장되었다. 텔레비전은 이와 같은 대중의 욕구를 정확하게 충족시켜주면서 상업적 이윤을 극대화하는 방식으로 발전했다.

2014년 제작된 영화 〈나이트 크롤러(Nightcrawler)〉는 평범한 사람들이 쉽게 접하기 어려운 사건 현장을 카메라로 촬영해 텔레비전 방송사에 팔아넘기는 남자를 주인공으로 설정한다.(3-12) 우연히 목격한 교통사고 현장에서 카메라를 든 사람들이 사고 처리 장면을 촬영해 방송사에 판매하는 것을 본 루이스 블룸은 비디오카메라를 구입해 사건 현장을 찾아다니기 시작한다.

3-12 영화 〈나이트 크롤러〉에서 루이스가 사건 현장을 촬영하는 장면.

총격 사건의 영상을 팔러 온 블룸에게 방송사 책임 PD 니나는 어떤 영상이 시청자의 흥미를 유발할 수 있는지를 가르쳐준다. 그 가르침의 결론은 가난한 유색인종 범죄자들이 벌이는 살인 사건보다는 소외된 빈민층이 잘사는 백인을 공격하는 사건이 대중의 흥미를 더 끈다는 것이다. 그녀는 가장 이상적인 뉴스 영상은 목이 잘린 채 비명을 지르며 거리를 뛰어가는 여성을 촬영하는 것이라고 덧붙인다. 블룸의 영상을 보도하는 뉴스쇼에서 앵커는 "사건 현장이 잔혹해서 충격을 줄 수 있으니 시청에 주의하라"고 경고하지만 이 말 자체가 대중의 흥미를 자극하고 영상을 보도록 부추기는 기능을 한다.

돈이 될 만한 영상을 촬영하기 위해 사건 현장을 찾아다니는 블룸은 시청자의 극적인 감정을 촉발하기 위해 현장을 조작하기까지 한다. 니나는 대중의 흥미를 자극해 시청률을 올릴 수 있는 영상을 촬영해오는 블룸을 칭찬하면서 더 충격적인 영상을 요구한다. 마침내 블룸은 사건을 기획하고 연출해서 촬영한 영상으로 대박을 터뜨린다. 그리고 '비디오 프로덕션 뉴스'라는 회사를 설립해 시청률에 목마른 방송사에 거액을 받고 판매할 영상을 전문적으로 제작하기 시작한다.

시각적 자극을 주는
가짜 뉴스의 위험성

〈나이트 크롤러〉는 뉴스가 상업적 목적을 위해 이용될 때 도달할 수 있는 극점이 어디인가를 생동감 넘치게 보여준다.(3-13) 영상이 차지하는 비중이 큰 텔레비전 뉴스의 경우, 사건 현장을 생생하게 보여주는 영상은 대중의 폭발적인 관심을 끌 수 있기 때문에 시청률 경쟁에서 가장 먼저 이용되는 도구이다. 카메라로 촬영한 영상은 대중의 관심을 뉴스의 내용이 아니라 시각적 볼거리로 유도한다.

시청자들은 자기 집 거실 소파에 앉아 타인의 비극·곤경·치부·고통을 안전하게 시청하고자 한다. 텔레비전 방송사는 시청자의 욕망에 편승해 선정적이고 자극적인 영상을 방송하면서 시청률을 올리고 수익을 극대

3-13 영화 〈나이트 크롤러〉에서 루이스가 사건 현장의 목격자를 인터뷰하는 장면.

화한다. 카메라 영상의 속성, 시청자의 욕망, 방송사의 영리 추구가 한데 모여 뉴스가 공익이 아닌 사익을 위한 콘텐츠로 전락하는 것이다.

자극적인 텔레비전 뉴스 영상을 공급하는 프리랜서 기자를 의미하는 '나이트 크롤러'는 한국에 존재할 수 없는 직업이다. 한국의 방송통신심의위원회는 선정적이거나 폭력적인 영상의 방송을 금지하는 심의 규정을 두고 있으며, 심의 규정에 어긋나는 내용에 대해서는 징계를 하고 있다. 하지만 방송사는 민감한 내용을 모자이크나 묶음 처리해 방송함으로써 심의에 회부되는 것을 피하고자 한다.

방송사는 대개 공익을 위한다는 대의명분으로 포장하면서 자극적 영상을 적극적으로 이용한다. 교통질서를 확립하고 사고에 대한 경각심을 일깨운다는 명분으로 교통사고 영상을 여과 없이 방영하거나 자연재해에 대한 대비 태세와 안전 의식을 강화한다는 명분으로 태풍으로 인한 물난리, 지진으로 파괴되는 건물 등을 노골적으로 보여주는 영상을 자주 볼 수 있다. 아울러 사고 장면을 생생하게 기록한 영상을 제보해 달라는 방송사 공지도 흔히 접할 수 있다. 자극적인 영상을 찾는 시청자의 욕망이 엄연히 존재하며, 그런 영상이 시청률 상승과 수익 증가에 도움을 준다는 것을 잘 알고 있기 때문에 선정적이고 폭력적인 영상에 대한 방송사의 집착이 쉽게 사라지기는 어려울 것이다.

최근에는 유튜브와 같은 인터넷을 이용한 1인 미디어가 지배적인 미디어로 부상하면서 상업적 목적을 위해 선정적·폭력적 영상을 이용하는 사례가 크게 증가하고 있다. 게다가 돈벌이를 위해 조작하고 연출해서 만든 가짜 뉴스까지 활개를 치고 있는 실정이다. 우리가 시각적 자극만을 즐기는 구경꾼이자 방관자의 자세를 취하는 한 우리의 은밀한 욕망을 이용해 돈을 벌고자 하는 블룸과 같은 사람은 계속해서 늘어날 것이다.

정보전염병을 퍼트리는
사이버 렉카의 위험성

방송(broadcasting)은 어원적으로 보면 "널리 퍼트린다"는 뜻이다. 일반적으로 방송이란 라디오나 텔레비전 등을 이용해 음성이나 영상정보를 전파로 전송하는 활동을 의미한다.

　방송은 다른 미디어 활동에 비해 더 심한 규제를 받는데, 이는 희소한 전파 자원을 이용해 불특정 다수의 공중을 대상으로 정보를 전달하는 매체로서 커다란 사회적 영향력을 가진 공적 활동으로 인식되기 때문이다.

　방송은 전파를 이용해 정보를 송출하는데, 방송에 사용할 수 있는 전파의 주파수는 한정되어 있다. 전파 자원의 희소성 때문에 방송사업을 할 수 있는 주체는 소수로 한정될 수밖에 없다. 국가는 전파 자원을 아무나 독점할 수 없도록 공공재로 관리한다. 방송 사업을 하려면 국가의 허가를 통해 주파수를 할당받아야 하며, 공공재인 전파를 사용하는 방송사업자는 공익을 위해 주파수를 사용해야 한다는 공적 책임을 부여받는다. 국가는 주기적으로 방송사업자의 활동 내용을 평가하는데, 공적 책임을 다하지 못한 경우 방송사업자의 주파수 사용권을 박탈할 수 있다.

　한국의 방송법은 제1조에 "방송의 자유와 독립을 보장하고 방송의 공적 책임을 높임으로써 시청자의 권익보호와 민주적 여론형성 및 국민문화의 향상을 도모하고 방송의 발전과 공공복리의 증진에 이바지함을 목적으로 한다"고 명시하고 있다. 방송의 공익성과 공공성을 유지하기 위해 정부는 방송통신위원회·방송통신심의위원회와 같은 규제기관을 운영하고 있다.

문제는 디지털 기술의 발달로 방송의 개념이 확대되고 있으며, 전파 자원의 희소성을 근거로 한 방송의 공익성 논리도 약해지고 있다는 점이다. 디지털 기술의 발달로 인해 주파수 대역에 제한받지 않고 많은 채널을 운영할 수 있게 되면서 전파 자원의 희소성 문제는 사실상 해소되고 있다.

게다가 2010년대에 들어서 크게 성장하고 있는 1인 미디어 활동과 전통적인 의미의 방송 활동을 구별하기가 점점 어려워지고 있다. 1인 미디어 채널도 불특정 다수의 공중을 대상으로 음성이나 영상 정보를 제작해 제공하는 활동을 하는데, 이용자들도 대부분 1인 미디어 채널을 방송처럼 인식하고 시청한다.

전통적인 방송 활동을 위해서는 방송 제작 시설 확보, 제작 및 편집 기술자의 교육과 채용, 방송 출연자 양성 등을 위해 많은 준비와 막대한 투자를 해야 하고 정부의 허가를 받아야만 한다.

하지만 1인 미디어는 특별한 허가 없이 누구나 간단한 장비를 이용해 자유롭게 방송을 제작하고 전송할 수 있다. '유튜브'와 같은 동영상 공유 플랫폼에는 셀 수 없이 많은 채널이 엄청난 양의 콘텐츠를 제작해 업로드하고 있다. KBS, MBC, SBS 등과 같은 기존의 방송사업자들도 유튜브 채널을 개설해 별도의 방송 영상을 게재한다. 모비딕, tvN D, M드로메다 스튜디오, 14F 일사에프, 크랩 KLAB, 문명특급 등은 TV 방송사가 운영하는 유튜브 채널들이다.(3-14~16)

기존의 방송사업자는 여전히 방송법에 따라 규제와 심의를 받고 있으며 공익성과 공공성을 추구해야 한다는 공적 책임을 부여받고 있다. 하지만 1인 미디어 채널은 그와 같은 규제로부터 비교적 자유로운 상태에서 운영되고 있다. 공적 책임의 의무를 질 필요가 없는 1인 미디어 제작자들은 수많은 채널이 난립하는 플랫폼 안에서 구독자 수와 조회 수를 올리기 위해 무한경쟁을 벌인다. 이는 1인 미디어 콘텐츠의 질적인 문제를 유발하기도 한다.

3-14 KBS NEWS의 뉴미디어 브랜드 크랩.

조회 수를 올리기 위해 내용과 무관한 자극적인 글과 영상으로 만든 '섬네일(thumbnail)'을 사용하는 것은 귀여운 수준이라는 말을 들을 정도로 과장과 왜곡을 넘어서 거짓과 날조의 정보를 제공하는 1인 미디어 채널이 점점 증가하고 있다.

3-15 MBC NEWS의 뉴미디어 브랜드 일사에프.

3-16 SBS 스브스뉴스에서 제작하는 웹예능 〈문명특급〉.

가짜 뉴스의 유포는 1인 미디어만의 문제는 아니지만, 1인 미디어를 통해 확산하는 경향이 있다. 정치적·사회적 양극화가 심해지는 상황에서 사람들이 일상에서 느끼는 분노와 스트레스가 점점 커지고 있기 때문에 누군가를 공격하는 가짜 뉴스를 만들어 공개하는 것은 조회 수를 올리는 좋은 방법이 되기 때문이다.

'사이버 렉카(cyber wrecker)'는 인터넷 온라인을 의미하는 '사이버'와 사설 견인차를 낮춰 부르는 '렉카'의 합성어이다. 교통사고가 나면 돈을 벌기 위해 발빠르게 사고 현장으로 달려가는 사설 견인차처럼, 정치·사회·문화 등 다양한 분야에서 대중의 뜨거운 관심을 끌 만한 사건이 발생하면 과장이나 왜곡을 불사하면서 재빠르게 콘텐츠를 만들어 올리는 1인 미디어 제작자를 사이버 렉카라고 한다.

이들은 사건의 의미·진실·파장 등에 대해서는 무관심하며, 오직 조회 수를 올릴 수 있는 자극적 내용을 가졌는지에만 관심을 기울인다. 따라서 타인의 불행·실수·결점 등을 부각시켜 그것을 공격하는 콘텐츠를 제작하는 경향이 나타나며, 사실 여부를 확인하지 않기 때문에 가짜 뉴스를 만들어낼 가능성이 크다.

한번 가짜 뉴스가 제작되면 가짜 뉴스 자체가 가진 자극적 속성과 인터넷이 가진 손쉬운 공유와 전송 기능이 결합하면서 급속도로 확산하는 '인포데믹' 현상이 나타난다. 인포데믹이 발생하면 사람들이 미디어를 통해 얻는 정보를 신뢰하지 못하게 되면서 사회적 불안과 갈등이 커질 위험이 있고, 심할 경우는 경제 위기나 폭동으로 이어질 수도 있다.

우리는 당신의
사생활이 궁금하다

〈트루먼 쇼〉

태어난 순간부터 텔레비전으로
중계되는 당신의 삶

타인의 사생활을 엿보고자 하는 대중의 관음증에 호응해 '리얼리티 쇼'가 제작되었다. 리얼리티 쇼는 개인이나 집단이 일상생활에서 겪는 실제 사건을 카메라를 이용해 보여주는 텔레비전 프로그램을 일컫는다. 드라마처럼 연기로 꾸며진 세계가 아니라 일상에서 벌어지는 일을 지켜보는 것은 관음증적 쾌락을 불러일으킨다. 관음증은

3-17 영화 〈트루먼 쇼〉에서 몰래 설치된 CCTV를 통해 찍힌 트루먼의 일상생활이 텔레비전 제작 스튜디오에서 실시간으로 송출되는 장면.

남의 사생활을 엿보는 과정에서 발생하는 심리적 쾌락이다.

1998년 발표된 영화 〈트루먼 쇼(The Truman Show)〉는 텔레비전이 만들어낸 거대한 리얼리티 쇼에 대한 이야기이다. 트루먼 버뱅크는 태어난 순간부터 서른 살이 될 때까지 24시간 내내 카메라로 일거수일투족이 촬영되어 방송되는 리얼리티 쇼의 주인공이다. 그를 둘러싼 모든 환경이 거대한 세트장이고, 주변 인물들은 모두 전문 배우들이며, 사방에 숨겨진 카메라는 그의 모든 움직임을 영상으로 기록해 방송한다.(3-17)

하지만 오직 트루먼만이 그 사실을 모르는 채로 일상을 살아간다. 그는 어릴 때부터 여행가가 되어 세계를 탐험하고 싶다는 꿈을 가지고 있었는데, 방송을 유지해야 하는 제작진은 온갖 수단 방법을 총동원해 그를 세트장 안 작은 세계에 붙잡아놓는다. 트루먼은 자신의 삶을 살았다고 믿고 있지만 사실 그의 삶은 방송 제작진에 의해 기획되고 연출된 것이다.

세계 각국의 시청자들은 24시간 생중계되는 트루먼의 모든 순간을 지켜보면서 그의 희로애락을 함께 즐기고 그의 삶을 일상의 이야깃거리로 소비한다. 그들은 트루먼의 첫걸음마, 첫 키스 장면을 몰래 훔쳐본다. 심지어 모든 진실을 알게 된 트루먼이 세트장을 탈출하기 위해 분투하다가 마침내 그곳을 떠나는 모습을 시청하면서 감동을 느낀다.(3-18)

하지만 결국 자신이 꿈꾸던 삶을 찾기 위한 트루먼의 눈물겨운 노력조

차도 시청자들에게는 그저 흥미로운 볼거리에 지나지 않는다. 트루먼의 탈출로 인해 〈트루먼 쇼〉 프로그램이 종영되자 대중은 아무 미련도 없이 새롭고 재미있는 다른 볼거리를 찾아 리모컨의 버튼을 누른다.

타인의 사생활을 엿보고 싶은 욕망

1999년 네덜란드에서 제작된 텔레비전 프로그램 〈빅 브라더(Big Brother)〉가 큰 성공을 거둔 후에 리얼리티 쇼는 텔레비전 방송의 주요 프로그램으로 자리잡았다. 이 프로그램은 수십 대의 카메라가 설치된 집 안에서 생활하는 10여 명의 사생활을 촬영하여 보여주었다.

리얼리티 쇼는 일반적으로 사람들을 다양한 상황에 몰아넣고 그들이 어떻게 행동하는지를 카메라로 촬영해 관찰하는 방식으로 제작된다. 상금을 타거나 연인을 만들기 위한 경쟁의 상황, 음식을 만들거나 가게를 운영하는 임무 완수의 상황, 여행을 하거나 휴식을 취하는 치유와 회복의 상황 등 다양한 상황 속에 처한 사람들은 여기저기 배치된 카메라 앞에서 실제처럼 보이는 행동을 연출해야 한다. 그들의 행동이 실제처럼 보일수록 그것을 훔쳐보는 시청자의 쾌락은 커진다.

한국에서 리얼리티 쇼는 2010년대 이후 관찰 예능 프로그램이란 이름으로 불리면서 큰 인기를 끌고 있다. 관찰 예능 프로그램은 방송사가 제작하는 프로그램의 절대다수를 차지할 정도로 대중의 사랑을 받고 있다. 연예인들의 사생활을 엿보는 프로그램부터 일반인들의 특별한 삶을 다루는 프로그램에 이르기까지 형식과 내용이 매우 다양하지만 대중을 프로그램 시청으로 유인하는 요소는 동일하다. 바로 타인의 사생활을 몰래 엿보고자 하는 욕망을 자극하는 것이다. 관찰 예능 프로그램에서 고정된 CCTV 촬영방식이 주로 이용되는 것은 대중의 관음증을 자극하는 대표적 장치이기 때문이다.

〈트루먼 쇼〉에서는 단지 트루먼의 사생활을 관찰하는 데 그치지 않고 그와 가족, 친구들이 사용하는 다양한 상품들을 노골적으로 홍보한다. 트루먼의 아내는 카메라를 향해 자신이 사온 주방용품을 들고서 마치 홈쇼핑 판매자처럼 상품의 성능을 읊어대고, 트루먼의 친구는 맥주를 마신 후에 맥주 상표를 보면서 "이게 진짜 맥주지"라고 외친다.(3-19) 이는 공식적인 광고 프로그램이 아니라 영화나 드라마 안에 소도구의 하나로 상품을 등장시키는

3-19 영화 〈트루먼 쇼〉의 PPL 장면들.

간접광고 방식이다. 이러한 간접광고를 'PPL(product placement)'이라고
한다.

PPL은 영화나 드라마 안에서 주인공이 사용하는 물건이나 서비스의
형태로 상품을 노출함으로써 대중이 자연스럽게 상품을 인지하고 상품
에 대한 긍정적 이미지를 갖게 만드는 기능을 한다. 과거에는 단순히 상품
을 보여주는 소극적인 방식으로 운영되었지만, 최근에는 배우가 직접 나
서서 상품의 성능이나 효능을 직접 보여주거나 설명하는 적극적인 방식
으로 운영되는 경향이 있다. 이는 방송 프로그램 자체가 방송사의 수익을
극대화하기 위한 방식으로 제작되고 있음을 보여준다.

가상의 '부캐'가 부각되는
리얼리티 예능 프로그램

2023년 넷플릭스에서 오리지널로 공개한 〈피지컬: 100〉은 성별·직업·나이를 불문하고 육체적 힘이 가장 강한 사람이 살아남는 서바이벌 예능 프로그램이다. 출연진 중 격투기 선수인 한 남성과 보디빌더인 한 여성이 대결하는 과정에서 격투기 선수가 보디빌더의 가슴을 무릎으로 압박해 승리를 거두는 장면이 사회적 논란을 일으켰다. 경기를 지켜보던 여성 출연자들이 "가슴"이라고 외치자 격투기 선수는 입에 지퍼를 잠그는 듯한 시늉을 해 더 큰 비난을 받았다. 이에 대해 당사자인 보디빌더는 "이것은 예능입니다. 그냥 재미있으라고 만든 방송 프로"라고 말하면서 "중간에 입 닫으라는 손동작이요? 예능 아닙니까? (⋯) 왜? 예능이니까. 재밌으라고. 그만들 싸우시고 그냥 재미있게 봐주셨으면 합니다"라는 입장을 발표했다.

관찰 예능 프로그램은 기본적으로 현실을 담아내는 다큐멘터리의 제작방식인 관찰과 기록으로 만들어진다. 그렇다고 해서 관찰 예능 프로그램이 현실을 그대로 보여주는 것은 아니다. 현실, 즉 리얼리티가 아니라 '리얼리티 쇼(reality show)'이기 때문이다. 관찰 예능 프로그램의 목적은 현실을 보여주는 것이 아니라 시청자에게 현실의 느낌을 제공하면서 재미를 주는 것이다. 문제는 시청자들이 현실의 느낌을 실제 현실이라고 착각하는 과정에서 발생한다.

관찰 예능 프로그램은 연예인이나 일반인에게 특정한 상황을 만

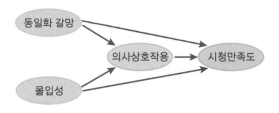

3-20 리얼리티 프로그램의 의사상호작용 효과.

들어주고 그 상황에서 그들이 하는 행동과 생활의 모습을 제작자의 노골적인 개입 없이 보여주는 방식으로 제작된다. 시청자는 출연자의 사적인 태도와 행동을 관찰하면서 관음증의 쾌락을 즐기는 동시에 출연자들과 동일시하고 공감하면서 강한 연대감과 친밀감을 느끼는 '의사사회적 관계(parasocial relationship)'를 맺는다.

제작자는 시청자가 출연자와 공감대를 형성하기 쉬운 주제와 상황을 설정한 후 진행 과정을 사실적으로 보여주거나 출연자의 기분이나 감정을 알려주는 방법을 통해 시청자와 출연자 사이에 가상의 사회적 관계를 만들어낸다. 이처럼 시청자들이 프로그램 등장인물들과 마치 현실세계의 친구 관계와 같이 친밀한 관계를 형성하는 것을 '의사상호작용(parasocial interaction)'이라고 한다.(3-20)

시청자와 출연자 사이의 의사사회적 관계가 잘 형성될수록 관찰 예능 프로그램의 성공 가능성은 커진다. 육아 프로그램에 출연하는 아이가 내 아이나 조카처럼 느껴질수록 시청자는 프로그램에 더 몰입하고 계속 시청하려 할 것이다. 따라서 출연자의 캐릭터를 만드는 것은 관찰 예능 프로그램의 성공을 위해 필수적인 작업이다. '국민 약골', '사차원', '딸 바보' 등의 캐릭터가 만들어지면 프로그램의 서사를 구성하기가 쉬워지고, 시청자들의 친밀도와 몰입도도 커진다.

2010년대 말 이후 예능 프로그램에서는 이미 완성된 캐릭터 외에 또 다른 캐릭터를 만들어 활동하는 현상이 나타나기 시작했다. 흔히

'부캐'라고 불리는 제2의 캐릭터는 원래 온라인 게임이나 인터넷 커뮤니티 등에서 이용자가 본 캐릭터 외에 다른 캐릭터를 하나 더 만들어 사용하는 현상을 가리키는 말이었다. 이것이 텔레비전 예능 프로그램에 원용되면서 연예인이 일반적으로 사용하는 캐릭터 외에 새로운 정체성을 가진 캐릭터를 만들어 예능 프로그램에 출연하는 현상으로 발전했다. 대중은 익숙한 캐릭터의 연예인이 만든 새로운 부캐를 즐기기 시작했으며, 일반인도 소셜미디어나 인터넷 커뮤니티 등에서 부캐를 만드는 일이 유행하기도 했다.

이와 같은 캐릭터는 출연자가 의도적으로 만들 수도 있고 제작자가 촬영과 편집의 기술을 이용해 만들어낼 수도 있다. 일반적으로 프로그램을 이끌어가는 스타 연예인 출연자들은 재미를 위해 자기의 캐릭터를 의도적으로 만드는 경우가 많지만, 일반인 출연자들의 경우는 제작자가 편집 등을 통해 만들어내는 경우가 많다. 출연자의 특정한 말이나 행동을 촬영과 편집을 통해 부각함으로써 캐릭터를 만드는 것이다.

특히 출연자에게 악당의 캐릭터를 부여하려는 의도에서 편집을 이용해 시청자가 상황을 오해하도록 만드는 것을 '악마의 편집'이라고 한다. 자기의 의도와는 무관하게 악당의 캐릭터를 갖게 된 출연자들은 '악마의 편집'의 희생양이 되었다고 호소하기도 한다.

결국, 관찰 예능 프로그램은 리얼리티를 표방하지만 본질적으로는 정해진 상황에서 캐릭터들이 벌이는 연기로 구성되는 쇼이다. 만들어진 상황과 캐릭터를 시청자가 현실이라고 느낀다면 관찰 예능 프로그램은 성공한다. 시청자들은 관찰 예능 프로그램의 캐릭터들과 동일시하면서 그들의 슬픔과 기쁨을 자기의 감정처럼 느낀다. 관찰 예능 프로그램 출연자의 말과 행동이 쉽게 사회적 논란거리가 되는 이유는 시청자들이 현실이라고 믿기 때문이다.

'구독, 좋아요'를 눌러주세요

〈구독좋아요알림설정〉

1인 미디어 창작자의 영향력

인터넷은 개인을 미디어 콘텐츠의 단순한 소비자가 아니라 생산자로 만들었다. 신문사나 방송사와 같은 거대 기업이 만든 콘텐츠를 수동적으로 소비하던 사람들이 자신의 콘텐츠를 만들어 대중에게 공개할 수 있게 된 것이다. 인터넷에 연결된 디지털 미디어를 이용한 콘텐츠 제작은 처음에는 자신이 좋아하는 것, 알고 있는 것을 소개하고 정보를 공유하는 일종의 여가활동 같은 것이었다. 그 후 사람들이 직접 기획·제작해 무료로 공개하는 콘텐츠가 인터넷 공간을 채우기 시작했다. 이러한 콘텐츠의 조회 수가 많아지고 대중의 관심이 커지면서 1인 미디어는 주요한 문화산업으로 발전했다.

1990년대 말과 2000년대 초에 인터넷 개인 홈페이지로 시작했던 몇몇 사이트가 기업으로 성장했다. 2000년대 초반 '웹(web)'과 '로그(log)'의 합성어로 개인의 생각이나 의견을 일기처럼 기록해 공개할 수 있는 웹페이지 서비스인 '블로그(blog)' 운영자 중의 몇몇은 파워블로거로 성장하면서 콘텐츠 사업가가 되었다. 2005년 유튜브가 동영상 공유 서비스를 시작한 이후 1인 미디어는 단순히 개인적 생각이나 정보를 공개하고 공유하는 수단이 아니라 영리적 목적을 위해 운영되는 개인 사업체로 정착했다.

> **파워블로거(power blogger)**
> 많은 사람에게 영향을 주는 글을 블로그에 게시하고 운영하는 사람.

1인 미디어의 주요 수입원은 콘텐츠 조회 수에 따라 차등으로 지급되는 광고비이기 때문에 다수의 조회를 유발하는 콘텐츠 제작이 성공의 관건이다. 높은 조회 수를 기록하는 콘텐츠를 제작해 업로드하는 1인 미디어 창작자는 막대한 경제적 이익을 얻을 뿐 아니라 사회적 명성과 영향력을 갖게 된다. 동영상 공유 사이트의 개인 채널이나 소셜미디어의 개인 계정을 운영하면서 수많은 구독자와 팔로어를 거느리는 1인 미디어 창작자는 '인플루언서'라고 불리며 미디어 시장에서 중요한 사업가로 활동한다.

> **인플루언서(influencer)**
> SNS에서 많은 사람의 구독을 통해 영향력을 미치는 사람.

2021년 발표된 영화 〈구독좋아요알림설정(Spree)〉은 인플루언서로 성공하려는 1인 미디어 창작자의 욕망이 극에 달했을 때 나타날 수

3-21 영화 〈구독좋아요알림설정〉에서 커트가 승객들을 카풀하는 장면.

있는 최악의 상황을 보여준다.

1인 미디어 창작자 커트는 구독자 수 100만 명을 꿈꾸며 10년간 작업을 해왔지만, 콘텐츠 조회 수는 두 자릿수를 넘기지 못한다. 아무리 노력해도 올라가지 않는 조회 수에 지친 커트는 단번에 화제가 될 콘텐츠를 기획하고 실행에 옮긴다. 그가 기획한 내용은 자신이 운전하는 자동차의 카풀 서비스를 이용하는 손님에게 독극물을 탄 생수를 먹이고 죽어가는 모습을 생방송으로 내보내는 것이다.(3-21) 그는 거침없이 살인 행각을 벌이지만 조회 수는 좀처럼 올라가지 않는다. 결국에는 친한 친구와 가족까지 살해한 끝에 조회 수를 올리는 데 성공하지만 비극적 최후를 맞는다.

1인 미디어 창작자들의 현실

콘텐츠의 조회 수 올리기에 집착하는 커트의 광기 어린 모습은 대중의 관심을 얻고 돈을 벌기 위해서 온갖 자극적인 콘텐츠를 제작하는 일부 1인 미디어 창작자들의 현실을 보여준다. 커트의 자동차에 탑승하는 손님 중에는 자신의 채널과 계정을 운영하는 1인 미디어 창작자들도 있다. 그들도 커트와 마찬가지로 대중의 흥미를 자극

해 조회 수를 올릴 수 있는 건수를 찾아 스마트폰을 들이댄다.(3-22) 마치 불에 뛰어드는 나방처럼 대중의 인기와 돈을 좇는 그들은 조회 수를 올릴 수 있다면 그 어떤 위험도 감수하려 한다.

이는 기본적으로 조회 수에 비례하는 광고 수입에만 의존하는 1인 미디어 창작자의 불안정한 소득 구조에서 비롯되는 문제이다. 높은 조회 수를 유도하고 많은 구독자 수를 확보해 소득의 안정성을 얻고자 하는 1인 미디어 창작자는 선정적이고 자극적인 콘텐츠를 제작해보려는 유혹에 빠지기 쉽다. 게다가 직업의 불안정성이 주는 심리적 스트레스 때문에 무모하고 충동적인 행동, 불안과 우울, 무력감에 빠지기도 한다.

신문이나 방송과 같은 공적인 언론으로 분류되지 않기 때문에 콘텐츠에 대한 규제가 느슨한 것도 1인 미디어 콘텐츠의 선정성과 반사회성이 확산하는 배경이다. 1인 미디어 콘텐츠는 사적인 표현의 자유를 좀 더 폭넓게 적용받고 있기 때문에 제도권 언론에서 사용하기 어려운 표현도 여과 없이 드러나는 경우가 많다. 명예훼손이나 모욕죄, 아동학대죄 등과 같이 콘텐츠에 대한 구체적인 고소·고발 행위를 제외한다면, 동영상 채널 서비스를 제공하는 플랫폼 사업자의 자율적 규제나 자정 노력 정도가 1인 미디어 콘텐츠를 통제하는 실질적인 방법이다. 지나치게 자극적인 콘텐츠는 플랫폼 사업자에 의해 어느 정도 차단되겠지만 모든 콘텐츠를 심의하는 것은 불가능하다. 결국, 현재로서는 1인 미디어가 대중의 흥미를 자극하기 위해 폭력, 혐오, 편견, 거짓, 범죄, 과도한 성적 노출 등을 담은 콘텐츠를 제작·유통하는 것을 막을 효율적인 방법은 사실상 없다.

1919년 미국 연방 대법원의 올리버 웬들 홈스(Oliver Wendell Holmes Jr.) 대법관이 방첩법 관련 재판에서 표현의 자유를 옹호하며 제시한 '사상의 자유 공개 시장' 이론에서처럼 모든 사람에게 완전한 표현의 자유를 준다면, 다양한 콘텐츠의 제작자들 사이에서 자유로운 경쟁이 일어나 좋은 콘텐츠만이 살아남을 수도 있다. 1인 미디어 창작자가 아무리 나쁜 콘텐츠를 만든다 해도 이용자들은 결국 좋은 콘텐츠를 선택할 것이기 때문에 콘텐츠의 수준에 대해서는 큰 걱정을 할 필요가 없다는 것이다.

하지만 자신의 욕망이나 이익을 좇는 경향이 있는 대중의 심리를 고려한다면, "악화가 양화를 구축한다"는 '그레셤의 법칙(Gresham's law)'처럼 나쁜 콘텐츠가 좋은 콘텐츠를 몰아내고, 1인 미디어 시장을 지배할 가능성도 크다. 실제로 19세기 말 '황색 언론' 사건에서 나타났듯이, 선정적이고 자극적인 콘텐츠는 쉽게 대중의 인기를 얻으며 확산하는 경향을 보이기 때문이다.

대표적인 1인 미디어 플랫폼인 '유튜브'의 경우, 전 세계에서 1분에 400시간이 넘는 동영상이 업로드되고 있으며, 매일 10억 시간이 넘는 동영상이 소비되고, 매달 20억 명이 넘는 이용자들이 로그인을 한다. '인스타그램'과 같은 소셜미디어 플랫폼이나 '틱톡' 같은 숏폼 동영상 플랫폼 등을 포함한다면 세계적으로 유통되는 1인 미디어 콘텐츠의 양은 거의 무한정이라고 할 정도로 엄청나다. 이처럼 누구나 쉽게 만들고 접근할 수 있는 1인 미디어 콘텐츠가 대량으로 쏟아지는 상황에서 해로운 콘텐츠를 분별하고 억제할 수 있는 최후의 판단자는 이용자들뿐이다.

나는 네가 어제 한 일을
알고 있다

〈서치〉

실종된 딸이
소셜미디어에 남긴 정보

　　　　　　　　　　　내가 갑자기 사라진다면 내 가족은 나를 찾을
수 있을까? 2018년 발표된 영화 〈서치(Searching)〉에서 데이빗은 어느
날 고등학생인 딸 마고가 실종되었다는 것을 알게 된다.(3-23) 마고는 목
요일 밤에 데이빗에게 전화를 세 통 걸었지만 데이빗은 자느라 전화를 받
지 못했다. 금요일 아침에 일어난 데이빗은 마고가 집에 없다는 사실을 발

3-23 영화 〈서치〉에서 데이빗이 인터넷으로 마고의 행적을 추적하는 장면.

견하지만 학교에 갔을 것이라 생각한다. 오후에도 마고는 전화를 받지 않는다. 데이빗은 마고가 학교는 물론 피아노 학원에도 가지 않았다는 사실을 알게 되고 경찰에 실종 신고를 한다.

데이빗은 딸의 노트북을 열어 파일을 뒤지고 구글 검색으로 필요한 정보와 전화번호를 찾아내어 마고의 행방을 수소문한다. 딸의 일상이 고스란히 남아 있는 소셜미디어 계정과 1인 미디어 채널은 그녀에 대한 정보를 얻을 수 있는 유익한 통로가 된다.

데이빗은 인터넷 공간에 남아 있는 딸의 흔적을 따라가면서 아버지에게는 말하지 않았던 고민과 꿈, 친구들과의 관계, 좋아하는 것 등 마고의 삶에 대해 자세히 알게 된다. 데이빗의 아내이자 마고의 어머니인 파멜라가 암으로 일찍 사망한 후, 데이빗은 마음과는 달리 사춘기에 접어든 딸과 친밀한 관계를 유지하기가 어려웠다. 마고도 아버지에게는 마음을 털어놓지 못하고 거리를 두는 생활을 해왔다.

데이빗은 마고의 소셜미디어 계정에 남겨진 단서를 찾아 추적한 끝에 행방불명된 날 밤에 마고가 간 장소를 알아낸다. 또한 마고의 1인 미디어 채널에 지속적으로 댓글을 달던 사람을 찾아내고, 구글 이미지 검색을 통해 그의 프로필 사진이 거짓임을 발견한다. 이를 바탕으로 마고의 실종 사건과 관련된 실마리가 풀리고, 마침내 마고는 무사히 구출된다.

〈서치〉에서 데이빗이 마고의 흔적을 찾는 데 큰 도움을 받은 것은 마고가 이용하는 소셜미디어이다. 소셜미디어 이용자들은 다른 사람들과 관계망을 구축하고 서로 정보·의견·감정 등을 교환하고 공유한다. 초기에는 '커뮤니티', '카페', '클럽' 같은 동호회나 포럼 형태의 소셜 네트워킹 서비스가 제공되었다. 2000년대 초반부터 싸이월드(Cyworld), 마이스페이스(MySpace), 페이스북(Facebook), 트위터(Twitter) 등이 대표적인 소셜미디어 플랫폼으로 인기를 끌었다. 2010년대 후반부터는 인스타그램(Instagram), 텀블러(Tumblr) 등이 젊은 세대의 관심을 받고 있다.

개인 정보 공개에 동의하시겠습니까?

데이빗은 소셜미디어와 1인 미디어 채널에 남아 있는 딸의 흔적을 단서로 실종된 딸을 찾아낼 수 있었다. 뒤집어 생각해보면, 이는 내 소셜미디어 계정과 1인 미디어 채널에 게재된 내용을 잘 분석하면 누구나 나에 대한 정보를 쉽게 얻을 수 있다는 것을 의미한다.

소셜미디어나 1인 미디어를 이용한 온라인 활동은 기본적으로 자신의 이름, 소속, 연락처, 취미, 관심사, 가족, 친구 등과 같은 다양한 개인 정보를 공개하는 방식으로 이루어진다. 디지털 친화적인 속성을 가진 젊은 세대일수록 온라인 활동에 적극적으로 참여하기 때문에 개인 정보의 노출 빈도가 증가하면서 사생활 침해는 물론 범죄에의 악용 위험이 커진다.

〈서치〉에서 데이빗은 온라인에 공개된 마고의 개인 정보를 긍정적이고 생산적인 목적으로 사용하지만, 마고에게 위해를 가한 범인은 온라인에서 획득한 마고의 개인 정보를 악용한다. 범인은 자신에 대한 거짓된 정보를 만들어서 마고의 환심을 사며 접근한다.(3-24) 마고가 어머니를 암으로 잃은 사실을 알고서 범인이 자신의 어머니도 암 투병 중이라고 한 거짓말이 그 예이다. 실제로 온라인에서 공개된 개인 정

3-24 영화 〈서치〉에서 데이빗이 마고의 SNS 계정을 살펴보는 장면.

보는 부정적이고 소모적인 방식으로 사용될 가능성이 더 크다.

소셜미디어나 1인 미디어에서는 타인의 관심과 호감을 얻기 위해 자신의 개인 정보를 자발적으로 제공하는 경우가 많다. 또한 자신의 개인 정보를 공개하는 것은 주의 깊게 통제하면서도 가족이나 친구의 개인 정보는 쉽게 공개하는 경우도 많다. 소셜미디어나 1인 미디어를 통해 누군가의 생활을 엿보는 것은 이제 그리 어려운 일이 아니다.

실제로 디지털 원주민으로 분류되는 청소년 중에는 악용되지만 않는다면 개인 정보를 공개해도 좋다고 생각하는 사람들이 늘고 있고, 심지어 개인 정보 노출에 개의치 않는 프라이버시 무관심자도 많다. '페이스북'을 만든 마크 저커버그(Mark Elliot Zuckerberg)는 2010년 "프라이버시의 시대는 끝났다"면서 모든 사람이 이름·성별·거주지 등의 개인 정보를 공개하는 것이 소셜미디어의 규칙이 되어야 한다고 주장했을 정도이다.

일상생활에서 소셜미디어와 1인 미디어의 사용 비중이 점점 커지면서, 개인 정보 유출로 인한 범죄나 프라이버시 침해와 같은 문제들의 발생 빈도도 점차 증가하고 있다. 사람들은 한편에서는 개인 정보 유출을 조심하고 프라이버시에 대해 염려하면서도, 다른 한편에서는 자발적으로 개인 정보를 제공하고 사생활을 공개하는 모순된 행동을 하기도 한다. 이러한

현상을 '프라이버시 패러독스(privacy paradox)'라고 부른다. 사람들은 개인 정보 유출을 조심해야 한다고 생각하면서도 작은 금전적 보상에 쉽게 개인 정보를 제공하기도 하고, 프라이버시를 보호해야 한다고 말하면서도 집 거실에서 가족 모임을 하며 촬영한 사진을 소셜미디어 계정에 공개하기도 하는 것이다.

온라인 활동은 오프라인보다 더 편하고 자유롭고 간편해 보이지만, 사실은 아주 쉽게 감시되고 측정되고 추적될 위험성이 공존한다. 온라인에서는 누군가가 언제 어디서든 나의 행동을 지켜보고 있기 때문이다. 사람들은 자신의 평판을 관리할 필요를 느낄 때 비로소 온라인 활동을 제어하기 시작하는 경우가 많다. 즉, 오프라인 세계에서의 필요와 제약이 온라인 활동을 제어하도록 만드는 것이다.

특히 청소년은 아직 본격적인 사회생활을 시작하기 전이기 때문에 사회적 평판과 인간관계를 관리해야 한다는 압박감을 덜 느낀다. 이로 인해 청소년은 프라이버시 패러독스에 더 쉽게 빠질 수도 있는데, 이 또한 유의해야 할 점이다.

디지털 혁명,
인류를 초연결 사회로 만들다

—— 디지털 기술의 발달로 발생한 사회·경제·문화적 격변을 '디지털 혁명'
이라고 부른다. 18세기 중반에서 19세기 중반에 이르기까지 전개된 산업혁
명이 세계의 모습을 뒤바꿔놓았듯이, 20세기 말에 시작된 디지털 혁명은 우
리가 사는 현재의 세상을 급속도로 변혁시키고 있다.

현재까지 디지털 혁명은 크게 세 단계에 걸쳐 진행되었다. 첫 번째 단계는
PC가 보급된 후 인터넷이 탄생하고, LP 음반이 CD(compact disc)로 바뀌
는 등 디지털 미디어가 일상생활에서 사용되기 시작한 1980년대이다. 두 번
째 단계는 '월드와이드웹'의 폭발적 성장으로 본격적인 인터넷 시대가 열린
1990년대이다. 세 번째 단계는 스마트폰이 탄생한 2000년대이다.

최근에는 2010년대까지의 디지털 혁명을 제3차 산업혁명으로, 그 이후 좀
더 고도화된 디지털 혁명을 제4차 산업혁명으로 간주하고 있다. 자율 자동차
기술, 자율 로봇 시스템, 사물인터넷, 클라우드 컴퓨팅, 인공지능 등으로 대표
되는 디지털 기술이 제4차 산업혁명을 선도할 기술로 거론된다. 이러한 기술
은 사회 전반에 걸쳐 광범위한 자동화·자율화를 실현함으로써 인간의 개입
을 최소화하는 결과를 가져올 것이며, 우리가 세상과 관계 맺고 경험하는 방
식을 완전히 바꿔놓을 것으로 예상된다.

특히 인간과 커뮤니케이션할 수 있는 인공지능의 발달은 사회·문화·경제의
기반을 뿌리부터 뒤바꾸고 있다. 인공지능 미디어는 단순한 수단이나 도구가
아니라 메시지를 창작하는 행위자로 작동한다. 이 새로운 미디어 생태계에
적응하기 위해서는 디지털 리터러시를 함양하는 것이 필수적이다.

디지털 미디어,
멀티미디어 시대를 열다

아날로그와 디지털

'있음'과 '없음'으로
메시지를 전달하는 방식

"외적이 쳐들어왔다! 봉화를 올려라!" 사극에서 종종 듣는 말이다. 봉화(烽火) 또는 봉수(烽燧)는 세계에서 가장 오래된 장거리 커뮤니케이션 미디어이다.[4-1] 봉수는 산이나 언덕 위에 설치해 낮에는 연기, 밤에는 불을 피워 메시지를 전달하는 장치이다.

조선 시대에는 각 지역의 산 정상에 봉수대를 설치하고 평소에는 하루

4-1 복원된 남산 봉수대 (서울시 중구 남산에 위치). 서울시 기념물 제14호.

4-2 메시지 내용에 따라 달라지는 봉수의 개수.

평화로울 때 / 적이 국경 지대에 나타났을 때

적이 국경 가까이 왔을 때 / 적이 국경을 넘었을 때 / 국경을 넘어온 적군과 전투가 벌어졌을 때

에 한 번씩 신호를 전달했는데, 적의 침입과 같은 위급한 상황이 발생하면 2개에서 5개 사이의 불을 피워 메시지를 전했다.(4-2) 릴레이식으로 신호를 전달했기 때문에 함경도와 평안도 같은 변방 지역에서 한양까지 대략 12시간 정도면 메시지를 전할 수 있었다.

이 봉수는 기본적으로 디지털 방식의 미디어라고 할 수 있다. "연기(불)가 있다/없다"라는 이진법 방식에 의해 메시지를 전달하기 때문이다. 이 방식의 장점은 신호의 강도와 관계없이 메시지 전달이 가능하다는 것이다. 연기(불)가 흐릿하든 선명하든 간에 "있음과 없음"은 명확히 구분되기 때문에 오류 없는 메시지 전달이 가능하다.

현대는 디지털 미디어의 시대이다. 디지털은 이제 너무나 흔한 말이 되

었지만, 디지털이 정확히 무슨 뜻인지를 아는 사람은 그리 많지 않다. 디지털에 상대되는 말은 아날로그이다. 아날로그(analog)는 '유사하다'는 뜻을 가진 영어 단어이고, 디지털(digital)은 숫자를 뜻하는 영어 단어 '디지트(digit)'의 형용사형 단어이다.

아날로그와 디지털, 이 두 단어의 의미가 명확히 구분되는 대표적인 사례는 시계에서 찾을 수 있다. 아날로그 시계는 시침·분침·초침이 회전하면서 시간을 나타내고, 디지털 시계는 숫자로 시간을 표시한다.

시계는 시간의 흐름을 보여주는 장치이다. 아날로그 시계는 시간의 흐름과 유사한 방식으로 시간을 표시한다. 시간은 끊이지 않고 연속적으로 흐른다. 아날로그 시계의 시침·분침 등은 끊이지 않고 계속 돌면서 시간을 나타낸다. 반면에 숫자를 통해 시간을 표시하는 디지털 시계는 단절된 숫자를 통해 시간을 알려준다.

4-3 LP 레코드판.

소리를 아날로그 방식으로 재현할 수도 있고, 디지털 방식으로 재현할 수도 있다. 소리를 아날로그 방식으로 재현하는 대표적인 미디어는 과거에 레코드판, 혹은 전축판이라고 불리던 LP이다.[4-3] LP는 플라스틱판에 음파의 모양대로 홈을 판 후, 다시 그 홈을 바늘로 따라가면서 생긴 진동을 소리로 변환해 재생하는 방식의 미디어이다. 즉, 음파와 유사한 진동을 기록한 후에 그 기록을 읽는 방식으로 소리를 재생하는 것이다. 디지털 방식은 소리를 이진법의 숫자로 변환(인코딩)한 후에 컴퓨터 프로세서로 디코딩하면서 소리를 재생하는 방식이다.

아날로그보다 더 빠르고 더 정확한
디지털 미디어

아날로그 미디어는 원천 정보의 모양과 속성을 유사하게 흉내내는 방식으로 정보를 처리한다. 시간이나 음파처럼 현실에 존재하는 원천 정보는 연속적으로 변하면서 흐르기 때문에 아날로그 미디어도 연속적 변화의 방식으로 정보를 처리하는 것이다. 반면에 디지털 미디어는 0과 1이라는 이진법 숫자로 정보를 처리한다. 이때 0과 1은 엄밀히 말해 현실에 존재하는 물질이 아니라 전기 펄스의 "있음(1)/없음(0)"을 표현하는 비물질적인 기호이다. 0부터 9까지의 모든 숫자가 단절되고 독립되어 있듯이, 0과 1은 어떤 접점도 없이 고립되어 있기 때문에

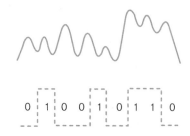

4-4 아날로그 신호(위쪽)와 디지털 신호(아래쪽).

서로 완전히 다른 독립적인 숫자처럼 기능한다.[4-4]

아날로그 정보는 연속적으로 변하기 때문에 정보의 물리량이 조금 변한다고 해서 정보의 속성이 완전히 달라지지는 않는다. 예를 들어, 1cm의 선으로 표현된 정보가 있는데, 선의 길이가 0.1cm 더 길어졌다고 해서 정보의 성격이 구조적으로 변하지는 않는다. 두 개의 정보는 구별되기 어려운 연속된 정보이기 때문이다. 반면에, 디지털 정보는 비연속적인 숫자로 표현되기 때문에 숫자 하나만 차이가 나도 차별화된 새로운 정보가 된다. 00101과 00100은 숫자 하나만 다르지만 서로 혼동될 수 없는 완전히 구별되는 정보이다.

원정보의 연속적인 물리량을 그대로 유사하게 재현하는 아날로그 방식으로 정보를 기록하거나 전달하면, 여러 가지 요인에 의해 정보의 양이나 질이 쉽게 변하거나 왜곡될 수 있다. 정보 처리에 영향을 미치는 요인을 '잡음(noise)'이라고 하는데, 이러한 잡음은 정보를 훼손함으로써 정보의 정확한 수신을 방해한다.

예를 들어 아날로그 신호는 신호의 강도가 약해지면 잡음이 발생하면서 정보 자체가 불분명해진다. 누가 멀리서 말을 할 때 말소리가 작으면, 들리기는 하지만 정확히 무슨 말을 하는지 알 수 없게 되는 것과 같다. 반면에 디지털 방식으로 정보를 처리하게 되면 각각의 정보가 서로 명확히 구별된 채 섞이지 않고 기록·전달될 수 있다. 정보를 오랫동안 저장하거나 아주 먼 거리로 전송할 때도 하드웨어의 문제가 없다면 정보의 양이나 질은 변하지 않는다. 디지털 신호는 신호의 강도가 약하더라도 전기 펄스의 "있음과 없음"만 구분된다면, 즉 0과 1만 구분된다면 정보를 명확히 파악할 수 있다.[4-5]

아날로그 방식의 경우에는 일단 한번 정보를 처리하게 되면 그 정보를 쉽게 변형시킬 수 없다. 억지로 정보를 변형시키려 하면 정보 자체가 손상되고 회복이 힘들어진다. 또한 소리는 소리의 속성과 유사한 방식으로, 영상은 영상의 속성과 유사한 방식으로 처리하기 때문에 두 개의 다른 속성을 가진 정보를 같은 미디어를 이용해 전송할 수 없다. 반면에 디지털 방식의 경우에는 숫자의 조작을 통해 정보를 쉽게 변형할 수 있고, 다시 회복하기도 수월하다. 게다가 모든 정보를 숫자로 변환·처리하기 때문에 소리든 영상이든 모두 동일한 미디어를 이용해 전송이 가능하다.

디지털 방식의 정보 처리가 가진 이러한 특성으로 인해 디지털 미디어는 여러 가지 속성의 정보를 하나의 미디어로 잡음 없이 깨끗하게 기록하

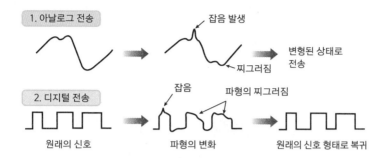

4-5 아날로그 전송과 디지털 전송의 비교

고 전달할 수 있다. 예를 들어 아날로그 전화
의 경우에는 음성 정보만을 전달할 수 있으
며, 통화 중에 잡음이 끼어들어 소리를 알아
듣기 힘든 경우가 많다. 디지털 미디어인 스
마트폰의 경우에는 음성 통화뿐만 아니라 영

> **멀티미디어**
> 텍스트·이미지·사운드·그래픽·
> 애니메이션·동영상 등을 디지털
> 화한 복합구성 매체를 말한다.

상 통화, 문자 및 이메일 전송 등 다양한 형태로 정보를 주고받을 수 있으
며, 화질과 음질 또한 선명한 품질을 제공한다. 그러므로 디지털 미디어는
속성상 멀티미디어일 수밖에 없다.

　이와 같이 물질적 현상을 숫자라는 비물질의 정보로 변환하는 디지털
방식은 정보의 기록·저장·변형·유통·연결·접근 면에서 아날로그 방식
과는 비교하기 어려울 정도로 빠르고 손쉬운 처리를 가능하게 한다. 디지
털 방식의 정보 처리가 가진 특성은 미디어를 이용한 커뮤니케이션의 모
습을 완전히 바꿔놓았다. 그 결과 전통적인 커뮤니케이션과는 다른 새로
운 문화가 만들어졌다.

트랜스미디어
스토리텔링이 만든
매력적인 세계관

디지털 컨버전스

통신과 방송의 융합,
양방향 멀티미디어 서비스

우리는 스마트폰을 이용해 친구와 통화를 하고 문자 메시지를 주고받는다. 또는 인터넷 검색을 하기도 하고, 유튜브나 틱톡의 동영상을 감상하기도 한다. 스마트폰으로 음악이나 라디오 방송을 듣는 사람도 있고, 텔레비전 뉴스나 드라마를 시청하는 사람도 있다. 인터넷 뱅킹을 하고 쇼핑 사이트에서 물건을 사는 경우도 많다. 정말 다양

한 종류의 일을 할 수 있도록 스마트폰 안에는 많은 미디어가 융합되어 있다.[4-6]

이와 같은 융합 또는 컨버전스(convergence)는 보통 '디지털 컨버전스'라고 불릴 정도로 디지털 미디어가 보여주는 대표적인 특성이다. 1990년대 말 통신이 디지털화되고 2000년대 초반에 방송이 디지털화되면서 융합이 미디어 산업의 중요한 핵심 개념으로 떠올랐다.

4-6 스마트폰을 이용한 멀티태스킹.

디지털 컨버전스(digital convergence) 하나의 기기를 이용하여 다양한 정보 통신 서비스를 이용할 수 있도록 융합한 것.

초기의 융합은 통신과 방송의 융합으로 출발했다. 아날로그 미디어 시대에 통신과 방송은 완전히 구분되는 별개의 영역이었다. 쉽게 말해, 전화와 텔레비전은 접점이 전혀 없는 미디어였다. 전화는 개인들이 주로 음성을 통해 메시지를 주고받는 미디어였고, 텔레비전은 다수의 시청자에게 소리와 영상을 통해 콘텐츠를 일방적으로 전달하는 미디어였다. 전화에 사용되는 통신망과 텔레비전을 송신하기 위한 방송망은 성격이 완전히 다른 네트워크였고, 통신사와 방송사도 별개의 기업이었다.

모든 신호를 숫자로 처리하는 디지털 기술 덕분에 하나의 기기, 하나의 망으로 서로 다른 성격의 여러 신호와 콘텐츠를 처리하는 것이 가능해졌다. 1990년대까지 통신과 방송은 사회적 커뮤니케이션을 양분하고 있던 대표적인 미디어였다. 통신은 사적 커뮤니케이션을 담당하는 미디어였고, 방송은 공적 커뮤니케이션을 지배하는 미디어였다. 각각 다른 기기와 다른 망을 이용해 서비스를 제공하던 통신과 방송이 디지털 기술의 도입으로 융합이 가능해졌다.

2000년대 초반에 방송과 통신의 통합은 망의 융합, 서비스의 융합, 기업의 융합이라는 세 가지 부문에서 논의되었다. 망의 융합은 네트워크(network)의 융합을 의미한다. 그동안 통신은 통신을 위한 전용망을 통해 서비스를 제공했고, 방송은 방송망을 이용해 콘텐츠를 전송했다. 하지만 디지털 기술의 도입으로 통신과 방송을 위해 각각의 망을 별도로 구분해 사용할 필요가 없어졌다. 통신망을 이용해서 방송 콘텐츠를 전송할 수 있게 되었고, 방송망을 이용해서 통신 서비스를 제공할 수 있게 되었기 때문이다. 디지털 압축기술 및 광통신기술이 발전하면서 네트워크의 광대역화가 이루어졌다. 하나의 네트워크를 통해 수백 개 채널의 동영상 정보를 동시에 전송하는 것이 가능해졌다. 이제 통신과 방송은 '초고속 정보통신망'이라는 융합된 망을 통해 서비스를 제공하게 되었다.

디지털 기술이 발전하면서 하나의 망을 통해 다양한 방식으로 정보를 전송할 수 있게 되자 다수의 수신자에게 일방적으로 메시지를 전송하는 통신 서비스가 가능해졌고, 특정인을 대상으로 양방향 메시지 송수신 서비스를 제공하는 방송이 등장했다. 시청자가 원하는 영화나 드라마 같은 콘텐츠를 주문해서 자신이 원하는 시

4-7 VOD 기술을 사용하는 에어캐나다 기내 엔터테인먼트 시스템의 예. ⓒShwangtianyuan

간에 볼 수 있는 VOD 서비스는 방송이 제공하는 대표적인 양방향성 서비스이다.[4-7] 이제 통신과 방송은 모두 양방향 멀티미디어 서비스를 제공한다.

VOD(video on demand)
사용자가 통신망을 연결하여 원하는 시간에 필요한 영상을 볼 수 있도록 제공하는 것.

기업의 융합은 통신 사업자와 방송사업자가 확장·인수·합병 등을 통해 다른 분야의 서비스에도 진출하는 것을 의미한다. 망의 융합과 서비스의 융합을 통해 통신과 방송의 경계가 사실상 없어졌기 때문에 하나의 기업이 통신 서비스와 방송 서비스를 동시에 제공하는 것이 가능해졌다. 대표적인 통신사인 KT는 KT스카이라이프, 지니TV 등을 통해 방송 서비스를 제공하고 있다.

4-8 멀티미디어의 종류.

이러한 통신과 방송의 융합은 기기의 융합을 통해 구현된다. 스마트폰은 통신과 방송의 융합 서비스를 즐길 수 있는 대표적인 기기이다. 스마트폰은 통화뿐만 아니라 인터넷 검색, 동영상 시청, 음악 청취, 게임 플레이 등 수많은 기능을 제공하는 멀티미디어 기기이다.[4-8] 태블릿, PC, TV 같은 기기들도 통신 서비스와 방송 서비스를 모두 즐길 수 있는 멀티미디어 기기가 되었다. 스마트TV는 방송 시청뿐만 아니라 인터넷 검색, 상품 구매, 문자 전송 등의 기능을 제공한다.

하나의 이야기 세계, 트랜스미디어 스토리텔링

융합은 통신과 방송뿐만 아니라 전체 미디어 영역에서 동시다발적으로 일어나고 있다. 신문은 이제 인쇄 미디어로만 존재하지 않는다. 인터넷과 결합해 서비스를 제공하는 신문은 문자·사진뿐만 아니라 소리·동영상 등을 이용해 콘텐츠를 제작한다. 신문과 방송 사이의 경계가 사실상 허물어진 것이다. 라디오도 소리에만 의존하지 않는다. '보이는 라디오'라는 말이 의미하듯이 이제는 라디오 프로그램을 동영상의 형태로 시청할 수 있게 되었다. 레거시 미디어라고 불리는 전통적인 미디어와 유튜브 같은 뉴미디어의 결합도 흔하게 볼 수 있다.

융합은 스토리텔링 분야에서도 나타난다. 미국의 커뮤니케이션학자 헨리 젠킨스(Henry Jenkins)는 여러 미디어와 플랫폼들을 이용해 하나의 이야기 세계를 구축하는 '트랜스미디어 스토리텔링(transmedia story-telling)' 현상이 나타나고 있다고 지적하고, 이를 '융합 문화(convergence culture)'를 만드는 작업이라고 했다.[1]

트랜스미디어 스토리텔링은 다양한 미디어 플랫폼을 통해 공개되는 여러 이야기를 모아 전체 이야기 세계를 구성하는 방식을 의미한다. 사람들은 여러 미디어를 통해 제공되는 다양한 이야기들을 경험하고 해석하면서 전체 이야기 세계를 이해하게 된다. 여러 미디어의 다른 이야기들이 융합되어 하나의 이야기 세계를 구성하는 것이다.

예를 들어 우리는 영화, 만화, 애니메이션, 게임, TV 드라마 등을 통해 여러 다른 스파이더맨 이야기를 소비하고 경험한다.(4-9) 각각의 이야기는 독립적인 이야기이기 때문에 스파이더맨 영화를 보지 않아도 스파이더맨 게임을 즐기는 데 문제가 없으며, 스파이더맨 게임을 하지 않아도 스파이더맨 만화를 즐길 수 있다. 여러 미디어를 통해 전달되는 독자적인 스파이더맨 이야기는 스파이더맨의 전체적인 이야기 세계를 구축하는 데 기여한다.

2010년대부터 트랜스 미디어 스토리텔링을 통해 성공적으로 구축된 대표적인 이야기 세계가 바로 '마

4-9 트랜스미디어 스토리텔링.

블 시네마틱 유니버스(MCU, Marvel Cinematic Universe)', 즉 마블이 창조한 슈퍼히어로 캐릭터들의 이야기 세계이다. 아이언맨, 헐크, 캡틴 아메리카, 호크아이, 블랙 위도우 등의 독자적인 이야기가 여러 미디어를 통해 공개되면서 마블의 전체 이야기 세계를 구성하는 데 기여한다.(4-10) 사람들은 마블이 제공하는 다양한 미디어 콘텐츠들을 소비하면서 적극적으로 MCU를 구축하고 해석하는 데 참여한다.

4-10 마블 시네마틱 유니버스에 등장하는 어벤져스.

IT혁명과
소셜미디어의 합작품,
초연결 사회

유비쿼터스 네트워크

디지털 미디어의
네트워크화

      1990년대 초까지만 해도 유학이나 해외 지사 발령으로 출국하는 사람을 배웅하기 위해 가족은 물론 친구와 친척까지 공항에 나가는 일이 흔했다. 디지털 미디어가 존재하지 않던 시절에 해외에 나가 오랜 기간 생활한다는 것은 친숙했던 세계와의 단절을 의미했기 때문에 매우 중차대한 사건이었다.

그 당시 외국에서 살게 되면 한국에 있는 가족이나 친구와는 편지나 국제 전화를 통해 연락하는 방법밖에 없었다. 편지는 오가는 데 일주일 이상이 걸렸고, 국제 전화는 통화료가 비싸 자주 이용할 수 없었다. 한국의 신문이나 라디오, 텔레비전 방송을 접할 수도 없었다. 주변에 한국인이나 한국 가게 등이 없다면 한국어를 접하기도 어려웠다. 어쩌다 한국에서 소포가 오면 소포의 충전재로 사용된 신문들을 펴서 읽고 또 읽는 일이 많았다. 세계 어디에서나 스마트폰으로 한국의 신문과 텔레비전을 보고 영상통화를 할 수 있는 현재의 우리는 그 당시 해외에 살던 사람들의 고립감을 이해하기 힘들 것이다.

현재 우리가 사용하는 모든 디지털 미디어는 네트워크로 연결되어 있다. 디지털 미디어 이용자는 세계 어느 곳에 있든지 자기가 아는 사람과 연결될 수 있다. 디지털 미디어의 네트워크화는 인터넷의 발명으로 가능해졌는데, 인터넷은 TCP/IP(Transmission Control Protocol/Internet Protocol)라는 통신 프로토콜을 이용해 디지털 기기들끼리 정보를 주고받는 네트워크 시스템이다.

인터넷의 원형은 1969년 미국 국방성에서 개발한 아파넷(ARPANET)이다.(4-11) 아파넷은 국방성 산하의 연구소 'ARPA(The Advanced Research Project Agency)'가 만든 '네트워크(network)'라는 뜻이다.

아파넷이 개발되던 시기는 미국과 소련 사이의 냉전이 한창이던 때였다. 미국 국방성은 전쟁이 발발해 핵무기가 미국 본토에 떨어졌을 경우를 대비해

4-11 아파넷.

국가의 정보망을 안전하게 유지할 수 있는 방법을 고안하고자 했다. 중앙집중식으로 정보망을 관리할 경우에 중앙 서버가 핵무기 공격을 받는다면 정보망이 마비될 위험이 컸다. 이를 피하기 위해서 서버를 여러 곳에 분산해 연결하는 네트워크를 구축할 필요가 있었다. 중앙집중적인 통제장치가 없이 모든 지점이 동등하게 연결되어 있어, 하나의 회선이 파괴되더라도 전체적인 정보망은 아무런 문제 없이 작동하는 시스템을 만들고자 했다.

아파넷은 처음에 미국의 4개 대학에 서버를 두고 이들을 연결한 네트워크로 출발했다. 1969년 컴퓨터들을 연결하고, 1970년에 네트워크를 운영할 수 있는 프로토콜인 NCP(Network Control Program)를 개발한 후 1971년 공식적으로 아파넷을 운영하기 시작했다. 군사적인 목적으로 개발된 아파넷은 대학에 서버를 두었기 때문에 곧 대학 내의 여러 연구소들과 다른 대학들이 참여하는 네트워크로 발전해 나갔다. 1983년 데이터 전송 속도 및 안정성이 향상된 TCP/IP가 도입되어 NCP를 대체하면서 아파넷은 발전적 계기를 맞이했다.

1983년 미국 국방성이 민간용으로 전환한 아파넷은 서서히 오늘날 우리가 사용하는 인터넷으로 진화해갔다. 1989년에 하이퍼텍스트 기반의 문서 처리 시스템인 '월드와이드웹(World Wide Web)'이 고안되어 1990년부터 보급되면서 대학과 연구소 중심으로 이용되던 인터넷은 빠른 속도로 대중화되기 시작했다. 월드와이드웹을 이용하는 다양한 사이트들이 생겼고, 사이트 접속자 수가 많아지면서 인터넷은 점차 상업화되었다. 1980년대부터 조금씩 보급되기 시작한 PC(Personal Computer)는 1990년대 인터넷의 대중화와 맞물리면서 급속도로 확산되었다.

초연결 사회,
유비쿼터스 환경

한국에서 인터넷의 상용서비스가 시작된 것은 1994년부터이다. 1995년부터 포털사이트 '다음'을 비롯해 중앙일보·조선일보 등의 신문이 인터넷 사이트를 개설해 서비스를 시작했다. 1999년에는 포털사이트 '네이버'가 만들어졌다. 인터넷의 상용화가 진행되면서 인터넷 사용 서비스를 제공하는 업종들도 생겨났다. 초기에는 '인터넷 카페'라고 불렸으나, 곧 'PC방'이라는 이름으로 자리를 잡은 이 업종은 1995년 처음 생긴 후에 빠르게 증가해 1999년 말에 전국적으로 15,000개 넘는 점포가 생길 정도로 성행했다.

인터넷이 대중화되기 전에는 여러 국가에서 통신망을 이용해 PC를 연결하는 네트워크 서비스가 존재했다. 이는 해당 업체의 서비스에 가입한 사람들의 PC만 연결되는 폐쇄적인 네트워크였다. 한국에는 전화 통신망을 이용하여 PC들을 연결해 다양한 정보를 주고받도록 하는 'PC통신' 서비스가 있었다.

1984년 데이콤(DACOM-Net), 1986년 천리안, 1988년 케텔(KETEL), 1991년 하이텔(HiTEL) 등의 PC통신 서비스 업체가 생겼다. 인터넷이 대중화된 1990년대 중반까지 PC통신은 특히 청년층에서 큰 인기를 끌며 이용되었다. 1997년 영화 〈접속〉은 서로의 정보를 알지 못한 채 PC통신을 통해 만나 사랑을 하게 되는 두 남녀의 이야기를 다루었는데, 당시 PC통신의 특성을 잘 보여줌으로써 흥행에 성공했다.(4-12)

접속은 디지털 미디어의 이용 특성을 가리키는 말이 되었다. 네트워크에 접속되지 않은 디지털 미디어는 사실상 존재 의미가 없다. 인터넷에 접속되어 있지 않은 PC는 타자기와 같은 단순한 작업 도구에 불과하다. 인

터넷에 접속되어 있지 않은 스마트폰은 무용지물이라고 할 수 있을 정도로 별다른 쓸모가 없다. 스마트폰이 디지털 시대의 개인용 필수 기기가 된 것은 음성 및 영상 통화는 물론 문자 메시지 전송, 인터넷 검색, 영상 시청, 음악 청취, 게임, SNS 활동, 필요한 애플리케이션 설치 등 매우 간단하고 직관적인 방식으로 작동하는 다양한 기능을 제공하기 때문이다. 이 기능들은 모두 스마트폰이 인터넷에 접속되어 있을 때 실행할 수 있다. 우리는 네트워크로 연결되어 있지 않은 디지털 기기는 상상조차 할 수 없다.

1990년대에 PC통신을 이용하는 주된 목적은 같은 관심사를 가진 사람들이 동호회라는 작은 공동체를 구성해 온라인에서 교류하고 삶을 즐기는 것이었다. PC통신에 접속한다는 것은 현실세계와는 다른 온라인 세계에서 공동체 구성원들과 함께 있다고 느끼는 행위였다.

인터넷에 접속된 PC·태블릿·스마트폰 등 다양한 디지털 미디어를 이용하는 사람들이 느끼는 것도 크게 다르지 않다. 사람들은 디지털 미디어를 이용하는 동안 공동의 공간 안에서 다른 사람들과 연결되어 있다고 느낀다. 문자 메시지를 주고받을 때, 게임을 할 때, SNS 계정에 접속할 때 우리는 항상 누군가와 연결되어 있다는 느낌을 가진다. 네트워크화된 디지털 미디어는 '사회적 현존감(social presence)'을 제공한다.

사회적 현존감은 물리적으로 떨어져 있는 사람들이 디지털 미디어를 통해 시간과 장소의 제약을 받지 않고 짧지만 지속적이고 빈번한 커뮤니케이션을 함으로써 서로 가깝고 친밀한 거리에 있다고 느끼는 현상을 가리킨다. 멀리 떨어져 있는 사람과 같은 공간에 함께 있다고 느끼면서 정서적 친밀감을 갖는 것이 바로 사회적 현존감이다. 온라인 게임, SNS, 인스턴트 메신저, 온라인 강의, 가상현실, 메타버스 등의 이용은 사회적 현존감을 강화한다.

디지털 미디어의 네트워크는 인공지능의 발달에 힘입어 더욱 고도화되면서 모든 사람과 사물이 디지털 미디어를 통해 연결되는 사물인터넷 환경의 '초연결 사회(hyper connected society)'를 만들고 있다. 그 결과 수많은 빅데이터를 활용한 소프트 혁명을 통해 이제 우리는 언제 어디에서나 누구와도 연결될 수 있고, 어떤 것이라도 조작하고 작동시킬 수 있는 '유비쿼터스(ubiquitous)' 환경에서 살게 되었다. 이것이 바로 4차 산업혁명의 핵심 요소이다.[4-13]

4-13 4차 산업혁명의 특징.

디지털 노마드에서
호모 모빌리스로 진화하다

이동성의 혁신

디지털 미디어의
이동성이 불러온 변화

　　　　　　　가까운 미래에는 내가 자동차를 직접 운전할
필요가 없을 것이다. 자동차가 스스로 운전할 것이기 때문이다. 미래의 자
동차는 단순히 자율주행만 하는 게 아니라 네트워크로 모두 연결되어 교
통 상황에 대한 정보를 서로 커뮤니케이션할 것이다. 자동차의 인공지능
은 교통 상황에 대한 정보를 분석하여 가장 쾌적하게 이동할 수 있는 경

로로 차를 운전할 것이다. 자동차 안은 이제 휴식과 작업의 공간이 된다. 운전의 의무에서 완전히 벗어난 이용자는 자동차의 인공지능과 커뮤니케이션하며, 이동 중에도 필요한 일과 놀이를 수행할 것이다.

2010년대 이후 디지털 미디어는 모바일 미디어로 인식될 만큼 '이동성(mobility)'이 중요한 특성 중의 하나로 손꼽힌다. 모바일 디지털 미디어를 대표하는 것이 바로 '휴대전화(mobile phone)'이다. 휴대전화가 대중적으로 알려지기 시작한 건 1980년대부터였는데, 아날로그 방식이라 통화 품질이 좋지 못했고, 단말기도 무척 큰데다 이용 요금까지 비쌌기 때문에 널리 사용되지는 못했다.

1991년 2세대(2G) 디지털 통신 기술이 개발되면서 휴대전화의 크기가 작아지고 통화 품질도 개선되었다. 1996년 모토로라에서 최초의 폴더형 단말기인 스타택(StarTac)을 출시하면서 휴대전화는 빠른 속도로 대중화되기 시작했다. 한국에서는 1997년 PCS라고 불린 개인휴대통신(personal communication services) 사업이 시작되면서 본격적인 휴대전화 시대가 열렸다. PCS폰, 또는 핸드폰이라고 불린 휴대전화는 1990년대 말부터 2000년대 초까지 큰 인기를 끌면서 급속도로 성장했다.(4-14)

4-14 1980년대부터 2000년대까지의 휴대전화.

2007년 애플이 공개한 아이폰은 스마트폰 시대를 열면서 디지털 미디어 생태계에 혁명적 변화를 불러왔다. 아이폰 이전의 휴대전화는 음성 통화, 문자 메시지, 간단한 영상 촬영과 게임 정도의 기능만을 제공하고 있었다. 통화와 문자 메시지가 가장 중요한 기능이었고 나머지는 부수적 기능에 불과했다. 인터넷 검색이나 문서 작성이 가능한 PDA와 같은 단말기도 있었지만 사용하기가 상당히 불편했다. 아이폰은 멀티 터치스크린을 이용한 이용자 인터페이스를 도입하고, 응용 프로그램인 앱(application)을 통해 다양한 서비스를 제공함으로써 스마트폰이라는 새로운 디지털 기기의 탄생을 알렸다.

스마트폰이 등장하면서 디지털 미디어의 이동성이 본격적으로 구현되기 시작했다. 스마트폰 이전에도 PDA나 노트북과 같은 휴대용 기기가 존재했지만, 영업이나 사무와 같은 특수한 목적을 위해 제한적으로 사용되고 있었다. 현재 스마트폰은 사실상 거의 모든 사람이 휴대하는 개인용 필수 기기가 되었다. 스마트폰·태블릿·스마트워치·전기차 등의 모바일 미디어가 계속 등장하고 일반화되면서 디지털 미디어가 제공하는 이동성은 사회와 문화의 모습을 바꾸어가고 있다.

시간과 공간의
전통적 경험을 해체하다

디지털 미디어가 만드는 이동성의 혁신은 기본적으로 데이터의 이동성에 의해 만들어진다. 네트워크에 접속된 디지털 미디어는 음성·문자·영상·정보 등의 수많은 데이터를 끊임없이 빠른 속도로 전송하고 수신한다. 인터넷은 엄청난 데이터가 항상 흐르고 있는 거대한 망이다.

데이터는 인터넷을 통해 빛의 속도로 이동하기 때문에 디지털 미디어로 메시지나 정보를 주고받는 일은 사실상 즉각적으로 처리된다. 우편으로 부치고 며칠을 기다려야 했던 편지를 이메일이 대체한 것처럼 데이터의 이동에 있어서 물리적 시간은 그다지 중요하지 않게 되었다.

데이터의 이동성은 사람이 물리적 공간을 점유하는 방식에도 변화를 가져왔다. 우리는 일을 하기 위해 특정한 장소로 굳이 이동하지 않더라도 현재 있는 곳에서 손쉽게 업무를 볼 수 있게 되었다. 온라인 화상 회의나 재택근무와 같은 작업방식은 디지털 미디어로 인해 확보된 데이터의 이동성 때문에 가능해졌다.

우리가 이동하는 곳마다 네트워크에 접속된 디지털 미디어가 편재하는 상황은 우리가 경험하는 시간과 공간의 모습을 변화시킨다. 인간이 일반적으로 경험하는 시간과 공간은 정해져 있고, 분리되어 있으며, 제한되어 있다. 인간은 동시에 다른 장소에 있을 수 없으며, 일정한 시간을 들여 다른 공간으로 이동한다. 공간이란 시간을 통해 측정되며, 시간은 공간의 이동을 통해 경험된다.

시간과 공간에 대한 이러한 전통적 경험이 디지털 미디어가 제공하는 이동성에 의해 해체된다. 디지털 미디어가 제공하는 데이터의 즉각적인 이동성은 시간과 공간을 압축시킨다. 물리적 거리와 시간은 디지털 미디어를 이용한 커뮤니케이션에서 더는 장해물이 되지 않는다.

디지털 미디어를 이용한 커뮤니케이션에서는 '지금'과 '여기'가 중요해진다. 디지털 미디어를 사용하는 우리는 먼 과거와 멀리 떨어진 곳의 데이터를 지금 여기에서 경험하고 처리할 수 있다. 이는 공간의 경계와 시간의 구분을 불명확하게 만든다. 대표적인 것이 바로 사적 공간과 공적 공간의

4-15 지하철로 이동하면서 스마트폰을 사용해 호모 모빌리스의 삶을 보여주는 장면.

경계가 모호해지는 점이다. 재택근무를 하는 사람에게 집은 사적 공간이자 공적 공간이다. 지하철에서 헤드셋을 끼고 스마트폰이나 태블릿으로 게임을 즐기는 사람에게 지하철은 공적 공간이 아니라 사적 공간이다.

디지털 미디어를 휴대한 사람은 일을 위해서 직장에 있어야 하고, 휴식을 위해서 집에 있어야 할 필요가 없다. 디지털 미디어의 도움으로 어떤 일을 하기 위해 특정한 장소에 머물 필요가 없게 된 사람을 '디지털 노마드(nomad)', 즉 '디지털 유목민'이라고 한다.

최근에는 아예 이동하면서 디지털 미디어를 이용하는 사람들이 증가하고 있다. 길을 걸으면서, 거리를 달리면서, 버스·기차·자동차·비행기를 타고 가면서 디지털 미디어를 이용해 정보를 주고받고 커뮤니케이션하는 것은 현대인의 일상적인 모습이다. 이제 사람들은 디지털 유목민을 넘어서 이동하는 인간, '호모 모빌리스(homo mobilis)'로 진화한 것이다.[4-15] 네트워크에 연결된 채 자율주행하는 미래의 자동차는 사실상 인간이 타고 움직이는 거대한 디지털 미디어가 될 것이다.

> **호모 모빌리스(homo mobilis)**
> 개인화되고 지능적이며 다중 모드 방식을 가진 스마트폰과 같은 디지털 모바일 미디어의 사용이 일반화되면서 이동성을 단순한 수단이 아니라 삶의 방식으로 갖게 된 새로운 유형의 인간을 일컫는 말이다.

인공지능과 사물인터넷이
당신의 미디어를 바꾼다

인터랙티브 미디어

양방향 미디어로의 진화:
디지털 사이니지

        "디지털 미디어가 상호작용적이라는 말의 의미는 무엇인지 설명해보세요."

    "'상호작용적'이란 디지털 미디어를 사용하는 사람이 콘텐츠와 상호작용할 수 있다는 것을 의미합니다. 예를 들어, 웹사이트를 방문하면 사용자는 콘텐츠를 탐색하고 클릭하여 정보를 얻을 수 있습니다. 또는 미디어 플레이어를 사용하여 비디오를 재생할 때 사용자는 재생 속도를 조절하거나 재생목록을 변경할 수 있습니다. 이러한 경우, 사용자는 콘텐츠와 직접적으로 상호작용할 수 있으며, 이를 통해 원하는 정보를 얻을 수 있습니다."

    위의 인용문은 2022년에 개발된 챗GPT와 나눈 대화이다. 나의 질문에 대화형 인공지능 챗봇인 챗GPT가 설명했듯이, 디지털 미디어는 상호작용적 미디어, 즉 '인터랙티브 미디어(interactive media, 대화형 미디어)'이다. 디지털 미디어의 상호작용성은 두 개의 영역에서 발견된다. 하나는 디지털 미디어를 통한 이용자 사이의 상호작용이고, 다른 하나는 디지털 미디어와 이용자 사이의 상호작용이다.

    초기에 디지털 미디어의 상호작용성은 디지털 미디어를 통한 이용자 사이의 상호작용이라는 관점에서 이해되었다. 휴대전화를 통해 메시지를 주고받거나 인터넷을 이용해 이메일을 송수신하고 정보를 교환하는 행위는 디지털 미디어의 등장으로 가능해진 '빠르고 간편한 상호작용'의 사례였기 때문이다. 특히 콘텐츠를 일방적으로 전송하기만 하는 매스 미디어가 디지털 미디어로 전환되면서 콘텐츠 제작자와 수용자 사이에 상호작용이 가능해졌다.

    전통적인 신문이나 방송의 경우에는 신문사나 방송국이 제작한 콘텐츠를 수용자가 수동적으로 받아보기만 했다. 하지만 인터넷 신문과 디지털 방송으로 전환된 후에는 수용자가 콘텐츠에 대한 반응을 즉각적으로 전달하면서 상호작용하는 관계로 바뀌었다. 수용자는 자신이 원하는 콘텐츠를 찾아 소비하고, 댓글을 달거나 '좋아요'를 누르고, 불량 콘텐츠를 신고하는 방식으로 자신의 의견을 표현하면서 제작자와 상호작용한다. 이와 같은 디지털 미디어를 이용한 상호작용성의 구현을 통해 기존의 커뮤니케이션 활동이 좀 더 편하고 능동적인 방향으로 진화했다.

디지털 미디어가 제공하는 혁신적인 상호작용성은 디지털 미디어와 이용자 사이의 상호작용 현상에서 쉽게 발견할 수 있는데, 이는 인간과 기계 사이의 커뮤니케이션이라는 점에서 새로운 커뮤니케이션 현상의 등장이라고 볼 수 있다. 인간이 제시한 연산 문제에 대해 답을 내놓는 컴퓨터는 인간과 커뮤니케이션하기 시작한 최초의 기계라고 할 수 있다.

좀 더 직관적인 방식으로 인간과 상호작용하는 디지털 미디어는 게임 미디어이다. 게임 미디어는 이용자의 작용에 즉각적으로 반응하는 방식으로 상호작용한다. 1972년 미국의 컴퓨터 게임회사 아타리가 〈퐁(Pong)〉이라는 최초의 상업용 게임을 개발한 이후 디지털 게임은 엄청난 규모로 발전했다.[4-16] 현재 디지털 게임은 PC에서 스마트폰에 이르기까지 거의 모든 종류의 디지털 기기에서 사용되는 가장 주요한 디지털 커뮤니케이션 활동 중의 하나가 되었다.

4-16 네빌 브라운 카운티 공립 박물관에 전시된 〈퐁〉 캐비닛. ⓒ2013. Chris Rand

디지털 미디어와 이용자 사이의 상호작용을 획기적으로 발전시킨 장치는 터치스크린이다. 터치스크린 기술 자체는 1970년대에 개발되었지만, 본격적으로 대중화된 것은 2007년 아이폰에 멀티 터치스크린 기술을 도입하면서부터이다.

키보드·마우스·조이스틱 같은 장치 없이 손으로 화면을 터치함으로써 디지털 미디어를 조작할 수 있는 터치스크린은 사용 방법이 직관적이고 단순할 뿐만 아니라 이용자가 직접 미디어와 상호작용한다는 느낌을 준다. 2006년 출시된 게임기인 닌텐도 위(Wii)의 컨트롤러나 2010년대부터 대중화된 가상현실(VR)과 연동된 HMD(Head Mounted Display)처럼 이용자의 움직임을 인식해 상호작용하는 장치들도 계속 개발되고 있다.

디지털 미디어의 상호작용성은 게임과 같은 영역에서 가장 눈에 띄는 방식으로 구현되고 있지만, 2010년대 후반부터는 일상생활 영역에서도 폭넓게 이용되고 있다. 가장 일반적이고 오래된 형태는 바로 은행의 현금 자동입출금기, 즉 ATM이다. 우리는 ATM에 장착된 터치스크린을 조작해서 다양한 은행 업무를 볼 수 있다. ATM과 같이 영상을 통해 다양한 정보를 제공하면서 이용자들과 상호작용하는 디지털 미디어를 '디지털 사이니지(digital signage)'라고 한다.

4-17 중고 휴대전화 무인 매입 키오스크.

가장 일반적인 형태의 디지털 사이니지는 건물 외벽에 설치된 스크린이다. 초기에 디지털 사이니지는 영상을 통해 일방적으로 정보를 전달하는 단순한 광고판으로 주로 이용되었지만, 최근에는 이용자와 상호작용하는 양방향 미디어로 진화했다.

우리가 일상생활에서 가장 흔하게 접하는 디지털 사이니지는 영업점이나 공공장소에 설치된 디지털 키오스크(digital kiosk)이다. 우리는 디지털 키오스크를 터치해 음식을 주문하거나 정보를 얻고, 물건을 판매·구매하기도 한다.(4-17) 디지털 사이니지는 터치스크린을 통해 이용자의 조작에 반응하기도 하고, 이용자의 움직임이나 소리를 인식해 작동하기도 한다. 정보를 영상으로 구현하는 디지털 사이니지는 증강현실이나 가상현실 기술과 결합해 이용자에게 새로운 시공간의 경험을 제공하는 경우도 많다.

AI가 나에게 답하다

AI(Artificial Intelligence), 즉 인공지능은 디지털 미디어의 상호작용성을 가장 잘 보여주는 기술 중의 하나이다. 인공지능 연구는 1940년대부터 '사이버네틱스(cybernetics)'라는 이름으로 진행되었다. 사이버네틱스는 인간이나 동물의 자기 제어의 원리를 기계 장치에 적용하여 통신, 제어, 정보 처리 등의 기술을 종합적으로 연구하는 학문 분야이다.

인공지능 연구는 인간처럼 생각하고 느낄 수 있는 능력을 가진 기계를 만들고자 하는 시도에서 시작되었다. 1950년 영국의 공학자 튜링은 기계가 인간과 같은 지능을 갖추었는지를 판단할 수 있는 방법으로 '튜링 테스트(Turing test)'를 제안했다. 튜링 테스트의 요지는 상대방이 인간인지 기계인지 모르는 상태에서 대화를 나눈 후에 인간이라 판단할 수 있을 정도로 적절한 내용의 대화를 유지했다면, 상대방을 인간과 같은 지능을 갖춘 것으로 인정할 수 있다는 것이다.(4-18)

1980년대부터는 인공지능에 대한 연구와 더불어 '인공생명(artificial life, AL)'에 대한 연구도 시작되었다. 인공생명 연구는 외부 자극에 대한

4-18 튜링 테스트는 질문자인 C가 A 또는 B 중 누가 컴퓨터이고 누가 인간인지 결정하는 임무를 맡는다. 질문자는 결정을 내리기 위해 서면 질문에 대한 응답만 사용하도록 제한된다. ⓒHugo Férée

곤충이나 동물의 인지적 반응을 기계로 실현하기 위해 출발했다. 이 연구에서는 초보적인 인지 단계에 있는 기계가 학습을 통해 점차 인간과 같은 고도의 인지 단계로 발전하는 방식으로 인공적 생명체를 만들려고 시도하는데, 주변 환경의 자극에 반응하며 움직이는 로봇이 대표적인 인공 생명체이다.

간단히 말하자면, 인공지능이 기계가 인간과 대화하면서 의견과 감정을 나눌 수 있는 능력이라면, 인공생명은 기계가 외부의 자극에 반응하는 능력이다. 기계는 인간의 작용에 대해 적절하게 반응하고 상호작용하는 능력을 갖출 때 인간처럼 살아 있는 생명체로 간주된다.

인공지능 기술이 발전하면서 디지털 미디어의 상호작용성은 점점 더 정교해지고 있다. 자연언어를 처리하는 인공지능 기술이 발달하면서 인간의 말에 직접 반응하는 디지털 미디어가 증가하고 있다. 애플 아이폰의 '시리', 삼성 갤럭시의 '빅스비', 구글의 '구글 나우'처럼 음성인식에 기반한 개인 비서 서비스와 네이버의 '파파고'와 같은 번역 서비스를 예로 들 수 있다. 이와 함께 텍스트를 기반으로 사용자와 대화하는 챗봇 형태의 챗 GPT는 단순한 채팅뿐만 아니라 광고 카피나 학교 과제용 보고서를 대신해 써줄 정도로 발달한 인공지능 능력을 과시한다.

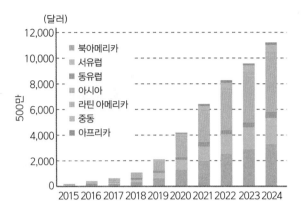

4-19 인공지능 시장의 전망. 참조: Tractica

또한 포털사이트, 온라인 쇼핑몰, 1인 미디어와 소셜미디어 등 다양한 플랫폼에서의 개인 맞춤형 서비스도 인공지능이 이용자의 이용 패턴을 파악해 제공하는 것이다. 이외에 이용자가 내리는 명령에 따라 전기·가스 등의 가정용 기기가 작동한다거나 자동차가 자율주행하는 것과 같은 사물인터넷 서비스도 인공지능 기술이 도입된 결과이다.(4-19)

인공지능의 저작권을 인정할 수 있는가?

2022년 미국에서 열린 미술공 모전의 '디지털아트·디지털합 성사진' 부문에서 인공지능이 그린 작품 〈스페이스 오페라 극 장〉이 1등상을 받았다. 이 작품 은 게임 디자이너 제이슨 앨런 (Jason M. Allen)이 '미드저니 (Midjourney)'라는 인공지능 소프트웨어를 이용해 제작한

4-20 'mechanical dove'라는 단어를 통해 미 드저니가 만든 기계식 비둘기. ⓒ Midjourney

작품이다. 미드저니는 이용자가 작품에 대한 설명글을 입력하면 글 에 부합하는 그림을 제작해주는 인공지능이다.(4-20)

2023년 1월 16일 가수 에일리가 인공지능이 작곡한 노래를 불 러 발표했다. 〈I feel so alone〉이라는 제목의 노래는 한국 최초의 AI 작곡가 이봄(EvoM)과 파인애플스튜디오 소속 작곡팀(이소원 · 김 미경)이 공동 작업한 것이다. 이봄은 AI 음악 스타트업 기업인 '크리 에이티브마인드'가 만든 인공지능 소프트웨어의 이름으로, 이봄이 하나의 곡을 작곡하는 데 걸리는 시간은 수십 초에 불과하다. 크리 에이티브마인드는 이봄 작곡 엔진을 기반으로 AI 작곡 보조 서비스 'MUSIA'를 제공하고 있다. MUSIA를 이용하면 음악 지식이 전혀 없

는 사람도 쉽게 곡을 완성할 수 있다.(4-21)

크리에이티브마인드는 작곡 인공지능 엔진에 이봄이라는 이름을 붙이고 저작권 협회에 창작자로 등록했다. 하

4-21 인공지능 작곡 도움 서비스 'MUSIA' 홈페이지 화면.

지만 한국음악저작권협회에서는 〈I feel so alone〉이라는 곡에 대한 이봄의 저작권을 인정하지 않았다. 왜냐하면 한국의 현행 저작권법은 저작물을 "인간의 사상 또는 감정을 표현한 창작물"이라고 규정하고 있으며, 그러한 저작물을 창작한 자를 저작자라고 규정하고 있기 때문이다. 인공지능은 인간이 아니기 때문에 인공지능이 작곡한 노래는 인간의 사상 또는 감정을 표현한 창작물이 될 수 없다. 인공지능이 작곡한 노래는 저작물이 아니기 때문에 인공지능은 저작자가 될 수 없는 것이다.

한국만이 아니라 대부분의 나라에서도 저작물을 인간의 창작물로 한정하고 있다. 인공지능에게 사상과 감정을 가진 인간의 지위를 부여하거나 인공지능을 저작자로 인정하기 위한 법을 제정하지 않는 한 인공지능이 저작권을 갖기는 어렵다.

인공지능이 만든 작품에 저작권이 인정된 몇 안 되는 사례는 대부분 인공지능의 작업 과정에 인간이 깊이 개입한 경우이다. 인간은 단지 명령만을 내리고 인공지능이 제작을 수행한 작품의 경우에는 저작권법의 보호를 받기 어렵다.

인공지능의 저작권과는 별개로 인공지능의 작품 활동이 다른 작가들의 저작권을 침해하고 있다는 주장이 제기되고 있다. 미국에서는 2023년 1월 세 명의 예술가가 미드저니를 비롯한 여러 인공지능

개발사를 상대로 저작권법 위반 소송을 제기했다. 인공지능이 딥러 닝을 위해 필요한 데이터를 모으는 과정에서 수백만 명의 미술가들 이 제작한 작품을 작가들의 동의 없이 무단으로 도용했다는 것이다.

　고소인들은 인공지능 제작자들이 작가들의 작품을 허락 없이 분 석하여 얻은 데이터를 이용해 돈을 벌고 있다고 지적한다. 그들은 인 공지능이 만든 작품이 새로운 것처럼 보이기는 하지만 실제로는 기 존의 작가들이 만들어놓은 원본 작품들의 변형에 불과하다고 주장 한다. 다만 변형 과정에서 원본 작품의 형태가 심하게 훼손되어 원래 모습을 찾아보기 힘들 뿐이라는 것이다. 이와 같은 소송이 이봄이나 챗GPT의 개발사에도 제기될 수 있다.

　인공지능이 예술적인 창작 활동에서 어느 정도 인간을 대체할 수 있다는 것은 이제 부인할 수 없는 현실이 되었다. 하지만 인공지능이 그럴듯해 보이는 창작물을 만들어낼 수는 있지만, 이는 단순히 명령 을 수행한 결과에 지나지 않는다.

　이제 생각과 감정이 없는 인공지능이 만든 작품을 인간이 창작한 저작물과 동등한 것으로 인정할 수 있는지를 심각하게 고민해야 할 시간이 왔다. 이와 동시에 인공지능의 작품을 인간의 창작물이라고 속이는 부정행위를 막을 방법을 강구해야 한다.

개별화된 생비자가
콘텐츠 시장을 지배한다

생비자 미디어

평범한 사람도
100만 유튜버가 될 수 있는 시대

학교를 한 번도 다닌 적 없이 평생 식당에서 일한 박막례 할머니는 치매에 걸릴까 걱정하는 70대 노인이었다. 치매 예방을 위해 손녀와 함께 떠난 해외여행에서 촬영한 동영상을 유튜브에 올린 후에 할머니는 구독자 수 100만 명이 넘는 스타가 되었다. 할머니의 유튜브 채널에 새로운 동영상이 올라올 때마다 10만 명이 넘는 사람들이

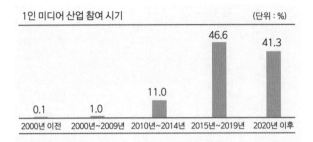

4-22 1인 미디어 산업 참여 시기, 〈2022년 1인 미디어 산업 실태조사〉, 한국전파진흥협회, 2023. 3. 7.

할머니의 말을 듣기 위해 몰려든다.

디지털 미디어 덕분에 평범한 사람들도 역사상 처음으로 공적인 영역에서 자유롭게 자신의 목소리를 대중에게 전달할 수 있게 되었다. 디지털 미디어가 일반화·보편화되기 전에는 권력을 가진 사람만이 자기의 생각과 뜻을 공개적으로 대중에게 전달할 수 있었다. 왕이나 대통령처럼 정치적 권력을 가진 사람이나 매스 미디어 등을 소유하여 경제적 권력을 가진 사람, 예술가나 지식인처럼 문화적 권력을 가진 사람들만이 자기의 견해를 책·신문·방송 등 다양한 미디어를 통해 표현할 수 있었다.

하지만 이제는 누구나 불특정 다수의 사람에게 자기의 의견을 피력할 수 있는 미디어를 갖게 되었다. 1인 미디어의 시대가 열린 것이다.(4-22) 1인 미디어 서비스는 개인이 기획·촬영·제작·편집한 콘텐츠를 대중에게 직접 제공할 뿐만 아니라 경제적 수입까지도 창출할 수 있는 인터넷 기반 서비스이다. 최근의 1인 미디어 크리에이터는 정치적·사회적·문화적 영향력을 가진 인플루언서로 진화하고 있다.

인터넷이 상용화되자 사람들은 자기의 개인 홈페이지를 만들 수 있게 되었다. 1990년대 후반부터 개인이 웹사이트를 만들어 개인 홈페이지로 운영하는 것이 유행하기 시작했다. 웹사이트를 제작하기 위해서는 HTML 언어를 사용해야 하므로 처음에는 개인 홈페이지를 만들기가 쉽지 않았다. 하지만 간편하게 웹사이트를 만들 수 있는 프로그램들이 배포되면서 누구나 쉽게 개인 홈페이지를 가질 수 있게 되었다. '루리웹'과 같은 몇몇 개인 홈페이지는 대중적 인기를 끌면서 인터넷 포털 기업이나 대형 커뮤니티 사이트로 발전하기도 했다.

HTML(Hyper Text Markup Language)
웹 문서를 만드는 데에 이용되는 문서 형식으로, 웹 문서에서 문자·영상·음향 등의 정보를 연결해주는 하이퍼텍스트를 만들 수 있도록 해준다.

2000년대 초반에는 개인 홈페이지를 제작하고 관리하는 번거로운 일을 줄이고 간편하게 자신의 웹페이지를 운영할 수 있는 서비스인 '블로그'가 등장했다. '블로그(blog)'는 '웹(web)'과 '로그(log)'의 합성어로 마치 일기처럼 자기 생각을 기록하고 공개할 수 있는 웹페이지이다.

최초의 블로그는 1994년 미국에서 출발했지만 2000년대에 들어와 포털사이트 등에서 블로그 서비스를 제공하면서 대중화되기 시작했다. 2002년 블로그 서비스가 처음 시작된 한국에서는 2003년부터 '네이버'·'다음' 등의 포털사이트를 통해 대중화되었다. 2010년 이후로는 동영상을 이용하는 블로그인 '브이로그(Vlog)'가 점차 증가하고 있다.

개인화된 방식으로 이용되는 디지털 미디어

초고속 인터넷망의 구축으로 동영상 전송이 쉬워지면서 블로그 같은 문자와 사진 중심의 1인 미디어가 동영상을 이용하는 방식으로 변화했다. 특히 유튜브나 틱톡과 같은 동영상 공유 서비스를 제공하는 플랫폼이 상업적으로 큰 성공을 거두면서 1인 미디어 시장이 급성장하게 되었다. 2005년 설립된 유튜브는 2006년 구글(Google)에 인수된 후 2007년부터 국가별 현지화 서비스를 제공하면서 알려지기 시작했으며, 한국어 서비스는 2008년에 이루어졌다.

유튜브를 이용해 개인 채널을 운영하는 1인 미디어 사업자를 '유튜브 크리에이터'라고 부르는데, 사실 한국에서는 2006년 서비스를 시작한 '아프리카 TV'가 한발 앞선 1인 미디어로서 대중적 인기를 끌고 있었다. '아프리카 TV'는 이용자가 직접 만든 UCC(User Created Content)를 전송하는 인터넷 방송 플랫폼으로, 방송을 진행하는 사람을 'BJ(Broadcasting Jockey)'라고 부른다. 이처럼 과거 매스 미디어의 이용자는 수동적인 소비자에 머물렀지만 디지털 미디어 이용자는 생산자(producer)이자 소비자(consumer)인 '생비자(prosumer)'로 활동한다.

> **생비자(프로슈머)**
> 1980년 엘빈 토플러가 『제3의 물결』에서 처음 사용한 용어로, 제품 생산이나 개발 과정에 소비자가 직접적 또는 간접적으로 참여하는 방식을 말한다.

소셜미디어 서비스, 즉 소셜 네트워킹 서비스(social networking service, SNS)도 디지털 미디어가 가진 개별성을 잘 보여준다. 소셜미디어는 이용자들이 인터넷 안에 자신의 공간을 만들고 다른 사람들과의 관계망을 형성할 수 있도록 도와주는 플랫폼으로, 1990년대 이후 월드와이드웹이 발전하면서 성장하기 시작했다. '커뮤니티', '카페', '클럽' 등과 같이 포털 사이트에서 제공하는 동호회나 포럼 서비스가 초기 형태의 소셜미디어라고 할 수 있다.

2000년대 들어와 소셜미디어가 본격적으로 발달하게 되는데, 네트워

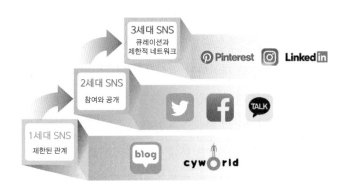

4-23 소셜미디어의 변화 과정.

킹 범위와 콘텐츠의 형식에 따라 그 진화 양상을 분류하기도 한다.

1세대 SNS로는 싸이월드·블로그와 같은 제한된 네트워크가 있다. 오프라인의 인맥들이 온라인으로 연결되는 경우가 많았으며, 개인 콘텐츠가 주를 이루었다. 그다음 2004년부터 등장한 2세대 SNS에는 페이스북·트위터·카카오톡 등이 있는데, 관계가 불특정 다수로 확대되면서 선호 콘텐츠를 중심으로 네트워크가 강화된 특징을 보인다. 이후 2010년경부터 대세로 떠오른 3세대 SNS에는 인스타그램·핀터레스트·링크드인 등이 주류를 이루고 있다. 시각이나 영상을 중심으로 특정 주제에 대한 관심사를 공유하는 큐레이션(curation)이 핵심이며, 관심사에 따라 작은 단위의 소셜 플랫폼으로 연결되기도 한다. [4-23]

> **큐레이션(curation)**
> 큐레이터처럼 인터넷에서 원하는 콘텐츠를 수집해 공유하고 가치를 부여해 다른 사람이 소비할 수 잇도록 도와주는 서비스이다.

소셜미디어는 이용자가 자신의 계정에 문자·사진·동영상 등을 업로드하면서 의견이나 감정을 표현하고 일상생활을 기록할 뿐만 아니라 친구들과 커뮤니케이션하는 방식으로 이용된다. 최근에 소셜미디어는 뉴스나 광고는 물론 게임과 같은 오락거리도 제공하는 종합적인 플랫폼으로 발전하고 있다.

디지털 미디어는 주로 개인화된 방식으로 이용되며, 이용자는 시간과 공간에 구애받지 않고 자신이 원하는 콘텐츠를 개별적으로 사용할 수 있다. 전통적인 매스 미디어의 콘텐츠는 일반 대중이 같은 시간에 집단적으로 즐기는 방식으로 소비된다. 영화나 텔레비전 프로그램이 방송되는 시간은 정해져 있기 때문에 이용자 모두 동일한 시간대에 동일한 콘텐츠를 소비하게 되는 것이다.

하지만 디지털 미디어는 콘텐츠의 공개시간이나 방송시간이 정해져 있지 않다. 이용자는 자신이 편한 시간에 언제든지 사이트나 네트워크에 접속해 필요한 콘텐츠를 이용할 수 있다. 넷플릭스 같은 OTT 서비스 플랫폼은 드라마나 영화 등을 언제든지 필요할 때마다 시청할 수 있도록 제공해준다. 유튜브 같은 동영상 공유 서비스의 경우에도 이용자마다 다른 시간에 같은 콘텐츠를 즐길 수 있다.

이용자는 디지털 미디어가 제공하는 방대한 콘텐츠를 각자 특화된 방식으로 소비한다. 이용자의 젠더·연령·인종·직업·취향·신념 등에 따라 주로 이용하는 미디어와 소비하는 콘텐츠가 다르다. 페이스북을 이용하는 사람의 연령대와 인스타그램을 이용하는 사람의 연령대는 같지 않다. 페이스북은 문자 텍스트를 이용하는 비중이 크고, 인스타그램은 주로 사진을 통해 감정이나 생각을 표현하기 때문이다.(4-24)

소셜미디어 플랫폼의 특성이 다르기 때문에 이용자의 특성뿐만 아니라 이용 동기와 목적, 사용 방식이 달라진다. 이용자의 정치적 성향, 교육 정도, 취향 등에 따라 이용자가 즐기는 콘텐츠도 개인마다 다르다. 그래서 개별적이고 개인화된 이용자의 요구에 부응하여 차별화되고 전문성을

4-24 연령대별 SNS별 이용률(상위 3개사). 출처: 한국언론진흥재단, 〈2022 언론수용자 조사〉, 2022. 12. 31.

가진 디지털 미디어 채널이 증가하고 있다. 디지털 텔레비전의 경우에는 특화된 콘텐츠로 채워진 전문 채널들이 구성되어 있고, 유튜브도 다양한 전문 채널이 개설되어 있다. 이처럼 디지털 미디어 이용자는 같은 콘텐츠를 보는 수동적인 대중이 아니라 개인화된 콘텐츠의 능동적인 생산자이자 소비자이다.

현실보다 더 현실적인
사이버 가상세계, 메타버스

사이버스페이스

디지털 미디어가 만든 새로운 세계, 가상현실

디지털 미디어는 현실세계와는 별개로 존재하는 것처럼 보이는 새로운 세계를 만들어낸다. 온라인 공간, 사이버스페이스(cyberspace), 가상현실 등으로 불리는 이 신세계는 디지털 미디어가 제공하는 네트워크 안에서 구현된다.

초기의 가상세계(virtual world)는 상상의 산물이었다. '사이버스페이스'

라는 말은 1982년 공상과학 소설에서 처음 등장했고, 1984년 소설『뉴로맨서(*Neuromancer*)』를 통해 널리 알려졌다. PC가 서서히 대중화되던 시기에 공상과학 소설가 윌리엄 깁슨(William Gibson)은 인간 신경계가 컴퓨터 시스템과 연결되어 정보를 교환하고, 컴퓨터 시스템 안에서 인간의 의식이 살아 있는 공간인 사이버스페이스를 상상했다.[2] 그가 상상한 사이버스페이스는 몇 년 후 인터넷의 상용화로 만들어진 온라인 세계를 일컫는 말이 되었다.

컴퓨터 안에 또 하나의 세계가 깃들어 있다는 상상은 사실 컴퓨터가 대중화되던 1980년대에 광범위하게 퍼져 있었다. 1982년 개봉한 영화 〈트론(Tron)〉은 컴퓨터 시스템 안에 존재하는 세계에 들어가 목숨을 건 게임을 수행하는 이야기를 다룬다.(4-25) 당시 유행하던 비디오 게임의 세계를 컴퓨터 시스템 안에 존재하는 세계로 상정한 것이다.

이러한 창의적인 상상력은 1999년 영화 〈매트릭스(Matrix)〉에서 절정에 달한다.(4-26) 인공지능이 지배하는 세계에서 현실의 인간은 컴퓨터 시스템을 위한 에너지원으로 이용된다. 현실의 끔찍한 상황을 알지 못하도록 사람들 대부분은 컴퓨터 시스템에 뇌가 연결된 채 인공지능이 만들어낸 가상현실에서 평범한 삶을 사는 듯한 경험을 하도록 조작된다.

4-25 영화 〈트론〉에서 컴퓨터 시스템 세계로 들어가 게임을 하는 장면.

4-26 영화 〈매트릭스〉에서 인간이 컴퓨터 시스템을 위한 에너지원임을 보여주는 장면.

메타버스는 현실세계와
연결되어 있다

디지털 정보기술의 발전으로 가상세계는 점점 더 현실처럼 구현되고 있다. 2010년대 후반부터 본격적으로 논의되기 시작한 '메타버스'는 현재 우리가 구현할 수 있는 가상세계의 완성형이라 할 수 있다. 메타버스는 '초월'을 뜻하는 '메타(meta)'와 '세계·우주'를 뜻하는 '유니버스(universe)'의 합성어로 3차원 가상세계를 가리키는 말이다.

메타버스라는 말은 1992년 닐 스티븐슨(Neal Stephenson)의 공상과학소설 『스노 크래시(*Snow Crash*)』에서 처음 등장했다. 소설에서 메타버스는 고글과 이어폰을 착용한 이용자가 아바타의 형태로 다른 이용자의 아바타와 커뮤니케이션하면서 생활하는 가상의 도시로 묘사된다.[3] 현재 우리가 이용하는 가상현실 기술과 메타버스 플랫폼을 이미 1992년에 상상한 셈이다.

현재 메타버스는 인터넷을 통해 현실과 가상을 연결하는 3차원의 체험형 서비스와 플랫폼을 의미한다. 메타버스 플랫폼에 접속한 이용자는 아바타를 통해 다양한 활동을 경험한다. 메타버스는 크게 게임형 메타버스와 생활형 메타버스로 구분된다.

4-27 〈세컨드라이프〉 실시간 라디오 장면. 출처: wikipedia.org. ⓒ HyacintheLuynes

4-28 〈로블록스〉홈페이지 화면.

2003년 린든 랩(Linden Lab)이 개발한 〈세컨드라이프(Second Life)〉는 생활형 메타버스의 최초 사례이다.(4-27) 세컨드라이프는 이용자가 3차원의 생활 공간 안에서 아바타를 이용해 사교·업무·쇼핑·오락 등 실제 생활과 같은 활동을 할 수 있도록 고안되었다.

2006년 서비스를 개시한 〈로블록스(Roblox)〉는 대표적인 게임형 메타버스이다. 로블록스에서는 이용자가 아바타의 형태로 다양한 종류의 게임을 즐길 수 있고, 자신이 직접 게임을 만들어 제공할 수도 있다.(4-28)

메타버스는 인터넷을 통해 접속하는 단순한 3차원의 가상공간이 아니라 현실세계와 가상공간이 결합해 연동되는 방식으로 존재한다. 즉, 가상공간에서의 활동이 현실세계에 반영되고, 현실세계의 활동이 가상공간과 연결되는 방식으로 구축되는 것이 메타버스이다.

예를 들어, 가상공간에서의 활동을 기반으로 인터넷을 이용해 즐기는 일반적인 게임은 이용자가 게임을 할 때만 가상공간에 입장하기 때문에 현실의 삶이 게임 세계에 영향을 주지도 않고 게임 세계 안의 활동이 현실세계에 반영되지도 않는다. 현실세계와 게임 세계는 별개의 세계인 것이다. 이와 같은 기존의 게임 세계와는 달리 메타버스는 현실세계와 가상공간이 연결되어 있다는 점이 특징이다.

증강현실, 라이프로깅, 거울세계, 가상세계

메타버스	
증강	
증강현실 (augmented reality)	라이프로깅 (lifelogging)
외부적	사적
거울세계 (mirror worlds)	가상세계 (virtual worlds)
시뮬레이션	

4-29 메타버스의 네 가지 유형.

현실세계와 가상공간이 연결된 메타버스의 특징은 메타버스를 구현하는 데 사용되는 기술에서도 나타난다. 증강현실(augmented reality), 라이프로깅(lifelogging), 거울세계(mirror worlds), 가상세계(virtual worlds)는 메타버스를 구현하는 데 사용되는 4개의 주요한 기술이다.(4-29)

증강현실 기술은 네트워크로 연결된 디지털 미디어 인터페이스를 이용해 현실세계를 확장하는 기술이다. 간단히 말하면, 현실의 영상과 가상의 컴퓨터 그래픽(CG) 영상을 결합하는 기술이라 할 수 있다. 증강현실 기기를 이용하는 사람은 현실공간에 나타나는 가상의 사물을 다룰 수 있다. 2016년 출시되어 인기를 끈 〈포켓몬 고(Pokémon GO)〉는 증강현실 기술을 이용하는 대표적인 게임이다.(4-30)

4-30 스마트 기기를 보지 않고 게임에서 활동을 할 수 있도록 만들어진 포켓몬 고 플러스.

라이프로깅 기술은 개인이 일상생활을 하면서 경험하고 만드는 모든 형태의 정보를 인터넷 공간에 기록하고 저장하는 기술이다. 학업·업무·쇼핑·오락·여가·취미·건강·식사·휴식 등 모든 종류의 활동에서 얻어지는 다양한 정보는 스마트폰, 스마트워치, 클라우드 컴퓨팅, 소셜미디어 등을 통해 기록되고 저장되는데, 필요할 경우에 언제라도 검색하고 활용할 수 있다. 이 정보는 빅데이터 형태로 처리되어 개인 맞춤형 상품이나 콘텐츠를 추천하고 유익한 정보를 조언하거나 위험을 경고하는 등의 형태로 이용된다. 네이버의 '제페토(ZEPETO)'는 SNS 기반의 라이프로깅을 활용하는 플랫폼으로, 3D 아바타를 통해 다른 사용자들과 소통하거나 다양한 가상현실을 경험할 수 있는 서비스를 제공한다.

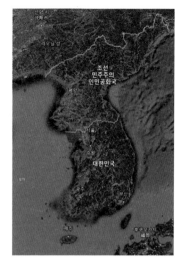

4-31 구글 어스에서 보여주는 한반도 모습.

거울세계 기술은 현실세계의 모습을 그대로 반영한 가상공간을 만드는 기술이다. 한마디로 현실세계와 똑같이 생긴 디지털 트윈(digital twin) 세계를 만드는 것이다. 구글에서 제공하는 3D 지도 프로그램인 '구글 어스(Google Earth)'의 경우에는 현실세계의 모습을 그대로 반영한 공간을 보여준다.(4-31)

가상세계 기술은 가상의 공간을 3차원 CG로 구현하는 기술이다. 이용자는 가상공간을 탐험하거나 캐릭터를 조종하면서 게임을 즐긴다. RPG(Role Playing Game) 방식의 디지털 게임이 이 기술을 이용하는 대표적인 콘텐츠이다. 다수의 이용자가 각자의 캐릭터를 조종하면서 게임에 참가하는 'MMORPG(Massively Multiplayer Online Role-Playing Game)'는 메타버스와 유사한 유형의 가상공간을 보여준다.

현실의 재화가 되는 가상 재화,
창작자 경제

메타버스는 기본적으로 고유한 규칙을 가진 하나의 세계이다. 여기에서 이용자는 하나의 확고한 정체성을 가진 주체로 활동한다. 우리가 현실세계에서 살아가는 목적과 방식이 다양하듯이 메타버스에서 행하는 선택적 행위와 방법도 다채롭다. 메타버스는 현실과 분리된 별개의 세계가 아니라 현실과 연결된 세계이기 때문에 메타버스에서의 활동이 현실세계에 영향을 끼칠 수 있다. 이와 관련하여 메타버스 활동 가운데 주목받고 있는 것이 '창작자 경제(creator economy)'이다.

창작자 경제는 원래 직업과 무관하게 자신이 창작한 콘텐츠를 판매하는 활동을 가리킨다. 메타버스에서는 현실에서처럼 이용자가 콘텐츠를 창작하고 메타버스 안에 거주하는 다른 이용자들에게 그 콘텐츠를 판매해 돈을 벌 수 있다.

〈제페토〉와 같은 메타버스에서는 아바타의 의상을 디자인하고 제작·판매함으로써 수익을 올리는 이용자들이 존재한다. 제페토 스튜디오에 로그인하면 다양한 아바타 아이템과 아바타들이 생활하는 월드를 제작할 수 있는 도구가 제공된다.(4-32) 〈로블록스〉에서는 게임을 제작·판매해 10만 달러 이상의 연 수입을 올리는 이용자들도 등장했다.

이렇게 번 돈은 메타버스 안에서 다른 콘텐츠를 사거나 활동을 하

4-32 제페토 스튜디오의 아이템 만들기 페이지.

는 데 사용할 수도 있고, 현실세계의 돈으로 환전해 일상생활에서 사용할 수도 있다. 가상의 재화가 현실의 재화로 탈바꿈되는 것이다.

블록체인 기술을 이용해 디지털 콘텐츠의 소유권을 표시하는 'NFT(Non-Fungible Token)', 즉 '대체 불가능 토큰'이 등장하면서 디지털 콘텐츠의 거래는 더욱 활성화되고 있다. NFT 자체는 화폐가 아니라 일종의 진품 보증서이다. 디지털 정보로 처리된 파일에 고유한 NFT를 부여하면 그 NFT를 가지고 있는 파일은 유일무이한 것이 되기 때문에 희소 가치를 인정받아 비싼 가격에 판매될 가능성이 커진다. 어떤 물건의 진품 보증서를 다른 물건의 진품 보증서로 대체하는 것은 불가능하다. 그래서 NFT를 대체 불가능 토큰이라 부른다.

이에 반해 같은 블록체인 기술을 이용해 만든 비트코인과 같은 코인은 가상화폐이다. 화폐는 가치가 동일하다면 얼마든지 다른 화폐와 교환·대체될 수 있다.[4-33]

NFT를 구매하기 위해서는 가상화폐가 필요하다. 가상화폐는 현실의 화폐로 살 수 있다. 마찬가지로 NFT를 판매해서 얻은 가상화폐를 현실의 화폐로 교환할 수 있다. 메타버스가 계속 발전하고 서로 다른 메타버스 플랫폼들이 연결된다면 NFT와 가상화폐의 거래가 활발해지면서 독자적인 거대한 시장을 형성할 수도 있을 것이다.

4-33 대체 가능한 토큰과 대체 불가능한 토큰(NFT)의 비교.

제페토나 로블록스와 같은 메타버스 플랫폼의 이용자가 수억 명을 넘어서자 기업들도 메타버스를 브랜드의 이미지를 높이고 상품 판매 수익을 올리기 위한 새로운 시장으로 인식하기 시작했다. 그 결과 이른바 '명품'이라 불리는 고가품 브랜드를 판매하는 기업들이 메타버스 플랫폼에 매장을 열고, 아바타를 위한 아이템을 판매하는 현상이 나타나게 되었다.

미국의 경영 컨설팅 회사인 베인앤컴퍼니(Bain & Company)의 조사에 의하면, 디지털 자산과 메타버스는 2030년 말까지 고가품 시장의 5~10%를 차지하게 될 것으로 예상된다.[4]

고가품 브랜드 기업은 특히 메타버스의 주 이용자인 10대를 겨냥한 아이템을 판매한다. 이는 청소년들이 저렴한 가격으로 자사 브랜드의 소비에 익숙해지도록 유도함으로써 현실에서도 충성스러운 고객이 될 기반을 만들기 위한 포석이다. 메타버스에서 고가 브랜드를 산 경험이 있다면, 현실에서도 동일한 브랜드 상품을 구매하는 경향을 보일 수 있다고 기대하기 때문이다.

Chapter 5

때로는 강하게, 때로는 약하게,
미디어 효과의 모든 것

—— 미디어가 사람들의 지각·인식·의견·태도·행동에 영향을 미치는 원리와 방법을 이해하고자 하는 노력은 고대부터 지금까지 끊임없이 시도되어 왔다. 고대 그리스의 소피스트나 아리스토텔레스가 연구한 수사학은 구두 미디어가 대중의 생각과 감정에 영향을 끼치는 방법에 대한 탐구의 결과물이었다. 조선 시대의 상소문에는 사대부가 오랜 글공부를 통해 축적해온 지식의 산물, 즉 문자 미디어를 이용한 효과적인 설득의 방법이 녹아 들어 있다.

20세기에 매스 미디어가 사회적 커뮤니케이션의 지배적 미디어로 확고히 자리를 잡으면서 미디어의 효과에 대한 체계적 연구가 진행되었다. 초기의 미디어 효과 연구는 미디어를 소유하고 이용하는 권력집단과 지배집단의 관점에 입각하여 미디어가 어떻게 대중의 태도와 행동에 영향을 미치는가 하는 문제에 집중되었다. 어떻게 말을 하고, 어떻게 글을 쓰고, 어떻게 뉴스와 방송 프로그램을 제작하고, 어떻게 광고를 만들 것인가 하는 문제는 어떻게 대중을 설득하고 대중의 태도와 행동을 변화시킬 수 있는가 하는 문제와 긴밀하게 연결되어 있기 때문이다.

한편, 이와 같은 연구를 통해 쌓이는 지식은 우리가 미디어의 속성과 영향력을 이해할 수 있도록 도와준다. 미디어가 우리에게 어떻게 영향을 미치는지를 인지하는 것은 결국 우리가 미디어의 영향력에 대응하거나 미디어를 이용해 우리의 신념과 의견을 만들고 전달하는 방법을 깨우치는 일이기도 하다.

초강력 권력이 주입하는
메시지의 효과는?

마법의 탄환 이론

그럴듯한 소문이 만든
공황 사태

        1938년 10월 30일 저녁, 미국 CBS 라디오 방송을 듣던 사람들은 깜짝 놀랐다. 평화롭게 흘러가던 음악 프로그램이 갑자기 중단되고 뉴스 속보가 들려왔기 때문이다. 아나운서는 긴박한 목소리로 "화성에서 규칙적인 간격으로 밝은색의 가스가 폭발하는 것이 관찰되었으며, 거대한 운석이 지구를 향해 엄청난 속도로 돌진하고 있다"는

소식을 전했다. 이후 다시 음악 프로그램이 이어졌지만, 곧바로 "뉴저지에 운석이 떨어졌다"는 속보가 날아들었다.

얼마 후 라디오 방송사는 운석이 떨어진 지역에 파견된 기자가 현지 상황을 생중계하는 긴급 프로그램을 송출했다. 웅성거리는 군중들의 목소리가 들려오는 가운데 기자가 외계 금속으로 만들어진 것처럼 보이는 원통형의 물체를 묘사하다가 갑자기 "물체에서 발사된 열선 때문에 사람들이 불에 타 죽고 있다"고 소리쳤다. 이제 방송은 극도로 혼란스러운 분위기에 빠져 화성에서 온 기계들이 뉴욕을 공격하고 사람들을 살상하는 끔찍한 현장을 중계하기 시작했다. 라디오를 청취하던 사람들은 극심한 공포에 사로잡혔다. 그중 일부는 공황 상태에 빠져 피난 준비를 하기조차 했다. 신문사와 방송국은 물론 경찰서 등의 공공기관은 사실 여부를 확인하려는 시민들의 전화로 북새통을 이루었다.(5-1)

이 방송은 당시 CBS 방송국의 젊은 PD였던 오손 웰즈(Orson Welles)가 허버트 조지 웰스(H. G. Wells)의 유명한 SF소설 『우주 전쟁(The War of the Worlds)』을 라디오 드라마로 각색한 것이었다.(5-2) 웰즈는 대중의 흥미를 유발하기 위해 드라마의 첫 부분을 마치 실제 화성인의 침공을 생중계하는 듯한 다큐멘터리 형식으로 제작했다. 드라마가 시작되기 전에 방송국에서는 허구의 소설을 각색한 드라마라는 점을 공지했고, 방송 중간

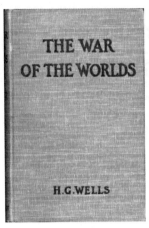

5-2 『우주 전쟁』의 초판본(1898).

의 휴식 시간에도 역시 허구의 이야기라는 점을 알렸다.

하지만 드라마 도중에 라디오를 켠 사람이나 채널을 바꿔 듣기 시작한 사람들은 그 사실을 미처 알 수 없었다. 진짜 화성인의 침공을 생중계하는 듯한 방송을 들은 사람들은 기겁하지 않을 수 없었고, 큰 혼란에 빠져 공포감을 느껴야 했다. 사람들의 신고를 받은 기자들과 경찰이 방송국에 몰려들었다. 그 기세에 놀란 제작자들과 출연진은 대본과 기록물들을 파기하거나 숨기고 건물을 몰래 빠져나가야 했다.

다음 날 신문은 이 사건을 대서특필했고 덕분에 웰즈가 제작한 드라마 〈우주 전쟁〉은 가장 유명한 라디오 드라마가 되었다. 〈우주 전쟁〉이 방송된 이후 미국 전역에서 수많은 사람이 패닉에 빠져 큰 사회적 혼란이 발생했다는 소문이 퍼졌다. 그러나 사실은 약간의 혼란이 있었을 뿐 사회적 문제가 될 정도의 큰 소동으로 확산되지는 않았다. 그럼에도 라디오 드라마 때문에 미국 전체가 심한 공황 상태에 빠졌다는 이야기가 사실처럼 퍼져나갔다. 왜냐하면 '그럴듯한' 소문이었기 때문이다.

1898년 미국-스페인 전쟁이 발발하는 과정에서 전쟁 여론을 부추겼던 《뉴욕 저널》과 《뉴욕 월드》에 대한 기억, 1920년대부터 엄청난 대중적 인기를 끌면서 화제의 중심에 선 영화와 대중을 매혹하는 스타들, 매일 저녁마다 사람들을 거실에 모여들게 만드는 라디오 프로그램 등 20세기 초의 사회는 매스 미디어에 의해 지배되고 있는 것처럼 보였다.

5-3 국민라디오(Volksempfänger)를 살펴보고 있는 괴벨스(오른쪽). 나치 정권의 선전부 장관인 괴벨스는 이 값싼 무선라디오를 널리 보급한 후 히틀러 연설방송을 내보냄으로써 나치 사상을 유포하고 단일 여론을 조성하는 데 앞장섰다.

5-4 독일 나치 정권의 대표적인 선전 영화 〈의지의 승리(Tri umph des Willens)〉의 한 장면(1935).

　같은 시기 독일에서는 나치 정권의 히틀러가 라디오와 영화를 중요한 정치적 선전 선동 수단으로 적극적인 이용을 하면서 독일 전체를 나치 이데올로기로 무장한 전체주의 국가로 만드는 데 성공했다.(5-3, 5-4) 나치 정권을 위해 봉사하는 신문·영화·라디오는 독일인을 우수한 혈통을 가진 뛰어난 인종으로 묘사하고, 유대인은 열등 종족이자 사회를 병들게 하는 악마와 같은 존재라는 메시지를 끊임없이 생산하고 유포했다. 곧이어 제2차 세계대전이 발발했고, 인종청소라는 명목 아래 6백만 명이 넘는 유대인이 나치에 의해 학살되었다.

　전쟁이 끝난 후 죽음의 포로수용소를 목격한 전 세계는 나치 이데올로기에 세뇌된 사람들이 어떤 일까지 저지를 수 있는지를 확인할 수 있었다. 이러한 상황에서 신문·영화·라디오 같은 당시 최고 인기를 누리던 매스미디어는 대중의 의식과 마음을 조종할 수 있는 강력한 힘을 지닌 것으로 인식되었다.

매스 미디어의 메시지에 저항할 수 없는 수용자

1930년대 매스 미디어가 정치·사회·문화에 지대한 영향을 미치는 수단으로 이용되면서 미디어 효과에 대한 최초의 이론이 등장했다. 바로 '마법의 탄환 이론(the magic bullet theory)' 또는 '피하주사 이론(the hypodermic needle theory)'이다. 이 이론은 매스 미디어를 총이나 주사기에 비유했다. 매스 미디어가 어떤 메시지를 전달하면, 마치 총알을 쏘거나 주사약을 주입하는 것처럼 수용자에게 직접적이고 즉각적이며 강력한 효과를 발휘한다는 것이다. 매스 미디어의 메시지가 모든 수용자에게 동일하고 균일한 효과를 발생시킨다고 본 것이다.

마법의 탄환 이론은 당시 행동주의 심리학에서 사용하던 '자극-반응 이론(stimulus-response theory)'을 변형한 것이다. '파블로프(Ivan Pavlov)의 개 실험'처럼 훈련사가 반복된 자극과 훈련을 통해 동물의 행동을 조건화할 수 있듯이 매스 미디어가 사람들에게 메시지를 전달함으로써 그들의 행동을 조건화할 수 있다고 보기 때문이다. 매스 미디어의 메시지는 직접적으로 영향을 미치기 때문에 수용자는 메시지에 저항할 수가 없다는 것이다. 이 이론은 전체주의가 득세하고 제2차 세계대전이 발발하던 1930년대부터 1950년대까지 매스 미디어가 정치적·경제적·사회적 목적의 달성을 위해 동원되는 과정에서 이용되었다.

매스 미디어가 마법의 탄환처럼 강력한 효과를 가지려면 우선 메시지가 명확히 설정된 청중의 관심·신념·가치에 맞게 조정되어야 한다. 그리고 청중이 무언가를 느끼고 행동하도록 유도하는 감정적 호소력을 가져야 한다. 또한 복잡한 메시지는 잘못 해석되거나 잊히기 쉬우므로 단순하고 반복적이어야 한다. 우리가 광고나 선거 캠페인 과정에서 흔히 접하는 메시지는 아직도 이 원리를 따르고 있다.

5-5 오손 웰즈가 라디오 드라마 〈우주 전쟁〉 방송 후 사회적 혼란을 일으킬 의도가 없었다는 것을 기자들에게 설명하는 장면(1938).

마법의 탄환 이론은 매스 미디어의 강력한 효과에 대해 간단하고 알기 쉽게 설명한다는 장점이 있다. 하지만 이 이론은 구체적인 실험이나 조사를 통해 명확하게 증명되지는 않았다. 단지 〈우주 전쟁〉 라디오 드라마처럼 사회적으로 논란을 일으킨 사건들에 대한 경험을 바탕으로 막연히 매스 미디어의 효과가 매우 강력할 것이라고 추정한 결과에 지나지 않는다.[5-5] 이후, 미디어의 효과에 대한 체계적인 연구와 조사가 진행되면서 매스 미디어의 효과가 즉각적이고 직접적이고 획일적이며 강력하다고 주장하는 마법의 탄환 이론의 신뢰성은 점차 감소하기 시작했다.

하지만 현대사회의 중요한 의사결정 과정에 개입하면서 대중에게 큰 영향을 미치는 것처럼 보이는 매스 미디어의 활동에 대해 우려하는 사람들은 여전히 마법의 탄환 이론이 매스 미디어의 효과에 대한 그럴듯한 설명을 제공하고 있다고 생각한다. 그들은 매스 미디어를 이용해 여론을 조작하거나 사람들의 행동을 변화시킬 수 있으리라 믿는다. 인터넷과 소셜 미디어 등을 통해 삽시간에 퍼지면서 사람들에게 공포나 공황 상태를 불러일으키는 가짜 뉴스 사건도 마법의 탄환 이론이 여전히 설득력이 있음을 보여주는 사례로 이해할 수 있다.

우리가 보고 싶은 것만
보아서는 안 되는 이유

인지부조화 이론

메시지 수용자의
개인적 속성이 중요하다

1941년 12월 7일 일본군이 기습적으로 하와이의 진주만을 공격했다. 허를 찔려 자존심에 큰 상처를 입은 미국은 분노했고, 즉각 제2차 세계대전에 참전할 것을 결의했다. 미국 청년들이 앞다투어 자원입대를 함으로써 빠른 시간 안에 군대가 만들어졌다. 그다음에는 병사들이 계속 싸울 수 있는 동기를 부여하는 일이 필요했다.

미군 참모총장 조지 마샬 장군은 아카데미 감독상을 받은 영화감독 프랭크 캐프라(Frank Capra)를 불렀다. 캐프라 감독에게는 "우리 병사들에게 왜 싸우고 있고, 우리가 무엇을 위해 싸우고 있는지를 잘 알려주는 영화"를 제작하라는 임무가 주어졌다.

5-6 〈우리가 싸우는 이유(Why We Fight)〉의 인터타이틀 (1942~1945).

1935년에 제작된 나치 독일의 선전 영화인 〈의지의 승리(Triumph des Willens)〉를 보고 큰 충격을 받은 캐프라는 "이 영화가 총도 쏘지 않고 폭탄도 떨어뜨리지 않았지만, 저항할 의지를 무력화시키는 심리적

5-7 〈우리가 싸우는 이유〉 제1편 '전쟁의 서곡(Prelude to War)'의 한 장면(1942).

무기로서 치명적이었다"고 말했다. 그는 〈의지의 승리〉에 반격을 가하고 독일의 인종우월주의의 허구성을 탁월한 방식으로 해체시키는 영화를 제작하기로 마음먹었다. 그 결과 1942년부터 1945년까지 7편의 선전영화 시리즈인 〈우리가 싸우는 이유(Why We Fight)〉가 제작되었다.(5-6, 5-7) 이 시리즈 영화는 군인뿐만 아니라 일반 대중에게도 공개되어 참전 의지를 북돋는 데 사용되었다.

1949년 미국의 심리학자 칼 호블랜드(Carl I. Hovland)는 동료 연구자들과 함께 〈우리가 싸우는 이유〉 시리즈가 마법의 탄환 이론에서 설명하

는 것처럼 병사들에게 직접적이고 획일적인 영향을 끼쳤는지를 조사했다. 연구진은 영화를 보기 전의 태도와 본 후의 태도를 측정해 어떤 변화가 발생했는지를 분석했다. 또한 영화의 메시지를 대중이 어떻게 수용하고 해석하는지를 알아보았다.

연구에 따르면, 영화는 전쟁과 관련된 여러 사실에 대한 대중의 지식을 증가시키는 효과가 있었다. 하지만 전쟁에 대한 대중의 의견이나 해석에 대해서는 제한된 효과만을 발생시켰고, 동기부여와 관련해서는 영향을 거의 미치지 못한 것으로 드러났다. 즉, 영화는 미국의 관점에서 전쟁의 정당성을 강조했지만 사람들은 그대로 받아들이지 않았다.

이 연구에서 발견된 새로운 사실은 "개인이 가진 속성에 차이가 있으면 영화를 본 후의 태도 변화에도 차이가 있다"는 점이다. 개인이 가진 가치관·신념·편견·학습능력 등에 따라 같은 영화를 보더라도 다르게 해석하고 다른 의견을 갖는 현상이 발견된 것이다. 이로 인해 매스 미디어의 메시지가 모든 사람에게 직접적이고 획일적인 영향을 미친다는 마법의 탄환 이론의 한계가 드러나게 되었다.

호블랜드의 연구는 미디어의 메시지를 수용하는 과정은 마법의 탄환 이론에서 설명하듯이 어떤 자극을 주면 무조건 특정한 반응이 일어나는 게 아니라는 것을 증명했다. 당시 행동주의 심리학에서는 지극히 단순했던 자극-반응 이론을 수정하면서 자극을 받아들이는 사람이나 동물이 가진 기존의 습관이나 욕구가 반응의 형태를 결정한다는 '자극-유기체-반응(SOR: Stimulus-Organism-Response)' 이론을 내세우고 있었다. 호블랜드의 연구는 미디어의 효과가 발생하는 과정에서도 메시지를 받아들이는 사람의 개인적 속성이 중요한 역할을 한다는 것을 명확하게 보여주었다. 그 뒤 매스 미디어의 효과가 마법의 탄환 이론에서 설명하듯이 직접적이고 획일적이며 강력하지는 않다는 연구 결과들이 속속 등장했다.

인지부조화를 해소하기 위한
선택적 노출

　　　　　　　　미디어가 세상에서 일어나는 모든 사건을 다 알려주는 것은 아니듯이, 수용자도 미디어의 텍스트를 모두 다 접하는 것은 아니다. 절대 권력을 가진 독재자가 모든 사람에게 같은 미디어 콘텐츠를 보라고 강제하지 않는 한 사람들은 자신이 싫어하는 메시지는 회피하면서 보고 싶은 것을 보고, 읽고 싶은 것을 읽는다. 그렇게 되면 매스 미디어가 아무리 잘 짜인 강력한 메시지를 전달한다고 해도 미디어의 영향은 수용자가 가진 속성에 따라 선별적으로 나타나게 된다. 미디어의 '선별 효과 이론(theory of selective influence)'은 바로 이러한 현상을 설명하기 위해 등장했다.

> **선별 효과 이론**
> 수용자는 능동적 존재로서 개인이 가지고 있는 태도·가치관·신념에 따라 매스 미디어의 효과에서 차별성을 갖는다는 이론이다.

　　1957년 미국의 사회심리학자 레온 페스팅거(Leon Festinger)는 '인지부조화 이론(cognitive dissonance theory)'을 제안했다. 그는 사람들이 가진 신념·생각·태도·행동 등이 서로 모순되어 양립할 수 없을 때 느끼는 불편한 심리를 '인지부조화'라고 정의하고, 인지부조화가 발생했을 때 사람들은 자신을 변화시켜 인지부조화 상태에서 벗어나려 노력한다고 주장했다. 예를 들어 내 생각과 상반되는 의견을 듣게 되거나, 내 신념과는 다른 행동을 접할 때, 나는 인지부조화에 빠져 심리적 불편함을 느낀다. 이를 해소하기 위해 나는 반대되는 의견을 듣지 않기 위해 자리를 피하거나 내

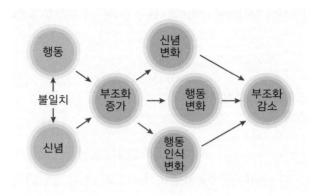

5-8 인지부조화 이론.

신념을 바꾸는 등 여러 방법을 동원한다.(5-8)

　인지부조화를 해소하기 위해 사람들이 가장 흔하게 사용하는 방법은 '선택적 노출(selective exposure)'이다. 특히 미디어의 메시지를 수용하는 과정에서 선택적 노출이 아주 쉽게 이용되는데, 그 이유는 사람들이 자신의 신념과 다른 정보나 의견을 전달하는 미디어 텍스트를 접하게 되면 이를 회피함으로써 인지부조화에서 벗어나려 하기 때문이다. 보고 있던 책이나 신문을 덮어버리거나 텔레비전 채널을 돌리거나 인터넷 페이지를 꺼버리는 등 손쉽게 회피할 수 있다. 자신의 신념이나 생각과 일치하는 텍스트는 편안함과 안정감을 주고, 나아가 유쾌한 쾌감까지 제공한다. 이에 사람들은 즐거움을 주는 미디어 텍스트를 선택하고, 불편함을 주는 텍스트를 배제하는 방식으로 선택적 노출을 수행한다.

　사람들이 인지부조화를 해소하기 위해 선택적 노출을 수행하는 상황에서는 미디어가 그들의 생각과 행동에 큰 영향을 미치기가 어렵다. 미디어는 사람들이 이미 가지고 있는 신념·생각·태도 등을 강화하는 데 도움을 줄 수는 있지만 그들을 미디어가 원하는 대로 바꾸기는 쉽지 않다. 사람들은 자기의 입맛에 맞는 메시지만 접하고 기억하려 하기 때문이다. 이러한 관점에서 본다면, 미디어의 영향력은 제한적이라고 할 수 있다.

매스 미디어의 시대에는 미디어의 수가 제한되어 있었기 때문에 권력 집단이 미디어를 통제하기가 상대적으로 쉬웠고, 일반 대중이 미디어 메시지를 선택적으로 접하기도 어려웠다. 몇 개밖에 없는 텔레비전 채널이 일반 대중에게 정보와 오락을 제공하는 상황에서 미디어가 전달하는 메시지가 대동소이하다면 자기의 신념과 상반되는 정보나 뉴스도 접할 수밖에 없다. 이는 매스 미디어를 통한 정부의 캠페인이 수용자의 선택적 노출에도 불구하고 비교적 효과가 있었던 이유이다.

필터 버블을 깨트려야 하는 이유

디지털 미디어의 등장으로 미디어의 수가 증가하면서 선택적 노출이 더욱 쉬워졌다. 엄청난 수의 미디어에서 제공하는 메시지는 셀 수 없을 정도로 다양하다. 대표적인 1인 미디어인 유튜브를 보더라도 수많은 채널에서 온갖 종류의 콘텐츠가 제작되고 있다.

사람들은 자신이 좋아하는 채널을 구독하지만 조금이라도 마음에 들지 않는 내용이 있다면 아주 쉽게 구독을 취소하고 다른 채널로 이동한다. 게다가 빅데이터를 이용해 사용자의 취향을 파악하는 인공지능 알고리즘은 사용자가 즐겨 찾는 콘텐츠와 유사한 콘텐츠를 계속 추천해준다. 어느 순간 사용자는 자신이 좋아하는 콘텐츠로 가득 찬 방에 갇히게 되고 만다.

디지털 미디어의 사용자가 알고리즘이 필터링한 특정한 정보만을 접하게 되는 현상을 '필터 버블(filter bubble)'이라고 한다. 선택적 노출이 인공지능의 알고리즘에 의해 자동적으로 이루어진다. 필터 버블이 발생하면 사용자는 자기의 신념이나 태도와 일치하는 정보는 받아들이고, 일치하지 않는 정보는 거들떠보지도 않으면서 자기가 옳다고 생각하는 '확증 편향'에 빠지기 쉽다.

1인 미디어 채널, 소셜미디어, 인터넷 커뮤니티 등을 통해 생각과 태도가 유사한 사람들이 모여들면서 사람들의 확증 편향이 더욱 강화된다. 그 결과 충분한 토론 없이 쉽게 결정을 내리고, 한번 결정된 것은 바꾸려 하지 않는 경직된 '집단사고(groupthink)', 그리고 집단의 의사결정이 구성원 개개인의 평균치보다 극단으로 치우치는 '집단 극화(group polarization)' 현상이 나타난다. 실제로 디지털 미디어를 통한 선택적 노출은 정치적인 양극화를 조장하는 경향이 강한데, 이는 매스 미디어의 영향력에서 벗어난 사람들이 거꾸로 자신들의 인식의 틀을 편협하게 만드는 미디어의 벽에 스스로 갇히는 셈이다.

그런데 인지부조화 이론에 따르면, 인지부조화를 해소하고자 하는 노력을 잘 이용하면 사람들을 변화시킬 수도 있다. 사람들에게 자신의 신념과는 반대되는 행동을 하도록 유도하게 되면 그들이 자신의 신념을 바꾸기도 한다는 것이다.

사람들은 어떤 행동을 하게 되면 그 행동을 정당화하려는 경향을 보인다. 예를 들어, 새로운 자동차를 구매한 사람이 있다고 하자. 예전에는 그 자동차에 대해 별다른 긍정적인 의견을 갖지 않았어도 이제는 그 자동차의 장점을 소개하는 정보를 찾아보면서 우수함에 대한 신념을 갖게 된다. 자기가 부정적으로 평가했던 자동차를 구매하는 일은 인지부조화를 일으키기 때문에 그 자동차에 대한 기존의 생각을 바꾸어야 하는 것이다. 즉, 특정 자동차의 구매 행위가 그 자동차에 대한 긍정적 태도를 만드

는 셈이다.

　페스팅거는 인지부조화를 해소하려는 경향이 태도의 변화를 일으킬 수 있는지를 알아보기 위해 실험을 했다.(5-9) 미국 스탠퍼드 대학교 학생들을 대상으로 1차로 아주 단순하고 지루한 일을 하게 한 후에 일정한 보수를 줄 테니까 "일이 아주 재미있다"는 말을 다음 실험 대상자들에게 해달라고 부탁했다. A, B 실험 대상자 모두 이를 수행한 이후 거짓말의 대가로 A 집단의 학생들에게는 20달러를 주고, B 집단의 학생들에게는 1달러를 주었다. 이상의 실험을 마친 후 A, B 실험 대상자들에게 일이 실제로 재미있었는지를 물어보았다. 20달러를 받은 학생들은 일이 재미없었다고 실토했지만, 1달러를 받은 학생 중 일부는 일이 정말 재미있었다고 답변했다.

　지루한 일인 것을 알면서도 그 일이 재미있다고 말하는 상황은 인지부조화를 유발한다. 20달러를 받기로 한 학생은 상당한 금전적 보상 때문에 거짓말을 했다는 핑계를 댈 수 있지만, 1달러를 받기로 한 학생은 단돈 1달러 때문에 거짓말했다고 자신을 납득시키지 못했다. 그래서 "일이 보기와는 달리 사실은 나름 재미있었다"고 생각을 바꾸는 방식으로 인지부조화를 해소하게 된다.

이처럼 사람들이 자신의 신념이나 태도와 반대되는 말을 하거나 행동을 하는 대가로 어떤 보상도 받지 못하거나 아주 적은 보상만을 받게 된다면, 자기의 행동을 정당화하기 위해 신념이나 태도를 바꿀 가능성이 커진다.

사람들이 자기 자신을 변화시키려면 인지부조화를 경험하는 것이 좋다. 내 견해와 다른 정보를 접할 때 느끼는 심리적 불편함은 자신을 객관적으로 성찰할 수 있는 기회를 제공하기 때문에 내 경험과 사고의 폭을 넓히면서 나를 정신적으로 성숙하게 만들 수 있다. 선택적 노출을 구조적으로 조장하는 디지털 미디어 안에서 나와 같은 목소리만을 들으며 안주하기보다는 불편하더라도 필터 버블을 깨뜨리고 더 넓은 세상의 다양한 의견들을 경험하고 비판적으로 수용하는 것이 개인적으로나 사회적으로나 훨씬 건강한 일일 것이다.

매스 미디어보다
오피니언 리더를 더 신뢰한다

2단계 유통이론

**대중은 믿을 만한 사람의
의견을 따른다**

1940년 미국 대통령 선거에서 발생한 유권자들의 투표행위를 분석한 폴 라자스펠드와 동료 연구자들은 『국민의 선택(*The People's Choice*)』이라는 책에서 매스 미디어보다는 사람들의 사회적 관계가 의사결정에 더 큰 영향을 미친다고 주장했다.[1]

선거 기간 중 정당의 후보자들은 매스 미디어를 통해 총력을 다해 선거

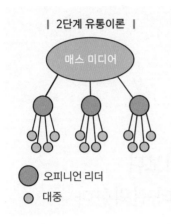

| 2단계 유통이론 |

매스 미디어

오피니언 리더
대중

5-10 2단계 유통이론.

캠페인을 펼친다. 선거 캠페인의 내용은 유권자의 의견이나 태도에 영향을 미치도록 구성되지만, 정작 유권자의 의사결정 과정에서 중요한 역할을 하는 것은 매스 미디어의 메시지가 아니라 유권자가 누구와 만나 선거에 대해 말했느냐 하는 것이다. 유권자들은 매스 미디어보다는 자기 주변에 있는 믿을 만한 사람의 의견을 더 많이 참작하는 것으로 드러났다. 라자스펠드 등은 유권자들에게 매스 미디어보다 더 큰 영향을 미치는 사람들을 '오피니언 리더(opinion leader)'라고 불렀다.

이처럼 매스 미디어의 메시지가 대중에게 한 번에 전달되는 것이 아니라 오피니언 리더를 거쳐 전달된다는 이론을 '2단계 유통이론(two-step flow of communication theory)'이라고 한다.(5-10)

2단계 유통이론에 따르면, 매스 미디어의 메시지는 미디어를 적극적으로 이용하는 오피니언 리더에 의해 먼저 수집되고 해석된 후에 오피니언 리더와 일반 대중 사이의 커뮤니케이션을 통해 사람들에게 전달된다. 많은 사람이 매스 미디어로부터 직접 정보를 수신하기보다는 오피니언 리더를 포함한 주위 사람들과의 대인 커뮤니케이션을 통해 정보를 습득하고 행동을 결정한다. 정보가 매스 미디어에서 대중에게 일직선으로 흐르는 게 아니라 오피니언 리더를 거쳐 2단계로 흐르는 것이다. 예를 들어 옷을 구입할 때 매스 미디어의 광고를 보고 어떤 옷을 살지를 결정하기보다는 가족이나 친구의 의견을 참조하거나 패션에 대해 잘 아는 친구의 조언을 따르는 경우가 더 많다. 물론, 패션 감각이 있는 친구는 평소 패션 잡지 등을 통해 옷에 대한 정보를 많이 접하는 오피니언 리더일 가능성이 크다.

라자스펠드 등이 2단계 유통이론을 발표한 것은 1940년대인데, 이 시기는 텔레비전이 중요한 미디어로 자리잡기 전이며, 신문이 가장 영향력 있는 미디어로 군림하던 때이다. 지금은 1인 미디어, 소셜미디어가 지배하는 시대이다. 우리는 많은 팔로워를 거느린 1인 미디어 크리에이터를 '인플루언서'라고 부른다. 매스 미디어는 일방적으로 메시지를 전달하는 반면에, 1인 미디어는 팔로워들과 상호작용하면서 메시지를 전달한다. 1인 미디어를 이용한 커뮤니케이션은 매스 커뮤니케이션과 대인 커뮤니케이션의 모습을 모두 갖고 있다.

인플루언서는 오피니언 리더인가, 매스 미디어인가? 우리는 텔레비전을 시청할 때보다 좋아하는 인플루언서의 콘텐츠를 보고 댓글로 소통할 때 더 많은 정보를 얻고, 판단을 내리는 데 더 큰 도움을 얻는다고 믿는다. 광고주들은 이제 매스 미디어보다는 인플루언서와의 협업을 통해 상품을 소개하는 게 더 효과적이라고 생각한다. 반면에 지배적 의견과는 다른 소수의 의견을 표출하는 1인 미디어 크리에이터들도 많다. 이렇듯 1인 미디어는 우리의 의식을 통제하는 매스 미디어의 또 다른 형태이기도 하고, 지배적 이데올로기와는 다른 의견을 표현할 수 있는 작은 공동체를 만드는 수단이기도 한 것이다.

미디어 텍스트 해독 방식, 인코딩과 디코딩

우리가 맺고 있는 사회적 인간관계 외에 우리

자신의 고유한 의견과 태도도 미디어 메시지의 영향으로부터 우리를 방어하는 역할을 한다. 영국의 문화연구자 스튜어트 홀(Stuart Hall)은 매스 미디어의 메시지가 항상 특정한 방식으로 구성되듯이, 수용자들도 메시지를 특정한 방식으로 해석한다고 주장했다. 매스 미디어는 특정한 방식으로 인코딩(encoding)한 메시지를 방출하지만, 대중도 그 메시지를 그대로 수용하는 게 아니라 특정한 방식으로 디코딩(decoding)해 수용한다는 것이다.

매스 미디어는 특정한 의미와 가치를 담은 텍스트를 생산하지만 모든 사람이 매스 미디어가 의도적으로 만든 의미와 가치를 그대로 받아들이지는 않는다. 오히려 어떤 사람은 텍스트 안에서 매스 미디어가 의도한 것과는 반대되는 의미를 발견하기도 한다. 홀이 보기에, 미디어의 수용자는 텍스트를 크게 세 가지 방식으로 해독한다.

첫 번째는 '지배적 해독(dominant reading)' 또는 '선호된 해독(preferred reading)' 방식이다. 이는 미디어가 텍스트에 집어넣은 의미와 가치를 수용자가 그대로 받아들이는 방식으로 텍스트를 이해하는 것이다. 수용자는 텍스트를 읽으면서 미디어가 의도하고 선호하는 방식대로 의미를 해석한다. 일반적으로 매스 미디어와 수용자가 동일한 사회적 가치와 문화를 공유하고 있거나 메시지가 단순하고 명확할 때 선호된 해독이 일어나기 쉽다.

두 번째는 '협상된 해독(negotiated reading)' 방식이다. 이는 수용자가 매스 미디어가 생산한 의미와 가치를 어느 정도 받아들이면서도 상반되는 의미와 가치를 일부 덧붙여서 텍스트를 해독하는 것이다. 텍스트의 해독 과정에서 상충하는 의미와 가치들 사이의 타협과 교섭이 일어나는 셈이다. 매스 미디어와 수용자가 전반적으로 비슷한 사회적 가치와 의미를 공유하지만, 세부적인 점에서는 차이를 보일 때, 또는 텍스트의 구성 방식이 조금 복잡할 때 협상된 해독이 일어나기 쉽다.

세 번째는 '상반된 해독(oppositional reading)' 방식이다. 이는 매스 미디어가 의도한 지배적 해독을 수용자가 거부하고, 자신의 의견대로 텍스트의 의미를 해독하는 것이다. 매스 미디어가 제안하는 지배적인 의미와는 상반되는 의미를 텍스트에서 읽어낸다는 점에서 지배적 이데올로기에 대항하는 해독 방식이라고 할 수 있다. 매스 미디어와 수용자가 같은 사회적 가치와 의미를 공유하지 않거나 텍스트의 구성 방식이 너무 어려울 때 상반된 해독이 일어날 수 있다.

1996년 영화 〈인디펜던스 데이(Independence Day)〉에서는 미국 대통령이 직접 전투기를 몰고 외계인과 싸울 정도로 미국의 주도하에 지구를 침공한 외계인 군단을 물리친다.[5-11] 미국 대통령은 전투를 앞둔 연설에서 "오늘은 미국만의 독립기념일이 아니라 전 세계의 독립기념일"이라고 선언한다.

미국 영화사가 미국인 감독과 미국인 배우들을 고용해 제작한 이 영화는 세계를 지배하는 미국의 우월함을 가감없이 보여준다. 이와 같은 의미와 가

5-11 영화 〈인디펜던스 데이〉에서 미국 대통령이 전투를 앞두고 연설하는 장면.

치를 그대로 수용하는 방식으로 영화를 보았다면 '선호된 해독'을 한 것이다. 미국의 문화와 가치를 공유하는 대다수의 미국인은 아마도 선호된 해독을 했을 것이다. 반면에, 미국의 우월함에 대한 메시지를 어느 정도 받아들이면서 다른 나라에서도 외계인 함선을 멋지게 격퇴하는 장면이 영화에 나온다는 점에 주목하면서 갈등과 반목을 극복하고 전 세계인이 합

심하자는 의미로 영화를 해석하는 사람도 있을 수 있다. 미국에 우호적인 생각을 가진 사람들은 이러한 '협상된 해독'을 할 것이다. 한편 다른 사람들은 이 영화에서 세계를 통치하려는 미국의 오만함과 패권주의를 발견할 수도 있다. 미국에 적대적이거나 비판적인 의견을 가진 사람들은 이와 같은 '상반된 해독'을 할 것이다.

미디어가 대중의 의식을 통제하면서 권력에 순종하는 존재로 만드는 역할을 어느 정도 한다고 해도 여전히 독재 권력에 저항하는 사람들이 있고, 반정부 운동을 펼치는 사람들도 있다. 미디어는 우리 생각만큼 완전하게 우리의 의식을 지배하지는 못한다. 우리는 어떻게 미디어의 강력한 영향력에서 벗어나 자신의 생각을 지킬 수 있을 것인가?

이 질문에는 크게 두 가지의 답변이 가능하다. 하나는 우리가 각각 고립된 채 홀로 미디어에 맞서지 않는다는 것이다. 우리는 어떤 방식으로든 다른 사람들과 상호작용하며 살아간다. 우리를 둘러싼 사회적 관계가 미디어의 압력을 막는 완충제 역할을 한다. 다른 하나는 우리가 이미 고유한 의견과 태도를 가지고 있다는 점이다. 아무것도 모르고 생각 없이 미디어의 메시지를 받아들이는 사람은 없다. 미디어를 접하는 순간 우리는 거의 직관적으로 마음에 드는 메시지와 들지 않는 메시지를 구분한다. 우리가 가진 편견은 미디어의 메시지를 걸러주는 심리적 보호막 같은 역할을 한다.

이와 같이 미디어가 생산하는 의미는 수용자가 가진 속성이나 사회관계망에 따라 다르게 해석될 수 있다. 수용자의 나이·젠더·계급·신념·문화·경험·기분뿐만 아니라 수용자가 속한 집단의 성격은 매스 미디어 텍스트를 해독하는 과정에 영향을 미치는 요소들이다.

의제의 수동적 소비자에서
능동적 생산자가 된 대중

의제설정 이론

사회적 의제가
만들어지는 과정

1986년 10월 30일 한국 정부는 북한이 금 강산 근처에 커다란 댐을 만든 후 무너뜨려 서울을 엄청난 양의 물에 잠 기게 할 계획이라고 발표했다. 그러자 그 당시의 언론 미디어는 정부의 발 표를 대대적으로 보도했을 뿐만 아니라, 금강산댐의 수공 가능성과 예상 되는 피해에 대해 특집 기획 기사와 특집 프로그램을 만들어 여러 날에

5-12 미국 지상관측 위성에서 바라본 북한의 금강산댐
(임남댐) 입면 모형.

5-13 평화의 댐 하류 전경(1987~2005). 강원도 화천군
소재. ⓒBaeksu

걸쳐 상세히 보도했다. 금강산댐을 이용한 북한의 수공 위협은 순식간에 모든 국민의 뜨거운 관심사이자 걱정거리로 떠올랐다.(5-12)

그 대응책으로 평화의 댐 건설 계획이 발표되자 언론 미디어는 이를 홍보하는 기사들을 쏟아내기 시작했고, 성금 모금 운동을 이끌었다. 그리하여 그 당시 무려 600억 원이 넘는 성금이 걷혔다.(5-13)

냉정하게 사안을 조사하고 분석했으면 금강산댐의 수공 위협은 터무니없는 망상에 가깝다는 사실을 알 수 있었지만, 그때의 언론 미디어는 금강산댐의 건설과 수공 위협을 매우 중요한 사회적 의제로 제시했고, 여론의 흐름을 주도하면서 성금 모금과 같은 사회적 운동을 만들어냈다. 이는 정부가 정치적 목적을 달성하기 위해 언론 미디어를 이용해 의제를 설정하고 논의를 주도한 결과였다. 나중에 금강산댐을 이용한 북한의 수공 위협은 정부와 언론 미디어가 결탁해 여론을 조작하고 국민을 통제하기 위해 벌인 사건이었다는 것이 드러났다.

언론 미디어가 어떤 사건을 집중적으로 보도하기 시작하면, 사회적으로 관심을 받지 않던 사건도 모든 사람이 이목을 집중시켜 지켜보는 중요한 사회적 의제가 된다. 이러한 이유 때문에 자기가 당면한 문제를 사회적 의제로 공론화시키기 위해 언론 미디어를 이용하려는 사람이 적지 않다. 이들은 언론사에 자신이 가진 정보를 제공하고 보도를 요구한다.

　세상에서는 매일 수많은 사건이 발생하지만, 그 모든 사건이 언론을 통해 보도되는 것은 물리적으로 불가능하다. 신문은 지면의 수가 정해져 있고, 방송 뉴스의 시간도 한정되어 있기 때문에 언론 미디어에서 뉴스가 될 만한 사건을 취사선택하는 것은 당연한 일이다. 문제는 누가 어떤 이유로 뉴스가 될 것과 되지 않을 것을 판단하고 결정하느냐 하는 것이다.

　하나의 사건이 발생한 후에 일반 대중이 언론 미디어를 통해 그 사건에 대해 인지하게 될 때까지 사건은 여러 사람의 손을 거친다. 사건을 언론에 알린 사람, 사건을 취재한 사람, 기사를 작성한 사람, 작성된 기사를 평가한 사람, 기사를 보도하기로 결정한 사람, 기사를 편집한 사람 등 수많은 사람이 뉴스의 탄생 과정에 개입한다.

언론사마다 다른 내용의 뉴스가
보도되는 이유

　　　　　일단 발생한 사건은 여러 사람의 손을 거치면서 처리되는데, 이 과정에서 어떤 사건은 뉴스로 가공되어 보도되고 어떤 사건은 폐기된다. 사건이 뉴스로 보도되기 위해서는 여러 관문(gate)을 거쳐야 하는 것이다. 각 관문에는 사건의 뉴스 가치를 판단하는 사람이 정보의 흐름을 관리한다. 그가 바로 문지기, 즉 '게이트키퍼(gatekeeper)'이다. 정보가 언론 미디어를 통해 대중에게 공개되기 위해 게이트키퍼의 손을 거치면서 취사선택되고 여과되는 과정을 '게이트키핑(gatekeeping)'

이라고 한다.

게이트키핑은 사건에 대한 정보 입수부터 취재, 기사 작성, 수정, 제목 달기, 편집, 보도 결정에 이르는 언론 활동의 모든 단계에서 발생한다. 게이트키핑 과정을 통해 보도되는 사건만이 대중에게 알려진다는 점에서 게이트키핑은 특정한 정보만을 대중이 접촉하게 만듦으로써 사회에 대한 대중의 지식과 의견을 통제하게 되는 매우 중요한 과정이다. 게이트키퍼의 직업적 신념, 사회적 편견, 그리고 내외부의 압력 등이 어떤 뉴스가 대중에게 전달될지를 결정하는 중요한 요인이 된다.

일반적으로는 '데스크(desk)'라고 불리는 언론사의 간부와 언론 발행인이 중요한 게이트키퍼의 역할을 한다. 언론사마다 게이트키퍼의 의견과 태도가 다르기 때문에 정보의 취사선택과 여과 과정에서 뚜렷한 차이가 발생한다. 이러한 이유로 동일한 사건에 대해 언론사마다 다른 내용의 뉴스가 만들어지는 것이다.[5-14]

인터넷 미디어와 소셜미디어의 사용이 일반화되면서 언론사의 게이트키핑에도 변화가 생기고 있다. 디지털 미디어를 통해 언론과 수용자 사이

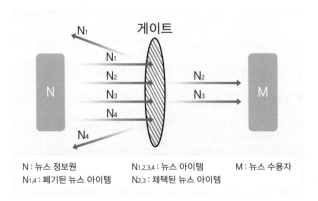

N : 뉴스 정보원 　N1,2,3,4 : 뉴스 아이템 　M : 뉴스 수용자
N1,4 : 폐기된 뉴스 아이템 　N2,3 : 채택된 뉴스 아이템

5-14 게이트키핑 이론.

의 상호작용이 가능해지면서 수용자가 게이트키퍼의 역할을 수행하는 현상이 나타나는 것이다. 더불어 일반 수용자들이 댓글 등을 통해 표출한 뉴스에 대한 의견을 언론사가 반영해 내용을 수정하는 일이 일어나고 있다. 또한 소셜미디어에 특정 뉴스를 공유하거나 뉴스를 재처리해 매개하는 방식을 통해 실질적인 게이트키핑이 이루어진다. 일반 수용자가 특정 사건에 대한 특정한 관점의 정보를 지배적인 뉴스로 만들어 정보의 흐름을 통제하는 것이다.

언론은 보도할 사건과 폐기할 사건을 선택함으로써 어떤 사건이 더 중요한지를 정해준다. 또한 언론이 특정한 주제를 선택한 후에 집중적으로 다루는 일도 흔한데, 이때 사람들은 언론이 대대적으로 보도하는 주제가 사회적으로 모든 사람이 관심을 가져야 하는 매우 중요한 주제라고 판단하게 된다.

언론이 중요하게 다루는 의제를 사람들도 중요한 것으로 받아들이는 현상을 언론이 가진 '의제설정(agenda-setting)' 기능이라고 한다. 1972년 미국의 커뮤니케이션학자 맥스웰 매콤(Maxwell E. McCombs)과 도널드 쇼(Donald L. Shaw)가 제기한 의제설정 이론에 의하면, 언론은 사회적으로 중요한 의제가 무엇인지를 결정함으로써 사람들에게 무엇에 대해 생각해야 하는지를 알려준다.[2]

언론이 중요하다고 제안하는 의제를 '미디어 의제(media agenda)'라고 하고, 사람들이 중요하다고 생각하는 의제를 '공중 의제(public agenda)'라고 한다. 의제설정 이론은, 간단히 말하면 미디어 의제가 공중 의제를 결정한다는 주장이다. 시간적으로 미디어 의제가 먼저 제안되고 나중에 같은 의제가 공중 의제로 거론된다면 언론이 공중 의제의 형성에 영향을 주었다고 말할 수 있다. 반대로 어떤 주제가 사회적으로 중요한 것으로 논

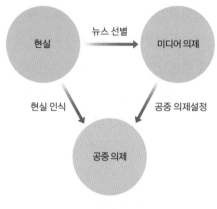

현실 ── 뉴스 선별 → 미디어 의제

현실 인식 ↓   ↓ 공중 의제설정

공중 의제

5-15 의제설정 이론.

의되고 있었는데, 언론이 나중에 그것을 보도한다면, 미디어 의제는 단순히 공중 의제를 반영한 것에 불과하게 된다. 이 경우에는 언론의 의제설정 기능이 없다고 할 수 있다.(5-15)

스스로 의제를 설정하는
대중들

의제설정 기능을 좀 더 자세히 살펴보면, 두 단계로 구분할 수 있다. 제1단계는 중요하게 논의해야 할 의제가 무엇인지를 알려주는 단계이다. 제2단계는 의제의 어떤 점에 주목해야 하는지를 알려주는 단계이다.

의제의 여러 속성 중에서 특정한 속성을 강조함으로써 사람들이 특정한 관점에서 의제에 접근하도록 하는 것을 '속성 의제설정 기능(attribute agenda-setting function)'이라고 한다. 이는 특정한 의제에 대해 어떻게 생각해야 하는지를 알려주는 기능이다. 예를 들어 2022년 이태원 10·29

참사처럼 많은 사람이 사고로 희생당하는 사건이 일어났을 때, 언론은 사건과 관련해 책임자의 처벌 문제라는 속성을 더 많이 다룰 수도 있고, 사건의 원인을 밝히는 문제라는 속성을 더 중요하게 다룰 수도 있다.

또한 사건을 바라보는 관점이 무엇이냐에 따라 사건의 모습이나 내용이 달라질 수도 있다. 사람들은 대개 하나의 정해진 관점에 따라 사건을 이해하는 경향이 있다. 이처럼 사건을 바라보는 정해진 관점을 틀, 즉 '프레임(frame)'이라고 한다. 어떤 프레임을 통해 사건을 바라보고 해석하느냐에 따라 사건의 의미가 달라진다. 특히 언론 활동과 관련해 언론이 사건의 특정한 측면을 선택해 강조함으로써 사람들이 사건을 특정한 방식으로 보고 이해하도록 만드는 작업을 '프레이밍(framing)', 즉 틀짓기라고 한다.

언론 활동에서 의제설정과 프레이밍은 상당히 비슷한 기능처럼 보인다. 특히 속성 의제설정 기능과 프레이밍은 명확히 구분하기 어려울 정도로 유사하다. 굳이 구분하자면 속성 의제설정 기능은 의제 자체가 가진 속성 중의 하나를 강조하는 기능이라 할 수 있고, 프레이밍은 사건을 바라보는 시각의 틀을 만드는 작업이라고 할 수 있다.

속성 의제설정 기능과는 달리 프레이밍은 사건의 의미 자체를 다르게 해석하도록 만든다. 예를 들어 다면체에 대한 정보를 제공한다고 할 때, 속성 의제설정 기능은 다면체의 밑면에 주목하느냐, 윗면에 주목하느냐에 영향을 주는 것이지만, 프레이밍은 다면체를 사각형으로 보이게 하느냐, 삼각형으로 보이게 하느냐를 정해주는 것이라고 할 수 있다. 산에 케이블카를 설치하는 계획을 지역 경제발전이라는 프레임으로 보도하는 것과 자연훼손이라는 프레임으로 보도하는 것은 케이블카 설치라는 사건의 의미 자체를 완전히 다르게 해석하게 만든다. 흔히 언론은 세상을 보여주는 창이라고 한다. 그 창을 누가 어떤 모양으로 만들어 어느 방향을 향하게 하느냐에 따라 보이는 세상의 모습이 달라질 것이다.

인터넷과 소셜미디어 등의 디지털 미디어가 사회적 커뮤니케이션 과정에서 지배적인 미디어로 자리잡으면서 의제설정의 영향력 부분도 달라졌다. 의제설정에서 레거시 미디어의 역할이 약해지고, 디지털 미디어의 역할이 커지고 있다. 개인들이 주로 사용하는 소셜미디어 등에 의해 의제가 설정되고 레거시 미디어가 그 의제를 따라가는 '역의제설정(reverse agenda-setting)' 현상이 일어나는 것이다. 인터넷이나 소셜미디어 등을 통해 개인들 사이에서 화제가 되고 중요한 문제로 여겨지는 사건이 언론 미디어에 의해서도 중요한 의제로 다루어지는 일은 이제 흔히 볼 수 있는 현상이다.

2000년대에 들어서 한국에서는 연예인과 운동선수들의 과거 학창 시절의 '학교폭력'이 중요한 사회적 의제로 다루어졌다. 유명인들로부터 학교폭력을 당한 경험이 있는 피해자들이 SNS와 인터넷 커뮤니티 사이트 등을 통해 당시 상황을 폭로하면서 가해자에 대한 비난 여론이 형성되었다. 유명인이 연루된 학교폭력 사건이 디지털 미디어를 통해 알려지면서 대중의 비판이 커지자 레거시 미디어에서도 학교폭력을 중요한 의제로 다루기 시작했다.

역의제설정 현상은 오랜 시간 레거시 미디어의 수동적인 소비자로만 머물렀던 대중이 디지털 미디어를 이용해 자신의 의제를 스스로 설정하는 능동적 생산자의 위치에 올랐음을 잘 보여준다. 사회적 의제를 적극적으로 발굴하고 여론을 주도하는 역할을 레거시 미디어가 아니라 미디어 이용자들이 담당한다는 것은 디지털 미디어 환경이 만들어낸 새로운 커뮤니케이션 현상이다.

당신은 왜 미디어를
이용하는가

이용과 충족 이론

미디어를 이용하는
다양한 이유

　　　　　　　"당신은 왜 텔레비전을 보는가? 무엇을 하기 위

해서 소셜미디어를 이용하는가?"

　사람들은 저마다 자신만의 욕구와 필요를 해결하기 위해 미디어를 이

용한다. 한국언론진흥재단에서 발표한 〈2022년 10대 청소년 미디어 이

용 조사〉 결과에 따르면, 10대 청소년이 SNS를 이용하는 이유는 다양하

(단위: %)	전체	성별		학교급		
		남성	여성	초등학생	중학생	고등학생
사례수	1,952	930	1,022	346	775	831
다양하고 재미있는 콘텐츠가 많아서	64.4	61.0	67.5	52.3	67.0	67.0
또래 친구들, 또는 다른 사람들과 소통하기 위해서	58.6	54.6	62.2	42.8	62.0	62.0
친구들의 최신 소식을 알고 싶어서	43.6	38.8	47.9	29.3	45.0	48.2
새로운 정보나 뉴스를 얻기 위해서	40.3	38.6	41.9	25.3	43.4	43.6
관심사를 공유하기 위해서	28.5	17.8	38.3	23.1	29.5	29.9
나의 일상생활에 관한 글이나 사진을 공유하기 위해서	24.9	17.1	32.1	18.7	21.9	30.3
스트레스를 해소할 수 있어서	15.8	13.7	17.7	16.9	17.3	14.0
나 자신을 잘 표현할 수 있는 공간이라서	13.8	8.3	18.7	14.6	13.0	14.1
공부에 도움이 되어서	5.2	5.3	5.1	6.5	5.8	4.2
기타	5.7	8.8	2.9	10.9	5.1	4.1

5-16 "성별/학교급별 SNS 이용 이유", 〈2022 10대 청소년 미디어 이용 조사〉, 한국언론진흥재단, p.105.

다.(5-16) 청소년들은 "다양하고 재미있는 콘텐츠가 많아서"(64.4%), "또래 친구들, 또는 다른 사람들과 소통하기 위해서"(58.6%), "친구들의 최신 소식을 알고 싶어서"(43.6%), "새로운 정보나 뉴스를 얻기 위해서"(40.3%), "관심사를 공유하기 위해서"(28.5%), "나의 일상생활에 관한 글이나 사진을 공유하기 위해서"(24.9%), "스트레스를 해소할 수 있어서"(15.8%), "나 자신을 잘 표현할 수 있는 공간이라서"(13.8%), "공부에 도움이 되어서"(5.2%) 등의 이유로 SNS를 이용한다고 답변했다.

SNS 이용 이유와 관련해서 성별에 따른 차이가 뚜렷하게 나타난다. 여성 청소년의 경우에, "관심사를 공유하기 위해서", "나의 일상생활에 관한 글이나 사진을 공유하려고", "나 자신을 잘 표현할 수 있는 공간이라서"라고 답변한 비율이 남성 청소년에 비해서 두 배 정도 더 높았다. 특히 전체 순위에서 "나 자신을 잘 표현할 수 있는 공간이라서"는 "스트레스를 해소할 수 있어서"보다 한 단계 낮았지만, 여성 청소년이 선택한 이유의 순위에서는 "스트레스를 해소할 수 있어서"보다 한 단계 높았다. 이는 자신의 감정과 생각을 표현하고 남과 공유하고자 하는 욕구가 남성 청소년보다는 여성 청소년에게서 더 크게 나타난다는 점을 보여준다.

20세기 초부터 매스 미디어를 중심으로 미디어의 효과가 강한지 약한지를 설명한 이론들은 모두 미디어가 어떤 목적을 갖고 어떤 메시지를 어떤 방식으로 대중에게 전달하는지에 주목했다. 즉, 미디어가 사람들에게 무엇을 하는지에 주목한 것이다. 그래서 미디어가 처음 의도했던 목적대로 대중의 태도나 행동이 바뀌었다면, 미디어의 효과는 강력하다고 평가되었다. 반면, 사람들의 개인적 속성이나 사회관계 때문에 미디어가 처음 의도한 목적대로 대중이 변화하지 않았다면 미디어의 효과는 약하다고 판단되었다.

미디어 이용자의 관점으로 바라본 미디어의 효과

1970년대에 들어서 미디어 연구자들은 미디어의 효과에 대해 접근하는 관점을 달리 하기 시작했다. "미디어가 사람들에게 무엇을 하는가?"라는 질문에서 출발하지 않고, "사람들이 미디어를 가지고 무엇을 하는가?"라는 질문을 제기했다. 즉, 미디어 이용자의 관점에서 미디어의 효과에 대해 접근한 것이다. 이러한 과정에서 도출된 이론이 '이용과 충족 이론(uses and gratifications theory)'이다.

이용과 충족 이론에서 먼저 던지는 질문은 "왜 사람들은 미디어를 이용하는가?"이다. 이 질문은 바꿔 말하면 "미디어를 이용하도록 사람들에게 동기를 부여하는 것은 무엇인가?"이다. 마지막 질문은 "미디어를 이용함으로써 충족되는 것은 무엇인가?"가 될 것이다.

이용과 충족 이론을 발전시키는 데 기여했던 엘리후 카츠(Elihu Katz), 제이 블럼러(Jay Blumler) 등의 학자는 이용과 충족 이론이 구성되기 위해서는 다음과 같은 다섯 가지의 전제가 필요하다고 말했다.[3]

1. 사람들은 미디어가 만든 메시지를 수동적으로 받아들이는 존재가 아니라 자신의 욕구를 충족하기 위해 미디어를 선택하고 이용하는 능동적 소비자이다. 미디어 이용자는 특정 미디어를 선택할 때 자신의 목적이 무엇인지를 인지하고 있고, 자신이 선택한 미디어를 통해 그 목적을 달성하는 것을 목표로 한다.
2. 미디어 이용자는 욕구 충족과 미디어 선택을 연결하는 과정에서 주도권을 가진다. 그는 자신이 선택한 미디어에서 얻을 수 있는 이익을 잘 알고 있기 때문에 미디어의 영향을 받을 가능성이 전혀 없다. 또한 미디어가 제시하는 의견보다는 이용자의 주관적인 의견이 더 우세하다.
3. 이용자의 욕구 충족과 관련해 미디어는 다른 것들과 끊임없이 경쟁한다. 이용자의 관심과 욕구는 다양하며, 이를 충족시킬 수단도 여러 개가 존재한다. 미디어는 욕구 충족을 위한 여러 수단 중의 하나일 뿐이다.
4. 미디어를 이용하는 목적은 무수히 많으며, 그 목적에 대한 정보는 이

용자가 제공한다. 이용자는 자신이 미디어를 선택하는 동기를 알고 있으며, 필요할 때 그것을 완벽하게 표현할 수 있다.

5. 미디어 콘텐츠의 문화적 중요성에 대한 가치판단은 이용자가 내리는 것이다. 이용자는 자신이 듣거나 보는 미디어 콘텐츠의 진정한 가치를 평가할 수 있는 유일한 존재이다.

이와 같은 다섯 가지 전제에서 보이듯이, 이용과 충족 이론은 사람들을 자신의 욕구를 충족시키기 위해 미디어를 선택하고 이용하는 능동적인 존재로 간주한다. 사람들은 자신의 욕구가 무엇인지 잘 알고 있을 뿐 아니라 그 욕구를 충족시키기 위해 어떤 미디어를 선택할 것인지도 주도적으로 결정한다. 당연히 미디어 콘텐츠가 좋은지, 나쁜지를 평가하는 가치판단도 이용자가 스스로 내린다.

그렇기 때문에 미디어의 기능과 효과는 미디어가 자체적으로 가진 속성이라기보다는 사람들이 미디어를 이용하는 과정에서 나타나는 결과라고 할 수 있다. 사람들이 미디어를 이용하지 않는다면 미디어의 기능과 효과도 없는 셈이다. 예를 들어 텔레비전 뉴스가 정보를 제공하는 기능을 하려면, 사람들이 정보를 얻기 위해 텔레비전 뉴스를 이용해야 한다. 이처럼 이용과 충족 이론은 미디어와 수용자 사이에 유지되던 기존의 관계를 역전시킨다.(5-17)

이용과 충족 이론에 따르면, 사람들이 미디어를 이용하는 동기나 이유는 크게 네 가지로 분류될 수 있다.

1. 지식 추구: 정보를 얻거나 교육을 받고자 하는 욕구
2. 오락: 놀이로 시간을 보내거나 정서적·미적 쾌락을 얻고자 하는 욕구

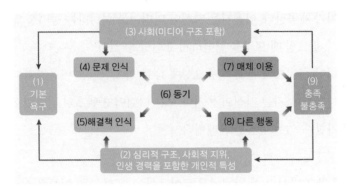

5-17 이용과 충족 이론의 주요 요소와 관계. 출처: Rosengren & Windahl, 1974.

3. 정체성 형성: 개인적 정체성이나 가치관을 구성하거나 강화하고자 하는 욕구

4. 사회관계 유지: 타인과 교제하거나 인간관계를 강화하고 확대하고자 하는 욕구

　앞에서 우리가 살펴본 한국의 10대 청소년이 SNS를 이용하는 이유도 위의 네 가지 동기로 분류될 수 있다. "새로운 정보나 뉴스를 얻기 위해서" 와 "공부에 도움이 되어서"는 지식 추구의 동기이고, "다양하고 재미있는 콘텐츠가 많아서"와 "스트레스를 해소할 수 있어서"는 오락의 동기이다. "나의 일상생활에 관한 글이나 사진을 공유하기 위해서"와 "나 자신을 잘 표현할 수 있는 공간이라서"는 정체성 형성의 동기이다. 마지막으로, "또 래 친구들, 또는 다른 사람들과 소통하기 위해서", "친구들의 최신 소식을 알고 싶어서", "관심사를 공유하기 위해서"는 사회관계 유지의 동기에 해 당한다.

　청소년들이 어떤 동기를 갖고 SNS를 이용하느냐에 따라 SNS의 기능

과 효과가 나타난다. 성별에 따라 SNS 이용 동기에 차이가 나타난다는 점은 SNS의 기능과 효과도 이용자의 성별에 따라 달라질 수 있다는 것을 의미한다. 결국, 미디어 이용자가 스스로 정의한 필요와 목표에 따라 이용 동기가 부여되고, 이용 동기가 얼마나 강하냐에 따라 미디어의 기능과 효과도 커진다. 이용자에 의해 선택받지 않은 미디어의 효과는 매우 약할 수밖에 없지만, 이용자가 강한 이용 동기를 갖고 선택하고 이용하는 미디어의 효과는 매우 강력해진다고 할 수 있다.

미디어는 현실세계의
이미지를 구성한다

문화계발 효과 이론

미디어가 만든
이미지의 영향력

2021년 여성가족부가 제작한 젠더 폭력 근절 캠페인 영상에 출연한 한 여성 가수는 "어두워져서 집에 들어갈 때마다 항상 '내가 오늘도 안전하게 살아서 잘 들어갈 수 있을까?' 이러한 생각을 하면서 들어간다"고 말했다. 이 말은 2020년대 한국에서 치안과 관련해 여성이 느끼는 불안감을 단적으로 드러낸다.

범죄 발생 인식 및 범죄 두려움에 대한 응답								(단위: %)
			매우 감소할 것	약간 감소할 것	변화 없을 것	약간 증가할 것	매우 증가할 것	평균 (5점 척도)
향후 범죄 증감 인식	우리나라 전체의 범죄	전체	0.5	8.3	45.3	41.7	4.2	3.41
		남자	0.4	8.8	45.5	41.0	4.2	3.40
		여자	0.6	7.9	45.0	42.3	4.2	3.42
			전혀 그렇지 않다	그렇지 않은 편이다	보통	그런 편이다	매우 그렇다	평균 (5점 척도)
범죄에 대한 일반적 두려움	밤에 혼자 동네 골목길을 걸을 때 두렵다	전체	25.2	38.8	21.6	12.7	1.6	2.27
		남자	35.7	42.5	16.4	4.9	0.6	1.92
		여자	14.9	35.2	26.9	20.4	2.6	2.61

5-18 참조: 한국형사·법무정책연구원, 〈전국범죄피해조사 2020: 분석보고서〉, 2021.

한국형사·법무정책연구원이 발행한 〈전국범죄피해조사 2020: 분석보고서〉에 따르면, 한국 전체의 범죄 발생이 증가할 것이라고 응답한 비율(45.9%)이 감소할 것이라고 응답한 비율(8.8%)보다 훨씬 더 높았다. 성별로 보면, 남성보다는 여성에게서 범죄 발생이 증가할 것이라고 응답한 비율이 더 높았다. "밤에 혼자 동네 골목길을 걸을 때 두렵다"라는 문항에 남성은 5.5%만이 그렇다고 응답한 반면, 여성은 23%가 그렇다고 응답했다. 재산범죄, 폭력범죄, 성폭력범죄와 같은 구체적 범죄의 피해자가 될 수 있다는 두려움도 남성보다는 여성에게서 더 크게 나타났다.[4](5-18)

한국은 세계적으로 치안이 좋은 나라에 속하며 강력범죄의 발생도 증가폭이 적은 편이다. 밤에 집에 들어갈 때마다 안전하게 돌아갈 수 있을지를 걱정할 수준의 나라는 분명히 아니다. 그럼에도 언제든지 범죄의 피해자가 될 수 있다는 두려움을 가진 여성이 많은 이유는 무엇일까?

범죄 피해에 대해 남성보다는 여성이 더 큰 두려움을 느끼는 이유는 여러 가지가 있겠지만, 크게 두 가지 이유를 생각해볼 수 있다. 첫째, 실제 범죄에서 남성보다는 여성이 피해자가 되는 비율이 높다. 예를 들어 2020년 폭력범죄의 경우, 남성은 피해자의 32.7%를 차지하는 반면, 피해자의 67.3%는 여성이다. 게다가 가해자의 86.1%가 남성이다. 주로 남성이 가하는 폭력의 주된 피해자가 여성인 셈이다. 범죄로 인한 피해를 경험한 여성이 많기 때문에 범죄를 당할 수 있다는 두려움도 여성이 더 크게 느끼게 되는 것이다.[5]

둘째, 여성에 대한 범죄를 다루는 미디어 콘텐츠가 많이 제작되고 소비될수록 범죄에 대한 여성의 두려움이 커질 수 있다. 현실에서 여성이 남성보다 범죄의 피해자가 되는 경우가 많은 상황에서, 여성을 피해자로 묘사하는 미디어 콘텐츠에 자주 노출되다 보면 범죄에 대한 두려움이 증폭될 수 있다. 실제로 범죄 피해를 경험한 사람이 그렇지 않은 사람보다 범죄에 대한 더 큰 두려움을 느끼며, 범죄를 다루는 미디어 콘텐츠에 많이 노출될수록 범죄에 대한 두려움을 더 크게 느낀다.[6]

폭력이나 범죄를 재현하는 미디어 콘텐츠를 자주 접하게 되면, 우리는 바깥세상을 실재보다 더 위험한 것으로 인식하게 될 가능성이 커진다. 더구나 실제로 조그마한 폭력이라도 경험한 사람이 미디어를 통해 폭력적인 콘텐츠를 자주 접하게 되면, 세상을 위험한 곳이라고 생각할 가능성이 커진다. 극단적으로는 "이불 밖은 위험해"라고 외치며 외출을 꺼릴 수도 있다.

이처럼 미디어가 현실세계에 대한 특정한 정보와 이미지를 전달해서 현실에 대한 대중의 의견이나 생각을 구성하는 데 강력한 영향력을 발휘한다고 주장하는 이론을 '문화계발 효과 이론(배양 이론, cultivation theory)'이라고 한다.

주류 의견에 동조하게 만드는
매스 미디어

　　　　　　1960년대에 미국의 커뮤니케이션학자 조지 거브너(George Gerbner, 1919~2005)는 오랜 기간 지속적이고 집중적으로 미디어에 노출된 사람들은 그들이 소비하는 미디어가 보여주는 세계의 모습을 현실의 모습으로 인식할 가능성이 크다고 주장하면서, 이를 미디어의 '문화계발 효과'라고 불렀다.(5-19) 대중이 현실세계에 대해 가진 이미지는 실제 현실의 모습이라기보다는 미디어가 전달하고 보여주는 세계의 모습이라는 것이다. 거브너는 당시의 지배적인 미디어였던 텔레비전을 예로 들면서 사람들이 텔레비전을 시청하는 시간이 많을수록 사회 현실이 텔레비전에 묘사된 세계의 모습과 일치한다고 믿을 가능성이 크다고 주장했다.

　거브너는 텔레비전 콘텐츠가 보여주는 폭력이 미국 시청자에게 미치는 영향을 조사했다. 사회에서 일어나는 폭력과 관련해 텔레비전을 하루에 2시간 미만 시청하는 경시청자와 4시간 이상 시청하는 중시청자를 비교했을 때, 중시청자는 경시청자보다 세상이 실제 현실보다 더 폭력적이고 더 위험하다고 믿는 경향이 있었다. 경시청자들은 일주일 안에 자신이 폭

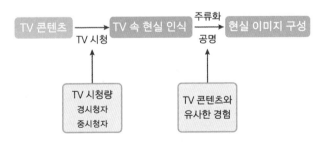

5-19 거브너의 문화계발 효과.

력의 피해자가 될 확률이 100분의 1이라고 예측했다. 반면에, 중시청자들은 일주일 안에 자신이 폭력 사건에 연루될 가능성이 10분의 1이라고 믿었다. 실제 통계에 따르면, 당시 평범한 미국인이 일주일 안에 폭력 사건의 희생자가 될 확률은 1만분의 1 정도였다. 텔레비전 뉴스를 많이 보는 사람들은 범죄율과 개인적 범죄 노출 위험을 과대평가하고, 길거리의 안전을 과소평가하는 경향이 있었던 것이다.

거브너는 텔레비전과 같은 매스 미디어가 보여주는 세상의 모습은 비슷하기 때문에 매스 미디어의 콘텐츠를 과다하게 지속적으로 보게 되면 누구나 세상에 대해 비슷한 이미지를 갖게 된다고 생각했다. 거브너는 이를 '주류화(mainstreaming) 현상'이라고 불렀다. 서로 다른 의견과 생각을 가진 사람들도 계속 같은 세상을 보여주는 매스 미디어에 지속적으로 노출되면 결국 세상에 대한 같은 생각과 의견을 공유하게 된다는 것이다. 매스 미디어가 세계에 대한 지배적인 주류의 생각과 의견을 만들어 유통하기 때문에 매스 미디어에 반복적이고 지속적으로 노출되는 사람들은 자연스럽게 주류 의견에 동조하면서 주류화된다.

게다가 매스 미디어에서 보던 것과 유사한 사건을 현실세계에서도 경험하게 되면, 사람들은 매스 미디어의 세계를 더욱더 현실이라고 믿게 된다. 거브너는 이를 '공명(resonance) 현상'이라고 불렀다. 매스 미디어가 제공하는 사건과 현실의 사건이 일치하면서 사건에 대한 현실감이 증폭되는 현상이 바로 공명이다.

누구나 살다 보면 사소한 폭력 사건에 휘말려 피해를 입거나 폭력을 목격하는 경험을 할 수 있다. 그런 경험을 가진 사람이 매스 미디어를 통해 반복적으로 폭력적인 장면을 보게 되면, 현실에서 경험한 사건을 머릿속에서 지속적으로 재생하게 되고, 결국 현실세계를 실재보다 훨씬

더 위험한 곳으로 인식하게 된
다.(5-20)

우리는 영화나 텔레비전 드
라마 또는 뉴스 등을 통해 미
국에서 일어나는 범죄와 폭력
에 대한 이야기를 지속적으로
접하면서 산다. 이는 미국은 총
기 사건이 쉽게 발생하는 대단
히 위험하고 안전하지 못한 나
라라는 이미지를 형성시킨다.
우리 중 실제로 미국 생활을 해
본 사람은 매우 적기 때문에 우
리가 아는 미국은 미디어를 통

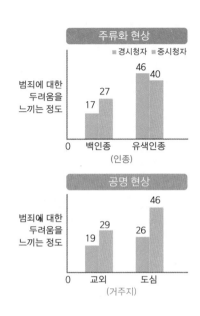

5-20 주류화 현상과 공명 현상.

해 접한 미국일 수밖에 없다. 한국을 보는 외국인의 입장도 마찬가지이다.
북한과의 대치 상황에서 크고 작은 분쟁이 발생하는 것을 뉴스 등을 통해
지속적으로 접한 외국인들은 한국이 언제든지 전쟁이 일어날 수 있는 매
우 위험한 나라라는 이미지를 가질 확률이 높다.

문화계발 효과 이론은 미디어가 직접적이고 즉각적으로 사람들의 태도
나 행동에 영향을 미치지는 않지만, 장기적으로 보았을 때 현실세계의 이
미지를 구축해주는 기능을 한다는 점에서 상당히 강한 효과를 가지고 있
다고 본다. 특히 현실에 대해 개인뿐만 아니라 집단적인 차원에서 공유하
는 주류의 생각과 감정을 만들어낸다는 점에서 미디어는 일종의 의식적
이고 이념적인 효과를 발생시키는 강력한 사회적 도구라고 주장한다.

침묵이 과연 나를
구할 수 있을까

침묵의 나선 이론

다수에 동조하려는
현상

1951년 미국의 심리학자 솔로몬 애쉬(Solomon Asch)는 7~9명으로 구성된 17~25세 사이의 학생 집단에게 시력 테스트를 한다는 명분으로 선분의 길이를 비교하는 실험을 했다.[5-21]

애쉬는 참가자들에게 먼저 하나의 선분이 그려져 있는 카드를 보여준 후, 길이가 다른 선분 세 개가 그려진 또 다른 카드를 보여주었다. 두 번째 보여준 카드에 그려진 선분들 중 하나는 처음에 제시한 카드에 그려진 선분과 같은 길이를 가진 것이 섞여 있었다. 질문은 "두 번째 카드에 그려진 선분들 중 어떤 것이 첫 번째 카드에 그려진 선분과 길이가 같은 것인가?"였다. 선분들 사이의 길이 차이가 뚜렷했기 때문에 시력에 문제가 없다면 쉽게 정답을 맞힐 수 있는 질문이었다.

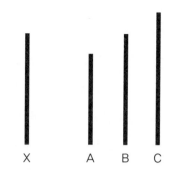

5-21 선분 A, B, C 중 선분 X와 같은 길이의 선분은 무엇인가?

참가자 중 한 명을 제외한 나머지 사람은 모두 실험자인 애쉬의 협력자였다. 이 사실을 모르는 순진한 피실험자는 맨 마지막에서 두 번째 순서에 답변하도록 되어 있었다. 참가자들은 질문에 열여덟 번의 답할 기회가 주어졌다. 처음 여섯 번의 시도에서 협력자들은 전부 정답을 맞혔다. 하지만 나머지 열두 번의 시도에서는 먼저 질문에 답한 협력자들은 모두 같은 오답을 말했다. 협력자들이 모두 오답을 말하자 너무나 명확히 정답을 알고 있으면서도 피실험자는 놀랍게도 말하기를 주저했으며, 협력자들과 같은 오답을 말하기도 했다.

애쉬는 같은 실험을 한 명의 협력자가 참여하는 방식으로도 진행했다. 이번에는 협력자가 맨 먼저 질문에 답하도록 구성되었다. 협력자는 매우 자신 있는 태도로 당당히 오답을 말했다. 뒤를 이어 질문에 답을 하게 된 피실험자들 중 몇몇은 협력자와 같은 오답을 말했다.

실험 결과, 협력자들의 오답에 영향을 받지 않고 정답을 말한 피실험자들이 더 많기는 했지만 36.8%의 피실험자들은 협력자들의 오답과 같은 오답을 말했다. 피실험자의 75%는 질문에 답하는 동안 적어도 한 번은 협력자와 같은 오답을 말했다.

실험이 끝난 후 여러 명의 피실험자는 자신이 실험 진행 동안에 협력자들의 오답을 듣고 혼란·불안·스트레스 등 부정적 감정을 경험했다고 토로했다. 또 다른 피실험자들은 모순된 감정을 억누르면서 자신의 답이 틀렸다고 생각했다고 말했다. 여러 피실험자는 오답을 말한 이유가 자신의 시력이 나빠서였다고 말하기도 했다.

애쉬의 실험은 사람들이 어떤 집단에 속해 있을 때, 다른 사람들의 의견이 잘못되었음을 알더라도 자신의 의견이 소수라고 인지하면 사회적 고립에 대한 두려움 때문에 의견을 개진하기보다는 다른 사람들의 의견에 동조하고 순응하려는 경향을 보인다는 것을 증명했다. 실제로 애쉬의 실험에서 협력자들의 오답이 각양각색일 때보다 모두 같을 때 피실험자가 오답에 동조하는 경향이 더 크게 나타났다. 이에 비해 두 명만 있는 상황에서는 한 명이 오답을 말하더라도 동조 현상이 잘 발생하지 않았다.

다양한 의견들이 만드는 건강한 사회

1960년대와 70년대에 독일의 정치학자 노엘 노이만(Elisabeth Noelle-Neumann)은 정치적 사안에 대한 논쟁이 벌어지거나 선거에서 특정 정당을 지지하는 운동을 벌이는 과정에서 여론이 어떻게 형성되고 흘러가는지를 조사하는 연구를 진행했다. 이 과정에서 투표일이 가까워지면 우세하거나 승리할 것이라고 대중이 생각하는 정당이나 의견 쪽으로 3~4%의 여론 이동이 관찰되었다. 이러한 현상

| 침묵의 나선 이론 |

매스 미디어의 발표(여론조사, 보도)

지배적 다수의 의견 확산
(여론 지배)

다수의 지배적 의견
(지배적 여론)

지배적 다수의 의견 확산
(여론 지배)

의견에 동조하고 표명에 동참함

의견을 바꿈

적극적으로 의견 표명

사회적 소외, 배척의 두려움

자신의 의견과 지배적 다수의
의견이 같음을 인지

자신의 의견과
지배적 여론이 다름을 인지

침묵: 의견을 표명하지 않음

사회적 소외, 배척의 두려움

5-22 침묵의 나선 이론.

을 설명하기 위해 1974년 노엘 노이만은 '침묵의 나선 이론(the spiral of silence theory)'을 제안했다.

침묵의 나선 이론에 따르면, 개인은 자신의 의견이 집단 전체의 의견과 같다고 생각할 때 좀 더 자신 있게 의견을 피력하는 경향을 보인다. 반면에 자신의 의견이 집단에서 다수의 의견이 아니라는 것을 알게 되면, 개인은 의견을 표현하는 일을 주저하게 되고 나아가 침묵을 선호하는 경향을 드러낸다. 개인은 소수 의견을 표현함으로써 집단 안에서 고립되는 것보다는 집단의 다수 의견에 동조하거나 침묵한다. 애쉬의 실험에서 드러난 현상이 현실에서도 개인이 자신의 의견을 표현하는 과정에서 나타나는 것이다.(5-22)

어떤 사안에 대해 하나의 의견이 다수의 의견으로 인지되면 그 의견을 가진 사람들은 자신 있게 의견을 공개하고 표현하지만, 다른 의견을 가진 사람들은 의견을 표현하기를 주저하거나 침묵하게 된다. 그 결과, 다수의 의견은 실제보다 더 강한 세력을 가진 것처럼 보이고, 소수 의견은 실제보다 더 약한 세력을 가진 것처럼 인식된다. 다른 의견을 가진 사람들은 점점 더 많이 침묵하기 시작하고, 다수의 의견으로 인지된 의견은 더욱더 강하게 확산한다. 처음에는 작게 시작된 침묵의 규모가 나선 모양으로 소용돌이치면서 점점 더 커져 침묵의 나선이 형성되는 것이다. 이렇게 해서 하나의 의견이 지배적인 의견으로 자리잡고 여론을 주도하게 된다.

침묵의 나선이 형성되는 과정에서 미디어는 중요한 역할을 한다. 특히 대중에게 획일적인 메시지를 광범위한 영역에 걸쳐 전달할 수 있는 언론 미디어는 지배적인 의견처럼 보이는 것을 끊임없이 생산·유포함으로써 침묵의 나선을 만들어 여론을 주도하는 데 결정적인 역할을 한다. 수십만 명에서 수백만 명, 심지어 수천만 명에서 수억 명에게 동시에 하나의 메시지를 전달할 수 있는 언론 미디어가 제시하는 의견은 개인의 의견을 압도한다.

언론 미디어가 집중적으로 하나의 의견을 반복해서 유포한다면, 대중은 그 의견을 지배적인 다수 의견으로 인지할 가능성이 크다. 이는 결국 언론 미디어의 의견과 다른 의견을 가진 사람들을 침묵하도록 만든다. 전체주의 국가나 독재정권에서 언론 미디어를 국유화 또는 통폐합하거나 검열하면서 통제하고자 하는 이유는 침묵의 나선을 만들어서 반대 의견을 침묵시키고 여론을 주도하려는 정치적 목적 때문이다.

최근에 등장한 인터넷 미디어나 소셜미디어는 언론 미디어가 만드는 침묵의 나선을 약하게 만들 수 있는 것처럼 보인다. 자신의 의견을 소수 의견이라고 인지하는 사람들도 이제는 침묵에서 벗어나 인터넷의 익명성을 이용해 의견을 공개적으로 표현할 수 있고, 같은 소수 의견을 가진 사람들끼리 인터넷 커뮤니티나 소셜미디어를 통해 집단을 구성해 지배적인 언론 미디어의 의견에 반대하는 활동을 펼칠 수 있기 때문이다.

다양한 미디어가 공존하는 현재의 우리 사회에서 여전히 지배적인 여론이 위력을 발휘하고는 있지만, 소수 의견을 가진 사람들도 침묵하지 않고 자기 의견을 공개적으로 표현하고 있다. 다양한 의견들의 표출과 대립으로 사회가 혼란스러워 보일 수 있지만 자유로운 토론과 합리적인 의사결정이 이루어진다면 사회는 더욱 건강해질 수 있을 것이다.

이데올로기는 개인을
주체로 호명한다

의식산업의 호명

우리의 인식에 영향을 미치는
매스 미디어

텔레비전이 발명되지 않았고 라디오도 대중
화되기 전인 1922년에 미국 언론인 월터 리프먼(Walter Lippmann)은 『여
론』이란 책에서 "인간이 세계에 대한 정신적 이미지를 만드는 데 있어서
압도적 영향을 미치는 것은 신문, 즉 언론 미디어이다"라고 말했다.[7]

리프먼이 보기에, 인간은 방대하고 복잡한 현실을 모두 직접 경험할

수 없기 때문에 파편적이고 편향적이며 부분적이고 주관적일 수밖에 없는 세계에 대한 정신적 이미지만을 갖게 된다. 이는 우리가 아는 것이 현실 그 자체가 아니라 현실인 것처럼 보이는 유사 현실, 즉 '의사 환경(pseudo-environment)'이기 때문이다. 이 의사 환경의 모습은 언론 미디어가 만드는 이미지에 의해 결정된다.

따라서 언론 미디어가 제공하는 정보가 부정확하고 뒤틀린 것이라면, 우리가 가진 현실에 대한 이미지는 일그러지고, 그러한 이미지가 모여 형성되는 여론도 필연적으로 왜곡될 수밖에 없을 것이다. 리프먼은 언론에 종사하는 기자들이 전문적 지식과 능력을 갖추고 데이터를 수집·분석한다면, 비록 현실에 대한 완벽한 이미지를 얻을 수는 없다고 하더라도 현실에 적합한 의사결정을 내릴 수 있을 것이라고 주장했다.

1940년대에 매스 미디어에 대해 좀 더 비판적인 생각을 갖고 있던 독일 프랑크푸르트학파의 연구자들은 매스 미디어가 대중에게 일시적이고 손쉬운 쾌락만을 제공하면서 현실도피를 조장한다고 말했다. 그들은 매스 미디어를 표준화된 상품을 대량 생산하는 공장과 같다고 보았다. 그런 맥락에서 그들은 매스 미디어를 '문화산업(culture industry)'이라고 불렀다. 문화산업이 대량으로 생산해내는 문화는 대중을 비판능력이 없는 수동적인 존재, 길들여지고 획일적인 존재로 만든다고 주장했다.

문화산업이라는 말에 영감을 받아 1960년대에 독일 작가 한스 마그누스 엔첸스베르거(Hans Magnus Enzensberger)는 매스 미디어를 '의식산업(consciousness industry)'이라고 명명했다. 매스 미디어가 만드는 상품은 의견이나 감정을 담은 무형의 상품으로서 우리를 둘러싼 세계에 대해 생각하고 보고 이야기하는 방식, 다시 말해 세계에 대한 개념과 이해 방식을 담은 것이다. 그렇기 때문에 매스 미디어는 우리가 세계에 대해 갖는 인식에 커다란 영향을 끼친다.

우리가 세계에 대해 가지는 사상이나 관념의 체계를 일컬어 '이데올로기(ideology)'라고 한다. 이데올로기는 크게 두 개의 다른 의미를 갖고 있다. 하나는 글자 그대로의 중립적 의미로 '관념의 체계' 또는 '관념의 과학(idea+logy)'이라는 뜻이다. 다른 하나는 비판적 개념으로 '허위의식(false consciousness)'이라는 뜻이다. 허위의식은 현실을 제대로 반영하지 못하는 왜곡된 관념을 의미한다.

의식산업으로서의 미디어를 비판하는 사람들은 미디어가 현실에 대한 잘못된 관념, 즉 허위의식을 만들어 전파한다고 주장한다. 예를 들어 자유가 억압된 독재국가에서 사람들의 편안하고 행복한 일상생활을 그린 텔레비전 드라마를 방송한다면, 그 드라마는 현실에 대한 허위의식을 만드는 역할을 하는 셈이다.

광고의 호명에 응답하는 소비자

프랑스 철학자 루이 알튀세르(Louis Pierre Althusser, 1918~1990)는 "미디어는 사람들의 의식을 조작하여 권력자가 쉽게 통치할 수 있도록 만드는 역할을 한다"고 주장했다. 그는 사람들을 통제하기 위해 사용되는 국가기구를 두 가지로 구분한다. 하나는 강압과 폭력을 동원하는 '억압적 국가기구(repressive state apparatus)'이고, 다른 하나는 의식에 영향을 미치는 '이데올로기적 국가기구(ideological state apparatus)'이다.

억압적 국가기구는 은밀하거나 노골적인 정신적·신체적 폭력을 이용해 사람들이 지배계급에 복종하도록 만드는 역할을 한다. 군대·경찰·사법부·감옥 등이 억압적 국가기구를 구성하는 대표적 기관이다. 이들은 권력의 명령에 따르지 않는 사람들을 수사하거나 투옥하거나 징벌하는 방식으로 사람들의 행동을 통제한다. 억압적 국가기구는 물리적이고 강제적인 조치를 통해 국가 권력에 대항하고자 하는 사람의 의지를 꺾고 행동을 제어한다.

이데올로기적 국가기구는 사람들의 의식이나 관념을 조작함으로써 사람들이 지배체계에 자발적으로 복종하는 마음을 갖도록 유도한다. 이데올로기적 국가기구에는 여러 종류가 있다. 종교, 학교, 가족, 스포츠 단체, 매스 미디어 등이 이데올로기적 국가기구에 속한다. 이들이 하는 역할은 사람들에게 기존의 지배체계를 받아들이게 만들면서 현재의 사회질서가 유지되도록 하는 것이다. 우리는 가족·학교·종교단체 등에서 이 사회에서 올바르게 사는 방식과 사회적 규범을 배운다. 매스 미디어도 다양한 콘텐츠를 통해서 지배적인 이데올로기를 재생산하면서 사람들이 자연스럽게 이를 받아들이도록 이끈다.

알튀세르가 보기에, 이데올로기는 단순한 허위의식이 아니다. 허위의식은 진짜 현실과 비교했을 때 가짜임이 드러나는 것이기 때문에 우리는 현실에 대한 정확한 정보를 얻는다면 허위의식에서 벗어날 수 있다. 하지만 이데올로기는 우리의 생각 자체를 만드는 역할을 한다는 점에서 허위의식처럼 가짜라는 사실이 쉽게 밝혀지지 않는다. 오히려 이데올로기는 인간을 하나의 주체로 구성한다는 점에서 우리는 이데올로기에서 쉽게 벗어날 수 없는 것이다.

이데올로기는 마치 언어와도 같다. 한국에서 태어나 자란 사람은 한국어를 모국어로 습득하기 때문에 모든 생각을 한국어로 한다. 우리 머릿속에서 한국어를 지워버린다면 우리는 생각 자체를 할 수 없을지도 모른다. 그런데 한국어는 중립적이고 투명한 언어가 아니라 사회문화적으로 형성된 편견으로 가득 차 있는 언어이다. 각각의 단어는 모두 특정한 의미를 가지고 있고, 그 의미 안에는 사회문화적으로 형성된 여러 편견이 내재되어 있다. 한국어를 사용함으로써 나는 비로소 한국인이라는 주체가 되는데, 이미 한국어 자체가 특정한 이데올로기를 담고 있는 셈이다.

알튀세르는 이데올로기가 주체를 구성하는 과정을 사람의 이름을 부르는 행위, 즉 '호명(interpellation)'에 비유한다. 예를 들어 내가 길을 걷고 있을 때, 뒤에서 "아저씨"라고 부르는 소리가 들린다고 하자. 그 소리를 듣고 내가 뒤돌아본다면, 나는 호명에 응답한 것이다. 이 행위를 통해서 나는 내가 '아저씨'라는 것을 스스로 인정한 셈이 된다. 그 순간, 나는 '아저씨'라는 주체로 구성된다. 호명에 응답하면서, 나는 사회문화적으로 구성된 '아저씨'라는 정체성을 나의 것으로 받아들이는 것이다.[5-23]

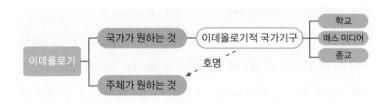

5-23 이데올로기와 호명 효과.

학교에서 선생님이 "학생의 본분을 잊지 말아라"라고 가르치는 것은 우리를 학생이라는 주체로 구성하는 행위이다. '학생'이라는 단어 안에는 이미 사회의 지배적 이데올로기가 함축되어 있다. 또한 텔레비전 드라마에서 멋진 이벤트를 벌이면서 여성에게 프로포즈하는 남성을 보여주는 장면은 사회에서 남성과 여성이 어떻게 행동하고 생각해야 하는지를 알려주면서 시청자를 각각 남성과 여성이라는 주체로 구성하는 기능을 한다.

호명을 통해 주체를 구성하는 대표적인 사례는 광고이다. 광고는 때로 "머리가 아프세요? 두통약 ○○○을 먹어보세요"라며 노골적으로 소비자를 호명한다. "머리가 아프세요?"라는 광고의 질문을 듣고 "응, 맞아, 머리가 종종 아플 때가 있는데……"라고 생각하는 순간, 나는 두통약의 소비자라는 주체가 된다. 광고에서 말하는 '당신', '나', '우리'가 바로 나를 부르는 소리라고 느껴질 때, 상품의 소비 상황이 지금 내가 처한 상황이라고 생각될 때, 나는 광고의 호명에 응답하면서 소비자라는 주체로 구성되는 것이다.

미디어에 소개된 맛집에 줄을 서는 이유,
밴드왜건 효과

2021년 1월 미국의 게임스탑(GameStop)이라는 회사의 주가가 급등하는 사건이 발생했다. 원래 게임스탑의 주가는 1주당 4달러 정도였는데 여러 호재가 발생하면서 1주당 20달러까지 상승했다. 주가가 기업가치에 비해 너무 높다고 판단한 헤지펀드에서는 공매도를 하기 시작했다.

공매도는 높은 가격의 주식을 빌려서 미리 팔아 현금화하고, 나중에 주가가 하락했을 때 실제 주식을 사서 갚는 투자 방식인데, 주가가 하락할 것이라고 예상될 때 주로 사용된다. 대량의 공매도를 한다는 것은 많은 주식을 시장에 내다 판다는 의미이기 때문에 수요-공급의 법칙에 따라 일반적으로 주가는 하락하게 되면서 공매도 세력에게 유리한 환경이 조성된다.

게임스탑의 경우는 사정이 달랐다. 미국의 인터넷 커뮤니티 사이트인 '레딧(Reddit)'에서 활동하는 개인들이 게임스탑에 대한 정보를 공유하면서 투자를 하고 있었는데, 공매도가 이루어지고 있다는 사실을 알고서 공매도 세력에 대항해 주가를 올리기로 결의했다. 그 결과 개인 투자자들이 합심해서 게임스탑의 주식을 사들이기 시작하자 주가는 급상승했다. 1월 말에 주가가 주당 최대 500달러까지 치솟았다.[5-24]

소셜미디어 등을 통해 개인 투자자들이 거대한 헤지펀드에 대항

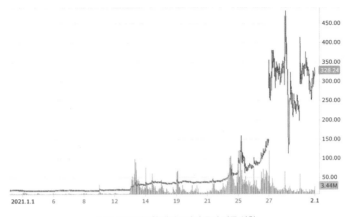

450.00
400.00
350.00
328.24
300.00
250.00
200.00
150.00
100.00
50.00
3.44M

2021.1.1   6   8   12   14   19   21   25   27   2.1

5-24 2021년 1월 게임스탑의 주가 변동 상황

해 주가를 올리고 있다는 소식이 퍼지자 많은 사람이 게임스탑 주식을 사기 시작했고, 주식을 파는 공매도 세력과 사는 개인 투자자들 사이의 전쟁으로 주가가 요동쳤다. 결국, 공매도 세력은 엄청난 손실을 입을 수밖에 없었고, 뒤늦게 투자에 뛰어든 개인들도 큰 손해를 입었다.

게임스탑 사건은 금전적 이익이나 손해를 볼 수 있는 주식 거래와 같은 경제적 활동도 합리적이고 이성적인 판단과 의사결정 과정을 거쳐 일어나는 것이 아니라 다수의 의견이나 행동을 추종하는 비이성적 방식으로 이루어질 수 있음을 보여준다.

실제로 개인은 의사결정을 내릴 때 다수의 다른 사람이 이미 하는 것을 따라 하고자 하는 경향을 보인다. 이처럼 개인이 독자적인 판단을 하지 않고 대중적으로 인기 있는 것을 따라 하거나, 다수의 의견이라고 인식되는 것에 동조하는 경향을 '밴드왜건 효과(bandwagon effect)'라고 한다.[5-25]

밴드왜건은 홍보를 위해 거리를 누비는 서커스단의 선두에서 음악을 연주하는 악대를 싣고 가는 차량을 가리키는 말이다. 1848년

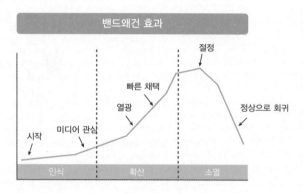

밴드왜건 효과

시작 · 미디어 관심 · 열광 · 빠른 채택 · 절정 · 정상으로 회귀

인식 · 확산 · 소멸

5-25 밴드왜건 효과.

미국의 대통령 선거에서 재커리 테일러(Zachary Taylor) 후보가 선거유세를 위해 처음으로 서커스단의 밴드왜건을 이용했는데, 사람들의 이목을 끌면서 좋은 효과를 얻었고, 마침내 대통령에 당선되었다.

그 이후 떠들썩한 밴드왜건에 타고 유세를 하면 사람들이 자연스럽게 행렬에 동참하는 효과가 발생했기 때문에 밴드왜건이 선거에서 이용되는 경우가 늘었다. 이후 "밴드왜건에 올라탄다(Jump on the bandwagon)"라는 표현은 시류에 편승한다는 의미로 사용되었다.[5-26]

사람들이 어떤 의견이나 행동을 지배적이거나 다수이거나 대세라

5-26 1848년 재커리 테일러가 밴드왜건에 올라타 유세 활동을 펼치는 장면. 당시 인기 있던 서커스단 광대와 함께했다.

고 인식하면, 그 의견이나 행동을 따라 하는 밴드왜건 효과가 발생하게 된다. 특정한 옷이나 장신구가 유행하는 현상이나 인스타그램 같은 특정 소셜미디어 플랫폼의 사용자가 단기간에 급증하는 현상 같은 것이 밴드왜건 효과의 사례로 이해될 수 있다.

매스 미디어는 여론 형성 과정에서 밴드왜건의 역할을 맡기도 한다. 매스 미디어가 어떤 의견을 계속 긍정적으로 다루게 되면 많은 사람이 그 의견을 지지하게 되고, 결국 그 의견이 실제로 지배적인 의견으로 자리잡게 되는 것이다.

텔레비전 프로그램에서 한번 '맛집'이라고 소개된 식당에는 소문을 듣고 찾아온 손님들로 인산인해를 이룬다. 사람들이 그 식당에 몰릴수록 식당을 이용하려는 사람은 점점 더 증가한다. 오래 기다려야 하는 불편을 감수하면서까지 많은 사람이 몰리는 식당 앞에 기꺼이 줄을 선다. 실제로 그 식당의 음식 맛이 좋은지는 별로 중요하지 않다. 이때 중요한 것은 많은 사람이 식당 앞에서 줄을 서고 있다는 사실 자체이다.

대통령 선거와 같은 정치 활동에서 언론 미디어는 여론조사에서 우세하거나 선거에서 승리할 것으로 예상되는 후보에 대한 보도를 다른 군소 후보에 비해 더 많이 하는 경향이 있다. 언론 미디어가 더 많이 다루는 후보일수록 더 많은 사람이 지지하게 된다. 더 많은 사람이 지지할수록 여론조사에서 우세한 결과를 얻는다. 밴드왜건 효과에 의해 이와 같은 순환이 발생하기 때문에 군소 정당의 후보는 선거에서 매우 불리한 상황에 놓일 수밖에 없다.

Chapter 6

기호를 알면
미디어가 보인다

—— 커뮤니케이션에서 의미를 만들어내는 미디어는 바로 기호이다. 우리가 일상적으로 나누는 대화뿐만 아니라 매스 미디어, 디지털 미디어를 이용한 커뮤니케이션에서는 다양한 종류의 기호들이 사용된다. 말이나 문자 같은 언어기호와 그림·사진·동영상 등의 영상기호가 가장 흔하게 사용되는 기호이다.

우리는 기호를 사용해 다른 사람들을 설득하기 위한 연설을 하기도 하고, 잠재적 소비자의 태도를 바꾸기 위해 광고를 기획·제작하기도 한다. 또한 대중에게 재미와 오락거리를 주기 위해 기호를 질서 있게 조작해 스토리를 만들고, 그 스토리를 구조화해 영화나 드라마를 제작한다. 문장을 구성하고 언어의 표현을 가다듬거나, 영상을 촬영하고 편집하는 일 등도 바로 의미를 만들어내기 위해 기호를 조작하는 행위다.

기호의 의미는 기호 자체에 내재하고 있는 것이 아니라 항상 사회적 상호작용을 통해 새롭게 구성된다. 그렇기 때문에 우리가 기호를 조작한다는 것은 사회생활을 통해 형성된 자신의 정체성을 표현하는 일이며, 자신이 속한 사회의 문화적 의미 구조를 드러내는 일이기도 하다.

기호가 의미를 만들어내는 구조와 방법을 이해한다면 미디어 콘텐츠의 표면적 의미뿐만 아니라 심층적 의미도 파악할 수 있다. 동시에 전달하고자 하는 핵심적 메시지를 효과적으로 구성하고 표현할 수 있는 기법도 익힐 수 있을 것이다.

미디어는 대상을 그럴듯한
신화로 포장한다

광고 기호

미디어가 만든
사회적 의미

　　　　　　"요즘 어떻게 지내냐는 친구의 말에 그랜저로
대답했습니다."

　2009년 현대자동차의 그랜저 광고에 나오는 이 문구는 당시 사람들
의 뇌리에 각인되면서 그랜저를 성공의 상징으로 자리매김하는 데 크게
기여했으며, 지금까지도 종종 사람들 입에 오르내리는 유명한 문구가 되

6-1 2009년 현대자동차의
그랜저 광고.

었다.(6-1)

광고에서 상품을 소개하기 위해 사용되는 문구를 '카피(copy)'라고 하며 카피를 만드는 사람을 '카피라이터(copywriter)'라고 한다. 카피는 일반적으로 "복사하다, 베끼다"라는 뜻으로 많이 사용되지만, 광고에서의 카피는 좁은 의미로는 상품을 소개하는 글이나 말을 의미하며, 넓은 의미로는 광고의 메시지를 구성하는 모든 요소를 가리킨다. 잘 만들어진 카피는 상품의 인지도와 판매량을 증가시키는 데 중요한 역할을 한다.

광고와 같은 마케팅 활동을 통해 소비자들에게 상품의 이미지나 인식을 만들어주는 작업을 '포지셔닝(positioning)'이라고 한다. "요즘 어떻게 지내냐는 친구의 말에 그랜저로 대답했습니다"라는 카피를 통해 그랜저는 '성공한 사람이 타는 차'라는 포지션을 갖게 되었다.

세월이 많이 흘러 그랜저보다 성능이 더 뛰어난 고가의 차들이 계속 등장하고 있지만 그랜저는 여전히 사회적 성공을 의미하는 포지션을 유지하고 있다. 하지만 시대가 변함에 따라 사회적 성공의 의미도 달라지고 있기 때문에 현대자동차는 사회적 성공에 대한 새로운 의미를 제시하는 광고를 통해 그랜저에 대한 꾸준한 포지셔닝 작업을 하고 있다.

사무실에서 젊은 평사원들이 종이컵에 커피를 따라 마시면서 대화를 나눈다.(6-2)

"상무님 요즘 별명 뭔지 알아? 용기맨."

"사장님한테 대들었구나."

"아니. 뭐 담는 용기들 종류별로 엄청 들고 다녀. 그래서 용기맨."

"사회적 책임 뭐 그런 건가?"

"그건 잘 모르겠는데, 사는 게 좀 불편하지 않을까?"

그랜저를 타면서 상무가 말한다.

"에이, 불편해도 해야지."

부드럽게 질주하는 그랜저를 보여주는 영상과 함께 "2021 성공에 관하여. 그랜저"라는 카피가 나타난다.

이는 2021년 제작된 그랜저 광고의 내용이다. 우리는 이와 같은 광고를 볼 때 광고가 단순히 상품의 포지션을 만드는 데 그치는 것이 아니라 우리의 삶과 관련해 어떤 특정한 의미를 만들어 전달한다고 느낀다. 광고뿐만 아니라 영화·드라마·예능·뉴스·가요·게임 등 미디어가 제공하는 수많은 콘텐츠가 사회적 의미를 만들어내고 있다. 이러한 사회적 의미를 분석하고 해석하기 위해 기호학의 개념과 방법들이 동원된다.

기호들 사이의 관계를 통해 발생하는 의미

6-3 소쉬르의 기호 개념

현재 우리가 사용하는 기호학 개념의 상당 부분은 스위스 언어학자 페르디낭 드 소쉬르(Ferdinand de Saussure)의 연구에서 비롯되었다.(6-3) 소쉬르가 보기에, 기호는 다음과 같은 두 가지 요소로 구성되어 있다.[1]

- 기표(signifiant): 기호가 표현되는 형태. 프랑스어로 '시니피앙'이라고 한다.
- 기의(signifié): 기호가 나타내는 개념. 프랑스어로 '시니피에'라고 한다.

기표와 기의의 결합으로 기호가 구성된다. 기표와 기의는 동전의 앞뒷면처럼 떼려야 뗄 수 없는 관계를 이루고 있기 때문에 기표만 홀로 있거나 기의만 따로 존재하는 경우는 없다. 기표와 기의가 결합해야만 의미가 발생하고 기호가 존재한다. '강아지'라는 소리가 '강아지'라는 개념을 떠올리게 만들 때 비로소 의미를 발생시키는 기호가 완성된다.

기표와 기의는 일대일의 고정된 대응 관계를 갖지 않는다. 하나의 기표에 여러 개의 기의가 연결될 수도 있고, 여러 개의 기표가 하나의 기의로 수렴될 수도 있다. 기표와 기의가 어떠한 형식으로 연결되는지는 기호가 사용되는 상황과 맥락에 의해 결정된다. 기표와 기의의 연결이 고정되어 있지 않다면 기표와 기의의 결합에 의해 만들어지는 의미도 확정된 것이 아니다.

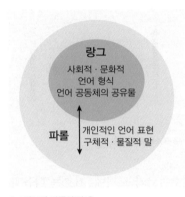

6-4 랑그와 파롤의 관계.

의미는 기호 체계 안에 있는 기호들 사이의 관계를 통해 발생한다. 소쉬르는 기호 체계를 '랑그(langue)'라고 불렀다. 랑그는 구체적으로 드러나는 실체라기보다는 기호를 사용하는 사회 구성원들의 마음속에 잠재해 있는 일종의 형식이다. 한국어를 모국어로 사용하는 사람들은 한국어의 랑그를 공유하고 있다. 그렇기 때문에 우리는 일상생활에서 자유롭게 한국어를 이용해 커뮤니케이션을 수행할 수 있다. 사람들이 한국어를 말함으로써 실제로 드러나는 언어적 표현을 '파롤(parole)'이라 한다. 우리가 실제로 하는 말이 파롤이다. 랑그는 파롤이라는 실체를 통해 구현된다.[6-4]

프랑스 기호학자 롤랑 바르트(Roland Barthes)는 소쉬르의 기호 개념을 발전시켜 미디어 콘텐츠의 의미를 분석하는 방법을 개발했다. 바르트는 기호가 만드는 의미에는 두 가지 층이 있다고 보았다.[2]

- 지시의미(denotation): 하나의 기표에 하나의 기의가 직접적·명시적으로 결합해 발생하는 의미. 그 기호를 사용하는 모든 사람이 공유하는 의미이다.
- 함축의미(connotation): 사회문화적 맥락에 의해 발생하거나 해석되는 의미. 지시의미에서 부수적으로 파생될 수 있는 일련의 의미들이다.

예를 들어 '바보'라는 단어가 지능이 부족한 사람이라는 의미로 사용되었다면, 이는 지시의미로 사용된 것이다. "그는 열 살이 되어도 자기 이름을 알지 못하는 바보였다"라는 문장에서 '바보'는 지시의미를 전달한다. 하지만 연인끼리 장난치면서 "에이, 바보. 나 잡아봐라"라고 할 때 '바보'는 좋아하는 사람을 사랑스럽게 부르는 말이다. 이때 '바보'는 사랑스러운 사람이라는 함축의미를 전달한다.

함축의미가 만든 이데올로기, 신화

미디어 콘텐츠를 하나의 기호로 본다면, 미디어는 누구나 쉽게 파악하고 공유하는 지시의미와 사회문화적 맥락에 의해 해석되는 함축의미를 동시에 전달한다. 함축의미는 명시적으로 드러나는 의미가 아니라 기호가 만들어지고 유통되는 상황에 따라 공유되는 암묵적 의미이기 때문에 모든 사람이 동일하게 인정하는 의미가 아니다. 따라서 함축의미는 사회문화적 상황에 적합해 보이는 생각이나 규범을 담고 있다고 할 수 있다.

바르트는 『신화론』에서 사회문화적으로 형성된 특수한 의미인 함축의미가 당연하고 자연스러운 것처럼 보이는 이데올로기를 만드는 의미작용(signification)을 한다고 지적하고, 이를 '신화(myth)'라고 불렀다.[3] 바르트가 생각한 신화는 기호가 전달하는 문화적 의미라고 할 수 있다. 신화의 실체를 파악하기 위해서는 사회에서 자연스럽고 당연하게 여겨지는 의미가 사실은 위장되고 조작된 의미일 수도 있다는 점을 늘 염두에 두어야 한다.(6-5)

2021년 그랜저 광고에는 일회용 종이컵을 사용하는 평사원들과 들고

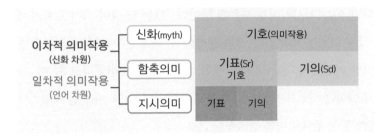

6-5 바르트의 의미작용 2단계 모델.

다니기 불편해도 용기를 사용하는 상무가 극명하게 대비된다. 용기를 사용하는 상무는 그랜저를 탄다. 이 광고에는 어떤 신화가 담겨 있는 것일까? 바르트의 기호학적 체계를 통해 그랜저 광고를 분석하면 다음과 같은 신화를 발견할 수 있다.(6-6)

신화	상층 계급은 경제적 부와 도덕적 우월함을 모두 갖고 있다.	
함축의미	그랜저를 타는 사람은 기업의 임원으로 평사원과는 달리 용기를 사용하는 불편함을 기꺼이 받아들인다.	경제적 부나 사회적 지위를 가진 사람은 공익적 행동에도 솔선수범하는 멋진 사람이다.
지시의미	광고의 영상과 소리, 문자	평사원은 일회용 종이컵을 사용하고, 그랜저를 타는 상무는 용기를 사용한다.

6-6 2021 그랜저 광고가 담고 있는 신화.

이 광고의 지시의미는 우리가 보고 들으면서 아주 쉽게 이해할 수 있는 내용이다. 평사원들은 회사의 탕비실에서 일회용 종이컵에 커피를 따라 마시지만, 잘 차려입은 상무는 디저트 가게에서 산 케이크를 용기에 담아 포장하고 그랜저를 운전한다. 이러한 장면을 보게 되면 은연중에 그랜저를 타는 상무가 훌륭한 인품을 지닌 인물이자 환경을 생각하는 멋진 사람이라는 의미를 전달받을 수 있다. 이것이 이 광고의 함축의미이다.

이 광고에서의 신화는 막연히 전달받은 함축의미가 담고 있는 이데올로기적 내용이다. 이 광고는 명시적으로 상층 계급이 경제적 부와 도덕적 우월함을 갖고 있다고 주장하지 않는다. 하지만 상층 계급의 사람을 긍정적으로 묘사하는 이러한 종류의 광고들에 지속적으로 노출된다면, 대중은 자기도 모르는 사이에 부자는 도덕적으로도 우월하다는 생각을 자연스럽게 받아들이게 된다.

서사 구조를 꿰뚫으면
스토리가 보인다

서사 분석

미디어는 현대사회의
지배적인 스토리텔러

2013년 말 제작된 애니메이션 〈겨울왕국(Frozen)〉
은 그때까지 나온 전 세계의 애니메이션 중에서 흥행에 가장 성공한 작품
이었다. 특히 한국에서 상영된 애니메이션 작품 중 최초로 천만 명이 넘는
관객 수를 기록하며 역대 최고 흥행 애니메이션으로 자리매김했다. 이 기
록은 2019년 말에 제작된 〈겨울왕국 2(Frozen II)〉에 의해 깨졌다.

6-7 영화 〈겨울왕국〉에서 엘사가
〈Let It Go〉를 부르는 장면.

당시 언론 미디어는 〈겨울왕국〉의 흥행 성공요인으로 영화 음악이나 캐릭터 같은 시청각적 요소가 매력적이며, 기존 애니메이션의 수동적인 여성상과는 달리 여성이 능동적으로 자신의 삶을 개척해나가는 모습을 보여주었고, 이전의 애니메이션에서 다루지 않았던 자매애를 이야기의 근간으로 삼았다는 점을 뽑았다. 특히 엘사가 산에서 〈Let It Go〉를 부르는 장면에 대한 대중의 찬사가 이어졌다.(6-7) 더불어 엘사와 안나가 착한 소녀가 되어야 한다는 가부장적 압력을 이겨내고, 권력 획득에 성공하는 유능한 여성의 모습을 보여주었다는 점에서 기존의 애니메이션과는 차별화가 된다는 평가를 받았다.

미디어는 현대사회에서 가장 중요하고, 가장 지배적인 스토리텔러 (storyteller)이자 스토리텔링(storytelling)의 도구이다. 영화와 드라마는 물론 다양한 종류의 예능 프로그램, 뉴스, 광고, 게임 등의 콘텐츠는 모두 궁극적으로 미디어가 제공하는 이야기이다.

이야기(story)는 등장인물·행동·상호작용·사건·환경·지속시간 등을 포함하는 의미 있는 구조를 총칭하는 말이다. 이야기는 일정한 시간 동안 등장인물이 최초의 상황을 여러 중간 단계의 사건들을 거치면서 마지막 상황으로 변화시키는 구조를 갖는다. 우리는 말·글·영상·소리 등을 통해 이야기의 구조가 일정한 방식으로 실현되는 것을 경험한다.

미디어는 상업적인 이유로 이야기를 만들어 제공하기 때문에 대부분의 사람은 미디어가 전하는 이야기를 쉽게 이해할 수 있다. 〈겨울왕국〉을 보면서 이야기의 내용을 이해하지 못하는 사람은 거의 없을 것이다. 하지만 이야기에는 두 가지 차원의 의미가 있다. 하나는 누구나 쉽게 파악하고 이해할 수 있는 표면의 의미이고, 또 다른 하나는 전문적인 분석을 통해 접근할 수 있는 심층의 의미이다.

복잡한 이야기도
6개의 행위소로 구분된다

기호학의 방법을 원용하여 이야기의 심층 의미를 분석하고 이해하는 작업을 '서사 분석(narrative analysis)'이라고 한다. 서사 분석을 위해 사용되는 방법은 다양한데, 기본적으로 이야기를 구성하는 요소들 사이의 관계를 분석함으로써 이야기의 심층 의미를 밝히는 방식으로 진행된다.

프랑스 기호학자 알기르다스 줄리앙 그레마스(Algirdas Julien Greimas)는 이야기에서 6개의 행위소를 도출하는 '행위소 모델(actantial model)'을 이용해 이야기의 심층 의미를 발견하고자 했다. 1966년 발표한 『구조의미론』이라는 책에서 그레마스는 모든 이야기의 의미는 6개의 행위소들이 맺는 관계를 통해 발생한다고 주장했다.[4] 다양한 인물과 사건·행동이 얽혀 있어 다소 복잡해 보이는 이야기라 할지라도 6개의 행위소들 사이의 관계 맺기를 통해 이야기가 구성된다는 것이다. 그는 주체·대상·발신자·수신자·조력자·반대자라는 6개의 행위소로 구성된 행위소 모델을 제안했다.[6-8]

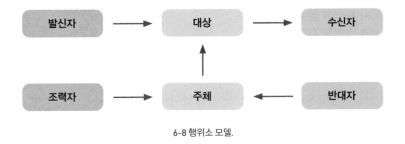

6-8 행위소 모델.

　이야기는 누군가(발신자)가 주인공(수신자)에게 할 일(대상)을 알려주면 주인공(주체)은 다른 사람이나 물건(조력자)의 도움을 얻어 적(반대자)을 물리치고 그 일을 성취하는 구조로 짜여 있다. 이때 행위소는 이야기를 이끌어가는 어떤 기능이나 역할을 추상화한 개념이다. 여러 행위자가 하나의 행위소 역할을 할 수도 있고, 한 행위자가 여러 행위소의 역할을 할 수도 있다.

　행위소 모델에서 가장 중요한 것은 주체와 대상이다. 기본적으로 이야기는 주체가 대상을 획득하는 과정을 묘사하기 때문이다. 〈겨울왕국〉과 같은 이야기는 특정 임무를 부여받은 한 영웅이 여러 자격들을 획득한 후 시련을 겪으면서 임무를 완수함으로써 보상을 받는 구조를 지닌 일종의 영웅서사이다.

　영웅서사는 주체가 대상을 상실했을 때 발생하는 결핍과 불균형의 상태에서 대상을 획득했을 때 얻게 되는 충족과 안정의 상태로 이행해가는 과정을 보여주는 이야기이다. 어떤 계기나 사건에 의해 주인공이 무엇인가를 잃은 후에 그것을 다시 획득하겠다는 욕망을 갖게 될 때 비로소 이야기 안에서 주체와 대상이라는 행위소가 드러나게 된다.

서사 분석을 통해
심층 의미를 간파하다

〈겨울왕국〉은 엘사와 안나가 무엇인가를 잃으면서 이야기가 시작된다. 어린 시절 안나와 놀던 엘사가 실수로 마법의 힘을 빌어 안나의 머리를 때린다. 의식을 잃은 안나를 치료해준 트롤은 엘사가 마법을 쓴다는 사실을 안나가 기억하지 못하도록 만든다. 이 사건 때문에 엘사의 부모가 왕궁의 문을 폐쇄하고 마법 사용을 금지하면서 엘사는 안나와의 만남을 피한 채 고립된 생활을 하게 된다.[6-9] 어린 시절 엘사와 놀던 행복한 기억을 가진 안나는 냉랭해진 왕궁의 분위기와 단절된 엘사와의 관계 때문에 외로움을 느끼고 사랑을 갈구하게 된다. 이 사건으로 인해 안나는 사랑을 잃고, 엘사는 자유를 잃게 된다.

6-9 〈겨울왕국〉에서 엘사가 마법을 쓴 후 고립된 생활을 하게 되는 장면.

잠재되어 있던 대상이 확실히 드러나면서 주체의 행동을 촉발하게 되는 결정적 사건은 엘사의 대관식 날 발생한다. 한스와 결혼하겠다는 안나와 말다툼을 하던 엘사가 충동을 억제하지 못하고 마법을 사용한 후 아렌델을 떠난 것이다. 이는 최초의 금지가 위반된 사건으로서 본격적인 영웅서사가 시작되는 계기가 된다. 이 사건으로 인해 이야기의 주인공, 즉 주체의 모습이 드러난다.

아렌델을 떠난 엘사는 산에서 그토록 갈구하던 자유를 얻는다. 엘사는 모습을 바꾸고 자신의 성을 건설한 뒤 자유를 얻은 것에 만족한다. 이후 엘사는 자유를 위협하는 타인의 행위에 수동적으로 반응할 뿐 어떤 능동적 행위도 하지 않는다. 엘사는 자신이 욕망하던 것을 얻었기 때문에 행위의 추동력을 잃은 것이다.

6-10 〈겨울왕국〉에서 안나가 길을 떠나는 장면.

반면 안나는 엘사가 떠난 사건을 계기로 자신의 결핍을 확인하고, 그 부족한 부분을 채우기 위해 길을 떠난다.(6-10) 안나가 대상에 대한 욕망을 자신의 것으로 인식하고 주체로 형성된 것이다. 이로부터 본격적인 이야기가 시작된다. 이후 일어나는 모든 사건은 안나가 사랑을 얻기 위해 겪어야 하는 시련으로 작동한다. 결국 안나가 자신을 희생하는 궁극적 행위를 통해 사랑을 얻는 데 성공함으로써 모든 이의 행복을 보상으로 얻고 이야기는 끝이 난다. 그러므로 〈겨울왕국〉의 주체는 안나이고, 그 대상은 사랑이다.

이러한 서사 분석을 통해 드러나는 〈겨울왕국〉의 심층 의미는 무엇일까?(6-11) 〈겨울왕국〉은 안나의 성공으로 종결되는 전형적인 해피엔딩의 영웅서사이다. 서사구조 안에서 안나와 엘사는 서로 대립하는 요소들이기 때문에 안나의 성공은 사실상 엘사의 실패이다.

엘사는 모범적인 여왕이라는 굴레에서 벗어나 자기 능력과 욕망을 마음껏 발휘할 수 있는 자유를 꿈꾸었고, 표면적으로는 그 자유를 성취한 것으로 인식한다. 그러나 안나에게 있어서 엘사의 자유는 참된 자유가 아니었기 때문에 결국 엘사를 제자리로 되돌림으로써 문제를 해결한다. 마지막에 엘사가 마법의 유혹에서 자유로워진 것은 안나의 행위 덕분에 주어

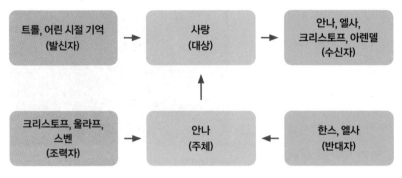

```
┌─────────────────┐      ┌─────────┐      ┌─────────────────┐
│ 트롤, 어린 시절 기억 │ ───▶ │   사랑    │ ───▶ │   안나, 엘사,      │
│    (발신자)       │      │  (대상)   │      │  크리스토프, 아렌델  │
│                 │      │         │      │    (수신자)       │
└─────────────────┘      └─────────┘      └─────────────────┘
                              ▲
┌─────────────────┐      ┌─────────┐      ┌─────────────────┐
│ 크리스토프, 올라프,  │ ───▶ │   안나    │ ◀─── │   한스, 엘사       │
│     스벤         │      │  (주체)   │      │   (반대자)        │
│    (조력자)       │      │         │      │                 │
└─────────────────┘      └─────────┘      └─────────────────┘
```

6-11 〈겨울왕국〉의 행위소 모델.

진 것이다. 안나는 자기희생이라는 "진정한 사랑의 행위"를 통해 엘사를 착한 마녀로 만듦으로써 엘사가 거부했던 모범적 여왕의 자리에 다시 그 녀를 앉힌다. 엘사는 자신을 통제할 줄 아는 진정한 모범적 여왕으로 거듭 난다. 이를 심층 의미의 관점으로 해석하면, 능동적으로 체제를 거부했던 엘사를 안나가 체제에 적합한 수동적 인물로 교정한 것이라고 볼 수 있다.

남성이 아니라 여성을 영웅서사의 주인공으로 설정한 점은 과거의 디 즈니 애니메이션에 비해 진일보한 것이지만 이야기가 담고 있는 핵심 이 데올로기는 크게 변하지 않았다. 행위소 모델을 통한 서사 분석에 따르면, 〈겨울왕국〉은 가족 안에서의 사랑을 최고의 가치로 내세우면서 사람들에 게 공동체가 부여한 역할을 받아들이는 것이 최선이라고 말하며 체제순 응적 가치를 재생산하고 있다.

첨예한 갈등 후 승리하는
스토리에 열광한다

이항 대립

〈겨울왕국 2〉에서 찾아본
이항 대립구조

〈겨울왕국〉의 후속편 〈겨울왕국 2〉의 서사구조를 분석해보면 〈겨울왕국〉과는 다른 점이 발견된다. 사랑을 획득한 안나의 영웅서사인 〈겨울왕국〉과는 달리, 〈겨울왕국 2〉는 엘사가 시련을 극복하고 진실을 획득하는 영웅서사이다. 〈겨울왕국 2〉에서 아렌델의 왕이었던 아버지는 어린 엘사와 안나에게 마법의 숲 출입금지 명령을 내린다.

6-12 〈겨울왕국 2〉에서 노덜드라 사람들과 아렌델 병사들이 만나는 장면.

여왕이 된 엘사는 아렌델이 위험에 처하자 마법의 숲의 숨겨진 진실을 밝혀야 한다는 트롤의 제안을 받아들이고 모험을 시작한다.(6-12)

〈겨울왕국 2〉를 분석해보면 이야기가 진행되는 과정에서 서로 대립하는 두 개의 요소들이 계속 쌍을 이루면서 나타나는 것을 관찰할 수 있다. 마법의 숲/문명화된 도시, 자연과 더불어 사는 노덜드라 사람들/자연을 개발하는 아렌델 사람들, 노덜드라 소녀/아렌델 왕자, 청혼에만 매달리는 크리스토프/엘사만 걱정하는 안나, 노덜드라 여성 부족장/아렌델 남성 근위대장, 강/댐, 숲의 정령/도시의 여왕 등등 서로 대립하는 요소가 이야기 안에서 충돌하고 갈등하다가 결국 대립이 해소되면서 이야기가 끝이 난다. 이처럼 두 개의 대립자가 하나의 쌍을 이루는 것을 '이항 대립(binary opposition)'이라고 한다.

〈겨울왕국 2〉에서 반복적으로 나타나는 이항 대립구조를 관통하면서 드러나는 주제는 바로 자연/문명, 또는 진실/거짓의 구조이다. 〈겨울왕국 2〉는 아토할란과 아렌델 사이의 대립을 중심축으로 서사가 구성된다. 아토할란은 과거 사건에 대한 기억과 진실을 갖고 있는 곳이며, 아렌델은 과거 사건에 대한 거짓된 기억과 정보를 바탕으로 현재의 평화를 누리는 곳이다. 아토할란은 자연이고, 아렌델은 문명이기 때문에 〈겨울왕국 2〉는 자연에는 진실이라는 긍정적 가치를, 문명에는 거짓이라는 부정적 가치를 부여한다.

엘사와 안나는 아토할란에 속하는 어머니와 아렌델에 속하는 아버지 사이에서 태어났기 때문에 자연과 문명을 잇는 존재이다. 엘사는 진실과 거짓의 문제에 관심을 갖고 근원을 발견하려 애를 쓰면서 자연과 문명을 연결하는 자신의 운명을 받아들이고 문제를 해결하려 한다. 이에 비해 안나는 진실과 거짓의 문제에는 무관심하며, 엘사를 자연과 문명 모두로부터 보호하려고 애를 쓴다.

진실과 거짓 사이의 긴장에서 불안이 발생한다는 것을 인지한 엘사는 아렌델을 떠나 아토할란으로 가서 진실과 거짓을 밝힘으로써 문제를 해결한다. 반면에 안나는 엘사에 대한 과도한 보호 욕망 때문에 현재 상태에 안주하려 하면서 스스로 혼란한 감정에 빠진다. 이러한 안나의 심리 상태 때문에 크리스토프의 청혼은 번번이 실패한다. 그 후 안나는 진실을 찾는 엘사를 돕기로 결정하면서 혼란한 감정에서 벗어나 능동적 행동을 할 수 있게 된다.

〈겨울왕국 2〉 이야기의 심층적인 의미 구조를 그레마스가 제안한 '기호 사각형(semiotic square)'이라는 틀로 표현하면 〈6-13〉과 같다.[5]

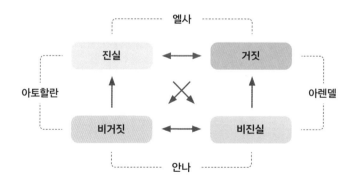

6-13 〈겨울왕국 2〉의 기호사각형.

기호사각형을 바탕으로 도출한 〈겨울왕국 2〉의 서사행로는 진실→비진실→거짓의 행로를 따라 과거 사건의 진실이 은폐된 후에 엘사 일행의 모험을 통해 거짓→비거짓→진실의 행로를 따라 진실이 폭로되고 문제가 해결되는 결말에 이른다. 〈겨울왕국 2〉의 서사는 은폐되었던 최초의 진실이 폭로되면서, 거짓에 의해 발생했던 그동안의 갈등이 해결되는 구조를 가지고 있다. 이는 〈겨울왕국 2〉의 서사가 더 나은 미래 문명으로의 전진이라기보다는 과거 자연의 복원 또는 자연과 문명의 화해를 담고 있다는 것을 뜻한다.

기호사각형은 〈겨울왕국 2〉 이야기의 핵심 의소인 진실을 중심으로 진실의 반대항인 거짓, 진실의 모순항인 비진실(진실이 아님), 거짓의 모순항인 비거짓(거짓이 아님)이 위치하는 관계를 보여준다. 진실이 비진실과 모순 관계인 이유는 진실과 진실이 아님은 논리적으로 완전히 분리되어 있고 구분되는 것이기 때문이다. 진실과 거짓은 서로 반대항이지만 서로 겹치는 부분이 있을 수도 있다. 진실이면서 거짓인 말이나 상황이 존재할 수 있기 때문이다. 하지만 진실이면서 동시에 진실이 아닌 것은 논리적으로 존재할 수 없다.

신화는 이항 대립구조를 통해 의미를 부여한다

〈겨울왕국 2〉뿐만 아니라 우리가 접하는 대부분의 미디어 콘텐츠를 분석해보면 이항 대립구조가 발견된다. 〈겨울왕국〉에서는 밝은 안나/냉담한 엘사, 여름/겨울, 따뜻함/차가움, 태양/눈, 물/얼음 등의 이항 대립구조가 나타난다. 그 이유는 이항 대립구조가 인간이 세상을 이해하는 보편적인 사고체계이기 때문이다.

프랑스 인류학자 클로드 레비스트로스(Claude Lévi-Strauss)는 이항 대립구조가 사회를 구성하는 원리라고 생각했다. 하늘과 땅, 선과 악, 동물과 식물, 낮과 밤, 오른쪽과 왼쪽, 빛과 어둠, 삶과 죽음, 자연과 문화 등 수많은 이항 대립구조가 인간의 사고체계를 지배하고 있으며, 이 구조는 모든 인간 사회에서 보편적으로 발견된다는 것이다.[6]

레비스트로스가 보기에, 이항 대립구조는 '할 수 있는 것'과 '할 수 없는 것' 사이의 대립으로부터 출발한다. 인간은 허용되는 것과 금지되는 것을 구분하는 이항 대립구조를 바탕으로 사회를 구성한다.

이러한 구조는 모든 사회에서 나타나는 보편적인 것이기 때문에 사회의 형태가 더 단순하거나 더 복잡해 보일 수는 있지만 어떤 사회가 다른 사회보다 더 미개하거나 더 진보했다고 볼 수 없다. 여러 형태의 사회와 다양한 문화들이 존재하지만, 서로 우열은 없다. 모든 인간 사회는 동등하다는 것이 레비스트로스의 주장이다.

이러한 주장은 사회진화론에 빠져 제3세계 사람들을 야만인이나 미개인으로 취급하던 20세기 초 서구 사회에 큰 파장을 일으키면서 '문화상대주의'가 등장하는 데 커다란 기여를 했다. 문화상대주의는 절대적으로 우월하거나 열등한 문화는 없으며, 모든 문화가 각자 고유한 가치를 가지고 있다는 관점이다.

이항 대립구조가 잘 드러나는 대표적인 이야기는 바로 신화나 설화이다. 신화는 황당무계한 옛날이야기이거나 재미있는 판타지가 아니다. 신화는 자연에서 찾은 이항 대립구조를 통해 여러 사회에서 발견되는 차이에 의미를 부여하는 작업이다. 즉, 신화는 일종의 분류체계인 것이다. 따라서 신화의 구조를 분석하는 것은 그 신화를 만든 사람들이 사회를 어떻게 분류하고 이해했는지를 알려준다.

레비스트로스는 이항 대립구조로 범주화된 신화의 요소들을 '신화소 (mythème)'라고 부른다.[7] 마치 〈겨울왕국 2〉의 의미가 기호사각형을 구성하는 의소들 사이의 논리적 관계를 통해 드러나듯이, 신화의 의미도 구체적인 내용에서 발생하는 것이 아니라 신화소들 사이의 논리적 관계에 의해 발생한다.

다음은 캐나다 서부에 살던 원주민 부족의 신화 중 하나이다.

옛날에 인간과 동물이 명확히 구분되지 않았을 때, 못된 바람이 아무 때나 불어서 조개를 줍지도 못하고 낚시도 못하는 등 많은 고통을 받았다. 생물들은 바람과 싸워 이겨서 문제를 해결하고자 길을 떠났다. 이때 홍어가 남풍을 사로잡는 데 성공하고 일 년 중 특정 기간에만 불거나 하루 걸러 한 번씩만 불겠다는 약속을 받아냈다. 이후 생물들은 정상적인 생활을 할 수 있었다.

레비스트로스는 이 신화에서 홍어가 영웅으로 묘사되는 것은 이항 대립구조를 구현하는 속성을 갖기 때문이라고 설명한다. 홍어는 납작한 물살이라서 옆에서는 얇아서 잘 보이지 않지만(부재), 위에서 보면 넓고 크다(존재). 또한 등 부분은 거칠지만 배 부분은 미끈미끈하다. 즉, 홍어는 부재와 존재의 이항 대립, 거침과 부드러움의 이항 대립을 한 몸에 담고 있다. 홍어가 항상 거칠게 불어대는 바람을 제압한 결과, 바람의 부재와 존재, 자연의 거침과 부드러움이라는 자연의 이항 대립구조가 나타나게 되었다. 결국, 홍어는 자연의 이항 대립을 매개하는 몸을 갖고 있었기 때문에 신화에서 영웅의 역할을 수행해낼 수 있었다.(6-14)

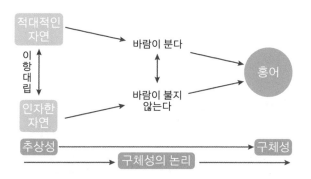

6-14 레비스트로스의 신화 구조.

　한국의 단군 신화에서도 이항 대립구조가 발견된다. 예로 하늘(환웅)/땅 (곰, 호랑이), 식물(쑥, 마늘)/동물(곰, 호랑이), 동굴 속(곰)/동굴 밖(호랑이), 땅 속(마늘)/땅 위(쑥), 신(환웅)/인간(웅녀) 등이 있다. 쑥과 마늘은 동물을 사 람으로 만드는 매개체의 역할을 하고, 동굴은 곰을 사람으로 만드는 매개 체의 역할을 한다. 호랑이가 아니라 곰이 사람이 된 것은 바로 곰이 동굴 속에서 겨울잠을 자는 동물이기 때문이다. 사람으로 태어나기 위해서는 어머니의 자궁 속에서 일정 기간 잠을 자야 하는 것과 같다. 곰이 남자가 아니라 여자로 변한 것은 바로 신(환웅)이 남자이기 때문이다. 결국, 단군 은 하늘과 땅, 신과 인간, 동물과 인간이라는 이항 대립을 해소하며 태어 난 존재라고 할 수 있다.

과도한 인스타그래머블은
피로감을 유발한다

인상 관리

내 안에는
두 명의 '나'가 있다

아버지와 아들이 차를 타고 가고 있었다. 갑자기 마주 오던 트럭 한 대가 중앙선을 넘어와 충돌하는 사고가 발생했다. 운전을 하던 아버지는 그 자리에서 즉사하고, 아들은 큰 부상을 당해 의식을 잃은 채 병원에 후송되었다. 응급실로 실려온 아들을 보면서 의사가 외쳤다. "이럴 수가…이 아이는 내 아들이야." 이 의사와 아들은 무슨 관계일까?

이 질문에 바로 답을 한 사람도 있겠지만 순간 당황한 사람도 있을 것이다. "아니? 아버지가 둘이야?"라고 생각한 사람도 있을 것이다. 의사가 아들의 어머니(여성)라면 이 상황은 큰 문제 없이 쉽게 이해된다. 그런데 왜 이 간단한 질문 앞에서 많은 사람이 순간적으로 답을 하지 못하고 당황하는 것일까?

바로 언어가 우리들이 세상을 이해하는 방식을 표현하기 때문이다. 일반적으로 우리의 머릿속에서 의사라는 단어는 '남성'과 연결되어 있다. 현실 사회에는 여성 의사도 상당히 많지만, 우리의 집단무의식에 각인되어 있는 의사라는 단어는 '남성'이라는 의미로 더 강하게 규정되어 있는 경우가 많다. 그러니 "아버지가 둘인가?"라며 혼란스러워하게 되는 것이다.

언어, 즉 기호는 사물이나 사람이 원래부터 가진 것을 표현하지 않는다. 사람이나 사물 안에 의미가 내재되어 있지 않기 때문이다. 모든 사람은 이름을 갖고 있다. 하지만 그 이름을 처음부터 갖고 태어나는 사람은 없다. 어떤 아이에게 '강철'이라는 이름을 붙이고 주위 사람들에게 강철이라는 이름으로 소개하면 그 아이는 강철이라고 불리게 된다. 나무·강아지·사랑·평화와 같은 단어도 마찬가지다. 태어난 아이에게 이름을 붙이듯이, 우리는 세상의 모든 것에 이름을 붙인다. 그 이름은 나 혼자 알고 있는 것이 아니라, 사회 구성원들이 모두 그렇게 부르기로 약속한 이름이다.

사회적 약속을 통해서 사람이나 사물에게 이름이 부여된다는 것은 그들에게 일정한 의미가 할당된다는 뜻이다. 우리는 이름을 통해 사람이나 사물을 이해하고, 이름으로 사람이나 사물을 대체한다. 사람이나 사물이 현실에 존재하지만, 우리가 관계를 맺는 존재는 현실의 사람이나 사물 자체가 아니라 그것들의 이름이다. 즉, 우리와 실제 세계 사이에 언어가 개입하는 것이다. 따라서 실제 세계가 어떤 모습인지가 중요한 것이 아니라 사람들이 실제 세계에 어떤 의미를 부여하는지가 더 중요해진다.

미국의 언어학자 에드워드 사피어(Edward Sapir)와 벤자민 리 워프(Benjamin Lee Whorf)는 언어가 인간의 사유에 직접적으로 영향을 미친다고 주장했다.[8] '사피어-워프 가설'이라고 불리는 이 주장에 따르면, 언어는 현실을 묘사하는 것이 아니라 현실의 모습을 규정한다.

예를 들어, 북극의 이누이트(Inuit)족이 사용하는 언어에는 눈을 세밀하게 구분하는 단어가 다른 언어보다 더 많기 때문에 이누이트족이 경험하는 눈의 세계와 다른 사람들이 경험하는 눈의 세계는 완전히 다르다고 할수 있다. 언어가 다르면 세상을 다르게 경험하게 된다는 것이다.(6-15)

사람들이 언어라는 상징을 이용해 상호작용하면서 현실세계에 주관적 의미를 부여하고 이해함으로써 자기가 몸담고 살아가는 사회를 형성한다는 관점을 '상징적 상호작용주의(symbolic interactionism)'라고 한다.

6-15 이누이트들이 눈으로 만든 블록이나 얼음으로 만든 집인 이글루.

상징적 상호작용주의를 주창한 미국의 사회학자 조지 미드(George Herbert Mead)는 『정신, 자아, 사회』라는 책에서 "개인의 생각은 홀로 존재할 수 없으며, 다른 사람들과의 커뮤니케이션을 통해 같은 의미를 공유할 때에만 존재할 수 있다"고 주장했다.[9] 즉, 인간의 의식은 주위 사람이나 사회적 환경과의 상징적 상호작용의 결과라는 것이다.

인간을 사회적 동물 또는 사회적 존재라고 하는 이유는 기본적으로 인간이 언어를 사용하기 때문이다. 언어 자체가 사회적 산물이기 때문에 인간은 언어를 학습하고 사용하면서 사회적 존재가 된다. 우리는 한국어를 말하고 한국어로 생각한다. 한국어 자체가 이미 사회적 의미를 가진 수많은 단어로 이루어져 있고, 그 의미는 내가 처음으로 만든 게 아니라, 다른 사람들이 무수한 커뮤니케이션을 통해 이미 만들어놓은 것이다. 따라서 한국어를 사용한다는 건 다른 사람들과 의미를 공유하면서 대화를 나누는 것과 같다.

상징적 상호작용주의에 따르면, '자아'는 사회적으로 구성되는 것이다. 나는 자기반성이나 성찰이 아니라 다른 사람의 역할을 수행해보고, 다른 사람이 나를 보는 관점을 상상하는 과정을 통해 자아를 만들어간다. 미드는 내 안에 두 명의 '나'가 있다고 했다.[10] 바로 주체로서의 '나(I)'와 객체로서의 '나(me)', 즉 자신의 신념과 욕구에 따라 사는 나와 다른 사람의 요구와 기대에 맞추어 사는 나이다. 내 안에서는 그 두 명의 내가 지속적으로 대화를 나누면서 자아를 구성한다.

이처럼 자아를 구성하는 객체로서의 나는 '일반화된 타자(generalized other)'의 영향을 받는 존재이다. 일반화된 타자란 나의 행동을 평가하는 데 준거가 되는 사회적 기대를 의미한다. 나는 특정한 상황에서 어떻게 행동해야 다른 사람들이 좋아하는지를 알고 있다. 나는 일상생활의 다양한 상황에서 다른 사람들이 내가 특정한 방식으로 행동해주기를 기대한다는 것을 안다. 부모님의 기대, 선생님의 바람, 친구들의 요구가 어떤 것인지 나는 안다. 다른 사람들의 기대는 사회화 과정을 통해 내 안에 내면화된 것이다. 즉, 내 안에는 일반화된 타자가 살고 있고, 매 순간 내가 어떻게 행동해야 하는지를 알려준다.

인상 관리를 통해
'긍정적인 나'를 구축한다

내가 어떤 행동을 할 때 일반화된 타자의 생
각을 고려하는 이유는 다른 사람들이 나에 대해 갖는 인상을 긍정적으
로 만들기 위해서이다. 이처럼 나에 대한 정보를 통제하고 관리함으로써
나 자신에 대한 타인의 인식에 영향을 끼치는 것을 '인상 관리(impression
management)'라고 한다.(6-16)

미국의 사회학자 어빙 고프만(Erving Goffman)은 『자아 연출의 사회학』
이란 책에서 우리는 다른 사람의 눈으로 자기 자신을 바라보면서 다른 사
람에게 긍정적 이미지를 줄 수 있는 방식으로 태도나 행동을 통제하려 한
다고 주장했다.[11] 이때 다른 사람의 눈이란 상황과 집단에 따라 달라질 수
있다.

예를 들어 몸에 문신이 있는 사람은 회사 면접을 볼 때 문신을 숨기려
노력한다면, 그 이유는 회사의 간부들이 문신을 부정적으로 인식할 수 있
다고 생각하기 때문이다. 개인적으로는 문신을 좋아하더라도 사회적으로
문신에 대한 인식이 나쁘다고 판단하게 되면, 중요한 결정이 이루어지는
상황에서는 문신을 숨기려 하는 것이다. 반대로 문신에 대한 인식이 좋은

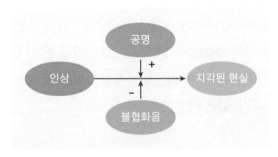

6-16 인상 관리 이론.

집단이나 상황에서는 오히려 문신을 노출하려고 노력할 것이다. 그러한 상황에서는 문신이 자신의 이미지를 좋게 만들 것이라 기대하기 때문이다. 이렇듯 문신의 의미는 고정되어 있는 것이 아니라 사회적 맥락에 따라 변화한다.

인상 관리는 결국 사회적으로 자기의 모습을 노출하는 과정을 통제하려는 노력이다. 이는 크게 두 가지 방식으로 이루어진다. 하나는 자기의 고유한 이미지를 과시하고 드러내는 방식이고, 또 하나는 다른 사람들의 기대에 맞는 이미지를 연출해 보여주는 방식이다. 전자가 자기의 개성을 드러냄으로써 호감이나 긍정적 이미지를 만드는 방식이라면, 후자는 사회가 요구하는 모범적인 이미지에 동참하는 방식이다.

상징적 상호작용주의에 따르면, 언어는 사물이나 사람의 본질을 드러내는 것이 아니라, 그들에게 특정한 의미를 부여하는 것이다. 인상 관리도 사람의 본질을 드러내는 작업이 아니라 사람의 의미를 만드는 작업이다. 인상 관리 방법 중에 사람을 특정한 단어로 부르는 방법이 있는데, 이는 단어를 긍정적 의미로 사용하면서 사람의 인상을 좋게 만드는 작용을 한다. 고가의 브랜드를 '명품'이라고 부르는 것과 '사치품'이라고 부르는 것이 큰 차이를 발생시키는 것처럼, 평범한 사람일지라도 '훈남'이라고 부르게 되면 그 사람의 이미지가 좋아진다.

일상생활에서 소셜미디어는 우리가 상징을 조작해 인상 관리를 하는 대표적 미디어이다. 소셜미디어 자체가 개인이 자기의 계정을 이용해 외모와 직업뿐만 아니라 개인적인 생각·감정·경험 등을 표현하는 미디어이기 때문이다.

소셜미디어를 통해 자기를 표현하려는 동기 가운데 가장 주요한 것은 자존감 유지이다. 팔로워 수, 구독자 수, 조회 수, 좋아요 수, 댓글 수 등은

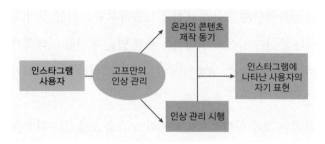

6-17 인스타그램 유저가 고프만의 인상 관리를 활용하는 과정.

소셜미디어 이용자의 외모·능력·활동 등에 대한 다른 사람의 평가를 측정하는 객관적 수치의 역할을 한다. 인상 관리에 실패하면 팔로워·구독·조회·좋아요 등의 수치가 즉시 감소하고, 부정적 댓글의 수가 크게 증가하는 결과가 나타난다.

온라인에서의 긍정적 자기 이미지를 구축하기 위해 소셜미디어 이용자는 다양한 전략을 구사한다. 최근 소셜미디어는 문자보다 사진 또는 영상을 주로 이용해 인상 관리를 하는데, 청소년과 청년 세대의 경우에는 외모를 드러내는 사진이나 영상을 주로 업로드한다. 그들이 즐겨 사용하는 소셜미디어인 인스타그램이 주로 사진과 영상을 기반으로 메시지를 전달하기 때문에 이러한 경향이 더욱 두드러지게 나타난다.(6-17)

그 결과 인스타그램에 사진이나 영상으로 올리기 적절하다는 의미의 '인스타그래머블(instagrammable)'이라는 신조어까지 등장했을 정도이다. 아름답고 멋진 장소나 풍경·사람·사물 등은 사진 또는 영상으로 촬영해 인스타그램에 올리기 좋기에 인스타그래머블한 것이다. 인스타그래머블한 곳에서 인스타그래머블한 옷을 입고 '인생 사진'을 촬영하는 것이 큰 인기를 끄는 이유이다.(6-18)

소셜미디어에서의 상징 조작은 단순히 사진과 영상을 보정하고 조정하

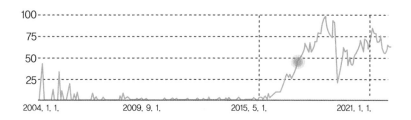

6-18 구글 트렌드의 '인스타그래머블' 검색 통계 자료를 보면 2015년부터 시작해 2018년과 2019년에 전 세계적으로 '인스타그래머블'에 대한 관심이 급증했음을 알 수 있다.

는 수준에서 벗어나 거짓 정보와 가짜 신분을 만들어내기도 한다. 소셜미디어의 경우, 이용자는 자신의 계정을 누가 방문하는지 정확히 알아낼 수가 없다. 그래서 이용자는 자신의 계정을 방문하는 타인들을 상상할 수밖에 없다. 이 상상된 타인들이 일반화된 타자의 역할을 한다. 그들의 눈에 가장 매력적으로 보일 수 있는 방식으로 상징을 조작하면서 이용자는 인상 관리를 한다.

소셜미디어에서 인상 관리에 성공하면 스타덤에 오르고 고수익을 올릴 수 있는 기회가 되기도 하기에 인상 관리를 위한 노동 강도는 매우 커질 수 있다. 하지만 동시에 과도한 인상 관리는 '소셜미디어 피로감(social media fatigue)'을 유발하고, 자존감에 악영향을 끼칠 수도 있다.

소셜미디어의 선택지,
포모 증후군 VS 조모 현상

2021년 10월 4일, 미국의 IT기업 메타(Meta)와 자회사인 페이스북, 인스타그램, 왓츠앱(WhatsApp) 등에서 심각한 기술 장애로 정전이 발생해 전 세계적으로 6~7시간 동안 모든 서비스가 중단되었다. 수십억 명의 사람들이 자신의 계정에 접속할 수 없었고, 이메일·메신저 등을 사용할 수 없게 되었다. 정전으로 인한 소셜미디어의 서비스 중단은 수십억 명의 삶에 영향을 미쳤다. 많은 사람이 서비스 중단으로 인해 불편함, 지루함, 짜증, 세상과 단절된 느낌을 받았다고 호소했다.

2021년 기준으로 페이스북은 미국 성인의 약 70%가 매일 사용하고 있고, 왓츠앱은 페이스북과 유튜브에 이어 전 세계에서 세 번째로 많이 사용되는 소셜 네트워크 미디어이다. 또한 젊은 세대를 중심으로 미국 성인의 40%가 인스타그램을 사용한다.[12] 이와 같은 소셜미디어를 이용해 사람들은 정보를 교환하고 사업 업무를 관리할 뿐 아니라 친구들과 의견과 감정을 교환하면서 인간관계와 유대감을 형성한다.[13]

코로나 팬데믹으로 인해 사람들이 일상에서 강제적인 고립과 외출 자제라는 사회적 거리두기 상태에 놓이게 되면서 인간관계를 맺고 사회적 유대감을 느끼기가 힘들어졌다. 비대면 상황이 지속되면서 단절 상황으로 인해 발생한 답답함과 지루함에서 벗어나기 위해

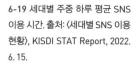
■ 1시간 30분-2시간 미만　■ 2시간-2시간 30분 미만
■ 2시간 30분-3시간 미만　■ 3시간 이상

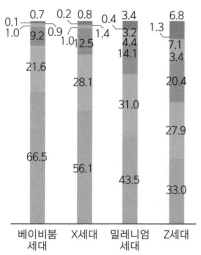

소셜 네트워크 서비스를 이용하는 사람들이 크게 늘었고, 소셜미디어에 대한 의존도가 높아졌다. 팬데믹 사태가 소셜미디어를 더욱 일상의 필수적 미디어로 만든 것이다.(6-19) 메타의 정전 사태로 인해 일상생활에서 필수적인 미디어로 자리잡은 소셜미디어의 갑작스러운 서비스 중단은 사람들에게 불안감과 스트레스를 증폭시킨다는 사실이 밝혀졌다.

우리가 다른 사람들과 원활한 인간관계를 맺지 못할 때 느끼는 불안감을 '소외에 대한 두려움(FoMO: Fear of Missing Out)'이라고 한다. 이 포모(FoMO) 증후군은 특히 소셜미디어의 사용과 관련해 이용자들이 다른 사람들과 단절·고립되었다고 느낄 때 발생하는 심리적 불안감을 의미한다. 포모 증후군을 느끼는 사람은 타인과의 밀접한 연결감을 회복하기 위해 더욱더 소셜미디어 이용에 몰두하는 경향을 보인다.

직장인의 SNS 피로도

SNS 때문에 피로를 느끼고 있습니까?

(단위 : %)

아니다
30.6

그렇다
69.4

6-20 소셜미디어 피로감 조사. 〈직장인 10명 중 7명, SNS서 피로감 느껴〉, 《매일경제신문》, 2017. 8. 30.

피로를 느끼는 이유는 무엇입니까?

(단위 : %)

원하지 않는 내용이 많이 보여서	27.7
광고·마케팅이 너무 잦아서	26.1
일과 사생활의 경계가 모호해져서	15.8
시간을 많이 소비하게 되어서	14.6
사생활이 노출되어서	8.6
직장 상사 및 동료와 연결되는 것이 싫어서	7.2

반면에, 메타의 서비스 장애로 소셜미디어를 이용할 수 없었던 사람들 중에는 오히려 심리적 압박에서 벗어나 긍정적 감정을 경험하는 사람도 적지 않았다. 끊임없이 누군가에게 자기의 감정을 전하고 그들의 삶을 지켜보고 응답해야 한다는 의무에서 벗어난 홀가분함을 느낀 것이다. 소셜미디어로 연결되는 온라인 관계에서 벗어남으로써 오히려 즐거움을 느끼는 현상을 '잊히는 즐거움(Joy Of Missing Out)'이라고 한다.

이러한 '조모(JoMO) 현상'은 최근에 능동적으로 SNS 애플리케이션을 삭제하고 온라인 관계를 스스로 단절하면서 혼자만의 여유로운 삶을 즐기려고 하는 일련의 행동으로 나타나기도 한다.

조모 현상은 소셜미디어의 과도한 사용으로부터 발생하는 소셜미디어 피로감(social media fatigue)과 관련이 있다.[6-20] 소셜미디어 피로감은 소셜미디어 사용 과정에서 이용자가 느끼는 지속적이거나 쉽게 재발하는 피로감과 주의력 감소를 말한다. 소셜미디어 피로감은 일반적으로 정신적 피로감을 지칭한다.

소셜미디어의 친구 계정에 매번 '좋아요'를 누르고 댓글을 달아주어야 하는 사회적 의무로부터 오는 피로, 인상 관리를 위해 자기의 아름다운 외모 사진과 영상을 올리고 화려하고 멋진 삶의 모습을 계속 보여주어야 한다는 강박감에서 오는 피로, 가짜 뉴스나 과도한 광고에 지속적으로 노출되는 것에서 오는 피로, 원하지 않는 알림이나 연락 요청 등을 경험하는 부정적 상황이 주는 피로 등이 소셜미디어 피로감을 증가시키는 원인이다.

특히 소셜미디어에서 접하게 되는 다른 사람의 화려한 삶과 자기의 삶을 비교하는 과정에서 발생하는 상대적 박탈감은 우울증으로 이어지기도 한다. 최근에는 이러한 현상을 '카페인(카카오스토리·페이스북·인스타그램) 우울증'이라고도 부른다.

사람들을 설득하고
동기부여를 해주는 기술

수사학

민주주의 정치의 소산,
수사학

20세기 초 미국에서는 흑인에 대한 사회적 편견이 심했다. 그중의 하나는 흑인이 노동조합의 파업을 방해한다는 것이었다. 대부분의 흑인은 공장이 많지 않은 남부 출신이라서 노동조합에 대한 이해가 부족하기 때문에 노동조합의 대표적 활동인 파업을 방해하고 무산시키는 역할을 한다고 믿었다.

이러한 편견이 널리 퍼져 있었기 때문에 노동조합에서는 흑인을 조합원으로 받아들이기를 꺼려했다. 노동조합에서 배척을 당한 수많은 흑인 노동자는 안정적인 일자리를 찾기가 어려웠다. 흑인 노동자들은 어쩔 수 없이 파업하는 노동자들을 대체하는 임시직 노동자가 되어야 했고, 결과적으로 파업을 방해하고 무산시키는 역할을 맡을 수밖에 없었다.

이는 미국의 사회학자 로버트 머튼(Robert K. Merton)이 말한 '자기충족적 예언(self-fulfilling prophecy)'의 대표적인 사례이다.[14] 자기충족적 예언이란 우리가 어떤 생각이나 말을 하면서 그것을 굳게 믿을 때 현실에서 실현되는 현상을 가리킨다.[6-21] 흑인 노동자가 파업방해자라고 믿고 노동조합에서 배척했더니 정말로 파업방해자가 되었다거나, 은행이 망할 것이라고 예측하고 그 말을 했더니 사람들이 순식간에 은행에서 돈을 인출하는 사태가 벌어져 은행 파산을 초래했다는 사례 등이 대표적인 자기충족적 예언의 사례이다.

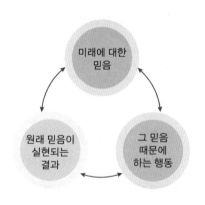

6-21 자기충족적 예언.

사람들이 어떤 것을 진심으로 믿는다면 자기도 모르게 믿음에 부합하는 방식으로 행동하게 되고, 그 결과 믿는 것이 실제로 실현되는 일이 발생할 수 있다. 자기가 공부를 못하는 바보 같은 학생이라고 믿는 사람은 공부에 흥미를 느끼지 못하고 빈둥거리며 시간을 보내게 되기 때문에 실제로 성적이 떨어지게 된다. 이 사실은 사람들이 어떤 것을 믿도록 설득하게 되면 뜻밖의 엄청난 결과를 유발시킬 수도 있다는 점을 잘 보여준다. "나는 할 수 있다"라고 말하는 것이 중요한 이유는 바로 그 말이 자기충족적 예언으로 실현될 가능성이 크기 때문이다.

사람들에게 어떤 것을 믿게 함으로써 결국 그 일이 실현되게 하는 말의 힘은 매우 강하다. 사람들에게 정보를 주고 설득하고 동기를 부여하기 위해 논리적으로 말과 글을 구성하는 기술을 '수사학(rhetoric)'이라고 한다. 수사학의 기원은 고대 그리스 시대로 거슬러 올라간다. 고대 그리스에서 수사학이 발달한 이유는 바로 토론을 통해 의사결정을 하는 민주주의 정치가 확립되어 있었기 때문이다.

민주주의 정치가 시작된 고대 그리스 사회에서는 어떻게 말을 하느냐가 매우 중요한 문제였다. 고대 그리스 사람들은 생각과 의견을 말로 적절하게 표현하고, 다른 사람에게 효과적으로 이해시키는 능력은 뛰어난 인성과 훌륭한 시민정신을 드러내는 능력이라고 믿었다. 그 결과 말을 하는 기술을 전문적으로 연구하고 가르치는 사람들이 등장했다. 바로 소피스트(sophist)이다.

소피스트는 자신의 목적을 달성하기 위해 궤변을 일삼는다며 부정적으로 평가되었는데, 이는 고대 그리스 철학자 플라톤의 영향 때문이었다. 플라톤은 크게 두 가지 점에서 소피스트들을 부정적으로 평가했다.

하나는 소피스트들이 사람들을 속이는 말장난과 말재주를 가르치면서 돈을 번다는 것이었다. 소피스트들은 주로 아테네인이 아니라 외국인이었는데, 그들은 아테네에 와서 웅변 교육이나 시범 연설을 통해 큰돈을 벌었다. 이는 지식의 전수를 대가로 돈을 요구하는 행위였기 때문에 플라톤의 시각으로는 참된 지식인의 덕목을 거스르는 일이었다.

다른 하나는 좀 더 본질적인 문제인데, 바로 소피스트들이 객관적이고 절대적인 진리를 추구하지 않는다는 점이었다. 플라톤은 진정한 지식, 즉 철학은 객관적 진리를 발견하는 작업이라고 생각했다. 그런데 소피스트들은 객관적 진리와는 무관한 주관적 의견을 말재간을 통해 그럴듯하게 포장함으로써 마치 진리인 것처럼 보이게 만든다는 것이 플라톤의 판단이었다.

6-22 〈데모크리토스와 프로타고라스〉, 살바토르 로사 작, 1663~1664.

하지만 20세기 중반 이후 객관적 진리에 대한 회의론이 넓게 확산되면서 소피스트들의 수사학이 재평가되고 있다.

소피스트들은 진리에 대해 기본적으로 상대주의적 입장을 가졌다. 대표적인 소피스트인 프로타고라스는 진리에 대해 '인간척도론'을 주장했다.(6-22) 어떤 음식이 나에게는 맛있게 느껴지는데, 다른 사람에게는 역겹게 느껴진다면 그 음식은 맛있는 음식일 수도 있고, 역겨운 음식일 수도 있다. 그 음식이 입맛에 맞는다는 사람도 거짓을 말하는 것이 아니고, 음식이 역겹다는 사람도 진실을 말하는 것이다. 중요한 것은 음식의 본성이 무엇인가가 아니라 음식이 사람들에게 어떻게 인식되는가 하는 점이다. 사물의 본성 안에 객관적 진리가 있는 것이 아니라 인간이 사물의 진리를 판단한다는 것이 '인간척도론'의 핵심이다.

진리에 대해 상대주의적 입장을 취하게 되면, 사물에 대한 여러 의견 중 어떤 의견이 특정한 상황에서 좀 더 큰 설득력을 지니는지를 판단하는 일이 매우 중요해진다. 그렇기에 소피스트들의 수사학은 하나의 의견을 다른 의견들에 비해 좀 더 설득력 있게 만드는 방법이었다.

아리스토텔레스는 스승인 플라톤과는 달리 소피스트들의 수사학에 대해 좀 더 유연한 입장을 보였다. 그는 소피스트들의 수사학 기법 중에서 일부를 수용하면서 고전적 수사학을 완성했다. 아리스토텔레스는 수사학이 비록 절대적인 객관적 진리를 추구하는 방법이 될 수는 없지만, 학문과 지식의 발전에 도움이 되는 긍정적인 기술이라고 믿었다.

대중 설득의 논증 방법: 로고스·에토스·파토스

수사학의 체계적 이론을 세운 아리스토텔레스는 대중을 설득하는 데 필요한 논증 방법으로 로고스(logos), 에토스(ethos), 파토스(pathos)라는 세 가지 방법을 제시했다.[6-23] 로고스는 이성적 논증 방법, 에토스는 윤리적 논증 방법, 파토스는 감성적 논증 방법을 가리킨다. 이 세 가지 방법을 적절히 사용해야 효과적인 방식으로 설득력 있게 자신의 의견을 다른 사람에게 전달할 수 있다.

첫째, 로고스는 주장을 논리적으로 증명하는 방법이다. 로고스는 주장을 뒷받침할 수 있는 증거나 증언을 제시함으로써 주장의 옳음을 증명하는 방식으로 전개된다. 주장을 논리적으로 증명하는 고전적인 방법은 '삼단논법'의 형식을 가지고 있다. 삼단논법은 두 개의 전제를 통해 결론의 옳음을 증명하는 방식이다. 다음과 같은 논증 방식이 대표적인 삼단논법이다.

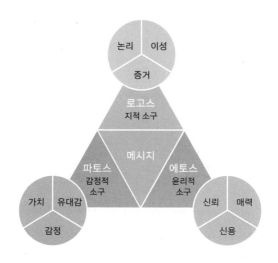

6-23 아리스토텔레스가 제안한 3가지 논증 방법.

대전제: 모든 사람은 평등하다.
소전제: 나는 사람이다.
결론: 따라서 나는 다른 사람과 평등한 대우를 받아야 한다.

삼단논법은 "B가 C이고 A가 B이면 A는 C이다"의 형식을 가진다. 이는 대전제와 소전제 사이의 논리적 관계를 통해 결론을 이끌어내는 방식이라는 점에서 '연역적 추론'에 속한다.

> **연역적 추론**
> 하나 또는 둘 이상의 명제를 전제로 하여 규정된 논리적 형식에 의해 새로운 명제를 결론으로 이끌어내는 추론 절차.

아리스토텔레스는 삼단논법을 기반으로 해서 더욱 강력한 논증력을 가진 '생략삼단논법(enthymeme)'을 사용할 수 있음을 알려주었다. 생략삼단논법은 삼단논법에서 사용되는 두 가지 전제 중 하나를 당연한 것으로 간주하고 생략하는 논법이다. 위에 제시된 삼단논법은 현실에서는 아래와 같이 대전제를 생략하는 방식으로 더 자주 사용된다.

소전제: 나는 사람이다.
결론: 따라서 나는 다른 사람과 평등한 대우를 받아야 한다.

"모든 사람은 평등하다"라는 대전제는 당연한 사실로 받아들여질 수 있기 때문에 대전제를 생략하고 "나는 사람이기 때문에 다른 사람과 평등한 대우를 받아야 한다"라고만 말해도 논증의 설득력은 감소하지 않는다.

생략삼단논법은 오히려 대전제를 생략함으로써 대전제를 모든 사람이 알고 있고, 또 인정하는 당연한 명제로 만드는 효과를 발생시킨다. 삼단논법은 청중들에게 대전제를 알려주면서 논증하는 방식이지만, 생략삼단논법은 대전제를 청중에게 알려주지 않음으로써 청중 스스로 대전제를 생각해내고 대전제에 동의하도록 만들기 때문에 더 큰 설득력을 가질 수 있다.

소전제: 너는 청소년이다.
결론: 그러므로 너는 도전적이어야 한다.

이 생략삼단논법은 "모든 청소년은 도전적이다"라는 대전제를 생략한 것이다. 이 대전제를 생략하면, 청중은 스스로 "모든 청소년은 도전적이다"라는 대전제를 당연한 진리로 받아들일 수밖에 없다.

둘째, 에토스는 말하는 사람이 가진 윤리적 특징을 이용해 논증하는 방법이다. 에토스는 말하는 사람의 품성이 청중에게 어떻게 인식되는지에 따라 결정된다. 청중이 연설가를 신뢰한다면 그가 하는 말의 설득력은 매우 클 것이다. 그렇기에 연설가는 청중이 그를 신뢰할 수 있도록 그가 가진 좋은 품성을 보여주어야 한다.

아리스토텔레스는 연설가가 갖추어야 할 덕목으로 지성(intelligence), 인성(character), 선의(goodwill)를 꼽았다. 지성은 연설가가 가진 지식이 공동체의 가치와 얼마나 결부되어 있느냐에 따라 결정된다. 공동체가 공유하는 지배적인 가치관을 담고 있는 지식을 이용하면 연설의 설득력은 커진다. 한국에서 고조선의 건국이념인 홍익인간, 세종대왕의 위민 정치, 이순신 장군의 충효정신 등을 언급하는 것은 연설가의 말을 더 설득력 있는 것으로 만든다.

인성은 청중에게 지각된 연설가의 성격이다. 연설가가 보여주는 평소의 말과 행동은 그의 인성에 대한 대중의 판단에 영향을 미친다. 연설가가 선하고 정직한 사람이라는 이미지를 갖고 있다면 그가 하는 말은 설득력이 클 수밖에 없다.

선의는 연설가의 의도에 대한 청중의 호의적인 평가이다. 연설가가 뛰어난 지성과 훌륭한 인성을 갖고 있다고 하더라도 청중의 관심사를 이해하지 못한다고 판단된다면 그의 말은 설득력을 발휘하기 힘들다.

백범 김구의 다음과 같은 글은 그의 인성과 선의에 대한 대중의 호의적인 평가를 바탕으로 큰 설득력을 발휘하면서 지금까지도 널리 회자되는 명문이다.

"나는 우리나라가 세계에서 가장 아름다운 나라가 되기를 원한다. 가장 부강한 나라가 되기를 원하지 않는다. 내가 남의 침략에 가슴이 아팠으니 내 나라가 남을 침략하는 것을 원치 아니한다. 우리의 부는 우리 생활을 풍족히 할 만하고 우리의 힘은 남의 침략을 막을 만하면 족하다. 오직 한없이 가지고 싶은 것은 높은 문화의 힘이다. 문화의 힘은 우리 자신을 행복하게 하고 나아가서 남에게도 행복을 주기 때문이다."[15]

셋째, 파토스는 청중의 감정을 자극해 공감을 끌어내는 방식의 논증이다. 이성이 아닌 감성을 중요한 논증 방법으로 사용한다는 점에서 파토스는 아리스토텔레스의 수사학에서 가장 중요한 요소라는 평가를 받지만 동시에 가장 논란의 대상이 되는 요소이기도 하다.

파토스는 청중이 가진 감정에 호소하거나 청중에게 특정한 감정을 불러일으키는 방식을 통해 연설의 설득력을 높인다. 일반적으로 우리가 느끼는 감정은 우리의 이성적 판단에 영향을 미친다. 우리가 어떤 감정에 사로잡혀 있느냐에 따라 같은 현상도 다른 방식으로 이해된다. 같은 말이라도 기쁠 때 듣는 것, 슬플 때 듣는 것, 화가 났을 때 듣는 것은 전혀 다른 효과를 발생시킨다. 따라서 청중이 가진 감정을 이해하면서 특정한 감정을 불러일으키도록 말을 하는 것은 설득력 있는 연설을 하는 데 있어서 매우 중요하다.

아리스토텔레스는 청중이 가진 감정을 파괴적인 방식으로 이용하기보다는 청중이 이성적인 결정을 내릴 수 있게 돕는 방식으로 이용해야 한다고 주장했다. 분노·사랑·수치심·두려움·연민·존경심 등과 같이 청중이 느낄 수 있는 여러 감정을 자극함으로써 연설가의 주장에 대한 청중의 동의를 끌어내고, 청중이 상황에 대해 올바른 판단을 하도록 만들어야 한다는 것이다.

인지적 복잡성에 따라
메시지가 달라진다

구성주의

인지적 복잡성이 높을수록
정교한 메시지를 구성한다

평소에 잘 알고 지내는 또래 친구들을 떠올려 보자. 그들 가운데 좋아하는 친구 한 명과 싫어하는 친구 한 명을 선정한다. 그리고 각 친구의 성격, 습관, 신념, 다른 사람을 대하는 방식 등을 서로 비교하고 대조하여 두 친구의 유사점과 차이점을 비롯해 모든 종류의 특징을 집어낸다. 생각이 정리되면 먼저 5분 동안 좋아하는 친구에 대해 글로 묘사한다. 단, 신체적 특징을 언급해서는 안 되며, 태도·행동·성격 등을 중심으로 묘사해야 한다. 그 다음 이제는 싫어하는 친구에 대해서도 같은 방식으로 진행한다.

묘사가 끝나면, 친구를 묘사하는 데 사용한 단어의 수를 센다. "진지하다"와 "매우 진지하다"처럼 같은 내용이지만 강조하는 부사를 덧붙인 것은 하나의 특징을 묘사한 것으로 본다. "착하다"와 "선량하다"처럼 표현이 다를 뿐 같은 속성을 의미하는 단어도 하나의 특징을 묘사한 것으로 본다. 나이, 성, 신체적 특징을 묘사한 단어는 인정하지 않는다.

예를 들어, 홍길동에 대해 "착하다, 키가 크다, 움직임이 빠르다, 예민하다, 항상 바쁘다"라고 묘사했다면, 신체적 특성을 묘사한 "키가 크다"를 제외하고 나머지 4개를 합해 총 4점의 점수를 획득한 것으로 인정한다.

이러한 설문 방식을 '역할 범주 설문(role category questionnaire)'이라고 하는데, 이는 사람의 '인지적 복잡성(cognitive complexity)'을 알아보기 위해 고안된 것이다. 이 설문의 점수가 높을수록, 즉 어떤 사람의 특징을 많이 묘사해낼수록 인지적 복잡성이 높다고 평가한다. 어떤 사람의 특징을 서너 개의 표현으로만 묘사했다면, 그 사람이 가진 세밀한 차이들을 정교하게 분류할 능력이 부족하므로 인지적 복잡성이 낮은 것이다. 반대로 어떤 사람의 특징을 스무 개가 넘는 표현을 이용해 묘사했다면, 그 사람이 가진 미묘한 차이의 특징들을 모두 구별해낼 능력이 있으므로 인지적 복잡성이 높은 것이다.

인지적 복잡성이 낮은 사람은 세상을 흑백 논리로 보지만, 인지적 복잡성이 높은 사람은 세상을 다양한 관점과 각도에서 이해한다. 예를 들어 한국의 정치 지형에 대해 평가할 때, 인지적 복잡성이 낮은 사람은 보수와 진보, 좌파와 우파로 구성되어 있다고 말할 것이다. 흑백 논리로 정치 지형을 판단하는 것이다. 하지만 인지적 복잡성이 높은 사람은 다양한 정치적 스펙트럼을 섬세하게 구분해낼 것이다.

'구성주의(constructivism)'에서는 개인이 사회적 경험을 통해 구성한 인지적 복잡성으로 세상을 이해한다고 가정한다. 세상에 대한 개인의 이해 능력은 개별적 경험으로 구성된 결과물인 인지적 복잡성을 통해 드러나기 때문이다. 인지적 복잡성은 특히 대인 커뮤니케이션 과정의 메시지 고안 능력과 밀접히 연관되어 있다.

미국의 커뮤니케이션학자 제시 델리아(Jesse Delia)는 인지적 복잡성이 대인 커뮤니케이션 능력과 밀접한 관계가 있다고 주장했다.[16] 인지적 복잡성이 높을수록 대인 커뮤니케이션 능력이 증대하고, 인지적 복잡성이 낮을수록 대인 커뮤니케이션 능력이 떨어진다는 것이다. 인지적 복잡성이 높으면 주위 환경을 좀 더 세밀하고 다양한 관점에서 분석하고 판단할 수 있고, 따라서 정교한 메시지를 구성할 수 있게 된다.

정교한 메시지를 구성할 수 있는 능력은 크게 두 가지로 구분된다. 하나는 사람 중심 메시지를 구성할 수 있는 능력이고, 다른 하나는 다양한 목표를 동시에 추구하는 메시지를 구성하는 능력이다.

사람 중심 메시지란 대화 상대방을 고려하는 방식으로 만들어진 메시지이다. 인지적 복잡성이 높은 사람은 자기 관점에서만 세상을 보는 게 아니라, 다른 사람의 시각에서도 세상을 파악할 수 있기 때문에 대화할 때 타인의 생각도 함께 고려하면서 메시지를 고안한다. 그러므로 사람 중심 메시지 구성 능력이란 상대방이 처한 상황을 고려하는 메시지를 고안하고 상대방의 반응에 따라 커뮤니케이션 방식을 조절하는 능력을 의미한다.

다양한 목표 추구가 가능한 메시지 구성 능력이란 하나의 메시지를 통해 여러 가지 목표를 동시에 달성하는 능력이다. 인지적 복잡성이 높은 사람은 처음부터 하나의 목표를 위한 메시지를 전달하는 것이 아니라 여러 개의 목표를 달성할 수 있는 메시지를 고안한다.

예를 들어 상사나 동료 또는 친구에게 부당한 대우를 당했을 때 어떤 메시지를 전하는 것이 좋을까? 가장 먼저 생각할 수 있는 메시지는 부당한 대우로 인해 내가 기분이 나쁘다는 감정을 알리는 메시지일 것이다. 이는 하나의 목표를 위한 메시지이며 기분 나쁨을 알리는 데는 성공하겠지만, 자주 만날 수밖에 없는 그 사람과의 관계가 껄끄러워지는 부작용을 유발시킬 수도 있다. 그렇다면 나의 기분 나쁨도 알리면서 그 사람과의 관계도 원만하게 유지할 수 있고, 또 같은 일이 재발하지 않도록 만드는 방식으로 메시지를 고안해야 할 것이다.

인지적 복잡성이 높은 사람은 이처럼 정교한 메시지를 자연스럽게 만들어낸다. 그는 자신, 타인, 사회적 관계, 상황 및 제도를 포함하는 사회적 세계의 실체와 사건을 세밀하고 다양한 각도에서 식별하고 이해하기 때문에 자연스럽게 사람 중심 메시지, 다중 목표 추구 메시지를 고안할 수 있다. 반면에 인지적 복잡성이 낮은 사람은 사회적 세계를 훨씬 단순하게 인지하기 때문에 다양한 측면을 고려하는 메시지를 고안하기 어렵다.

성공적인 사회생활을 위한 수사적 메시지

일반적으로 사람들이 메시지를 고안하는 논리는 다음과 같이 세 가지로 구분될 수 있다. 표현적 메시지 고안 논리 (expressive message design logic), 관습적 메시지 고안 논리(conventional message design logic), 수사적 메시지 고안 논리(rhetoric message design logic)이다. 인지적 복잡성이 낮을수록 표현적 메시지 고안 논리를 이용하는 경우가 많아지고, 인지적 복잡성이 높을수록 수사적 메시지 고안 논리를 사용할 가능성이 커진다.(6-24)

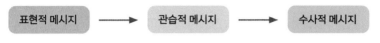

오른쪽으로 갈수록 인지적 복잡성이 높아진다.

6-24 메시지를 고안하는 논리.

표현적 메시지 고안 논리는 자기의 생각과 감정을 표현하고 전달하기 위해 메시지를 고안하는 것이다. 이 논리에서 중요한 점은 얼마나 솔직하고 진실하게 자기의 생각과 감정을 표현하고 전달하느냐는 것이다. 표현적 메시지 고안 논리를 가진 사람들은 자기의 생각이나 입장·감정·느낌을 아주 충실하게 전달하려고 노력한다. 표현적 메시지 고안 논리에서 상대방이 내 말을 듣고 어떻게 반응할 것인지, 어떤 감정을 가질 것인지는 중요한 고려 사안이 아니다. 메시지를 정확하게 표현하고 명확하게 전달한다는 관점에서 보면, 표현적 메시지는 매우 효율적인 커뮤니케이션을 가능하게 한다. 하지만 상대방의 감정을 고려한다거나 원만한 인간관계를 유지한다는 점에서는 부정적인 결과를 낳을 수 있다.

관습적 메시지 고안 논리는 사회적 관습이나 규범에 적합한 방식으로 메시지를 고안하는 것이다. 사회적 커뮤니케이션이 이루어지는 상황은 대개 유형화되어 있는 경우가 많고, 상황마다 관습적으로 하는 말들이 어느 정도 정해져 있다. 그래서 관습적 메시지 고안 논리를 사용하는 사람은 자기의 의견이나 감정을 있는 그대로 전달하기보다는 사회적 규범이나 원칙에 부합하는 방식으로 메시지를 고안함으로써 무난하고 효율적인 커뮤니케이션을 수행하고자 한다.

수사적 메시지 고안 논리는 커뮤니케이션을 사회적인 자아와 맥락의 창조물이자 협상물로 보고 인간관계와 커뮤니케이션 맥락을 이해하고 결과를 고려하면서 메시지를 고안하는 것이다. 수사적 메시지 고안 논리를 가진 사람들은 기본적으로 자기의 주장이나 입장을 전달하는 데 그치는 것이 아니라 자기의 의견이 커뮤니케이션 맥락 속에서 어떤 의미를 발생시키고, 상황이 어떻게 변할 것인지를 고려한다.

학교에서 조별 과제를 하는데 한 친구가 자기가 맡은 일을 제대로 하지 않는다면, 조장은 어떤 말을 할 수 있을까? 표현적 메시지 고안 논리에 따르면, 화가 나는 감정을 그대로 드러낼 것이다. "어떻게 이런 엉망진창인 내용을 가져오냐? 정말 실망했다." 관습적 메시지 고안 논리를 사용하는 사람은 "네 개인 과제라면 어찌해도 상관없어. 하지만 조별 과제를 제대로 하지 않으면 다른 조원들에게 피해를 주는 거야. 조원들을 위해 좀 열심히 해"라는 메시지를 전할 것이다.

반면에, 인지적 복잡성이 높은 사람은 상대방의 입장을 고려하는 수사적 메시지를 고안할 것이다. "네가 한 과제 내용을 내가 잘 이해를 못하는 것 같아. 번거롭겠지만 우리 같이 네가 맡은 부분에 대해 이야기를 해보자. 네가 나에게 설명을 해주면 그 부분을 더 잘 이해할 수 있을 거고, 같이 논의하면서 보지 못했던 부분도 발견할 수 있지 않을까? 그러면 우리 과제 내용이 더 좋아질 것 같아."

이와 같이 인지적 복잡성이 높은 사람은 개방적이고 유연한 태도와 균형 잡힌 지식을 바탕으로 창의적이고 정교한 메시지를 고안할 수 있다. 인지적 복잡성이 높으면 수사적 메시지를 고안할 수 있고, 정교한 커뮤니케이션이 가능하기 때문에 성공적인 사회생활을 할 가능성이 커진다.[6-25]

6-25 수사적 메시지 고안 과정.

　인지적 복잡성은 단기간에 높아질 수 있는 것이 아니다. 인지적 복잡성을 높이기 위해서는 어려서부터 다양한 독서를 통해 간접 경험을 많이 축적하고, 다른 사람의 입장에서 생각하는 습관을 기르는 것이 중요하다. 아이들이 잘못했을 때도 "잘했어? 잘못했어?"라는 식으로 행위 자체의 잘잘못에 대한 흑백 논리를 강요하기보다는 아이의 잘못으로 다른 사람들이 어떤 피해를 입고 어떤 감정적 변화를 겪을지를 상상할 수 있도록 교육하는 것이 좋다.

　그런데 높은 인지적 복잡성이 모든 상황에서 긍정적으로 작용하는 것은 아니다. 특정 조건에서는 인지적 복잡성이 높은 것이 도움이 되지 않거나 유용하지 않을 수 있다. 예를 들어 문제를 복잡하게 인지할 필요 없이 문제에 대해 빠르고 간단한 대응이 필요한 경우, 환경이나 조직 문화가 인지적 복잡성과 양립할 수 없는 경우, 높은 수준의 개방성이 의사결정을 방해하는 경우 등에서는 높은 인지적 복잡성이 오히려 새로운 갈등을 야기할 가능성이 커진다.

Chapter 7

차이와 갈등을 넘어 소통하는 미디어

—— 커뮤니케이션은 '나'를 표현하는 행위이자 타인과 더불어 사는 행위이다. 우리가 커뮤니케이션을 통해 구성하는 문화는 나의 정체성뿐만 아니라 내가 속한 집단과 사회의 정체성을 드러낸다. 나의 정체성과 타인의 정체성이 다르고, 내 집단과 타인의 집단이 가진 정체성이 같지 않기 때문에 커뮤니케이션은 근본적으로 갈등의 씨앗을 품고 있다. 그래서 우리가 커뮤니케이션을 한다는 것은 필연적으로 다른 사람이나 이질적인 집단과의 갈등에 직면한다는 의미이기도 하다.

남성과 여성의 커뮤니케이션 스타일은 다르다. 뿐만 아니라 무수히 많은 사회집단은 각 집단마다 독자적인 문화적 취향을 갖고 있다. 집단에 대한 충성도가 높고 구성원의 동질성이 강하면 비합리적인 의사결정을 내릴 가능성이 증가한다. 현재 주류로 자리잡은 디지털 미디어는 서로 다른 개인의 목소리가 모인 공론장에서 대립과 불화를 부추기고 있는 것처럼 보인다. 또한 현재의 미디어 환경에서는 정치적·경제적 목적을 달성하기 위해 가짜 뉴스를 생산해 유포하는 일도 수월해졌다.

우리는 미디어의 발전이 오히려 사회의 혼란과 갈등, 대립과 분화를 부채질하는 것처럼 보이는 상황에 직면했다. 갈등을 회피하거나 악화시키지 않고 타인과 평화롭게 공존하면서 평등하고 자유로운 삶을 만들어가는 게 이상적인 커뮤니케이션 활동일 것이다. 사회적 반목과 대립의 골이 점점 더 깊어가는 시대에 미디어의 역할과 커뮤니케이션의 본질에 대해 고민해보는 시간을 가져보는 것이 어떨까?

젠더에 따른 문화적 방언의
차이를 넘는 길

젠더렉트

젠더 간 대화에서
소통이 힘든 이유

　　　　　"남자, 여자 몰라요. 여자도 남자 몰라요. 사소한 것 하나부터 너무나 다른 남녀"라는 말과 함께 시작되는 〈롤러코스터—남녀탐구생활〉이라는 프로그램이 2009~2013년 텔레비전에서 방영되었다. 이 프로그램은 일상생활의 다양한 상황에서 남자와 여자의 말과 행동이 어떻게 다른지를 사실적이면서도 유머스럽게 접근해 제법 큰

인기를 끌었다.(7-1)

인터넷에서 여자들의 독특한 커
뮤니케이션 스타일을 '여자어(여자
언어)'라고 부르면서 번역기나 해
석기가 필요하다는 댓글을 흔히
만날 수 있다. 다른 한편에서는 '남
자어(남자언어)' 듣기 평가 문제가
유머 게시판에 올라오기도 하고,
남자어를 번역하거나 해석해놓은
글들도 접할 수 있다. 여자어는 남
자들이 이해하지 못하고, 남자어
는 여자들이 해독하기 어려워한다

7-1 〈롤러코스터―남녀탐구생활〉의 한 장면.

는 것이다.

남자와 여자의 커뮤니케이션 스타일이 매우 다르다는 것은 우리가 일
상적 경험을 통해 쉽게 파악할 수 있는 당연하고 자연스러운 현상처럼
보인다. 존 그레이가 쓴 『화성에서 온 남자 금성에서 온 여자(*Men Are from
Mars, Women Are from Venus*)』라는 책이 오래전부터 베스트셀러를 유지할 정
도로, 남자와 여자는 다른 행성에서 온 사람처럼 언어와 사고방식이 본질
적으로 다르기 때문에 서로가 서로를 온전히 이해하기 어려우며, 갈등을
빚을 수밖에 없다는 생각이 상식처럼 퍼져 있는 것이다.(7-2)

커뮤니케이션학에서는 '젠더 차이 이론(gender difference theory)'을
통해 남성과 여성의 커뮤니케이션 스타일과 문화의 차이를 설명한다. 미
국의 언어학자 데보라 태넌(Deborah Tannen)은 남성과 여성이 서로 다
른 문화적 방언을 사용한다고 주장하며, 젠더에 따라 달라지는 방언(사

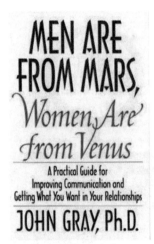

7-2 『화성에서 온 남자 금성에서 온 여자』 표지(1992).

투리)을 '젠더렉트(genderlect)'라고 불렀다. 젠더렉트는 젠더(gender)와 방언(dialect)의 합성어이다.[1]

어떤 갈등이 발생했을 때 남성과 여성이 그 문제에 대해서 함께 논의하게 되면 당면한 문제를 해결하고 개선하기보다는 오히려 상황을 악화시키는 경향이 있다. 남성과 여성이 대화를 통해 문제의 해결책을 모색해나가는 것이 아니라, 오히려 서로의 감정을 상하게 함으로써 해결불능의 상태에 빠지게 되는 경우가 많다. 젠더렉트 이론에 따르면, 이는 남성과 여성이 커뮤니케이션에서 서로 추구하는 목적이 다르고 의견을 전달하는 방식과 상대방의 말에 반응하는 방식이 다르기에 발생하는 문제이다. 젠더렉트 이론에서는 여성과 남성의 커뮤니케이션 스타일의 차이를 다음과 같이 설명한다.

여성은 기본적으로 관계 지향적인 커뮤니케이션을 한다. 다른 사람들과 감정을 교류함으로써 인간관계를 발전시키기 위해 커뮤니케이션을 하는 것이다. 다른 사람의 의견과 감정에 공감하면서 친밀한 인간관계를 유지하고 강화하는 것이 여성이 추구하는 커뮤니케이션의 목적이기 때문이다.

반면에 남성은 사회적 지위를 인정받기 위해 커뮤니케이션을 한다. 나와 타인 사이의 위계질서를 확립하는 것이 중요하기 때문에 남성은 공감의 표현보다는 논쟁을 즐긴다. 상대방과 논쟁함으로써 내 의견을 인정받고 정당한 사회적 지위를 확보하려는 것이 남성이 지향하는 커뮤니케이션의 목적이다. 친구 사이에도 일종의 위계질서를 만들어야 하고 그 안에서 인정과 존중을 받는 것이 중요하기 때문에 남성의 커뮤니케이션은 감정의 교류가 아니라 경쟁의 성격이 강하다.

이처럼 추구하는 목적이 서로 다르기 때문에 남성과 여성은 각각 다른 커뮤니케이션 방식을 사용한다. 여성은 타인과의 공감대를 이끌어가는 방식의 대화를 선호하지만, 남성은 정보를 주고받는 보고형 방식의 커뮤니케이션을 좋아한다. 대화의 내용에 있어서도 여성은 사소하면서도 은밀한 사적인 이야기를 통해 상대방의 공감을 얻으려 하는 데 비해, 남성은 객관적 정보·지식·설명 등을 전달하는 공적인 대화를 통해 상대방보다 우월한 지위를 선점하려고 한다.

남성은 상대방이 모르는 사실을 알려주고 가르쳐주는 대화를 선호한다. 예를 들어 여성이 직장에서 상사와의 갈등으로 인해 힘들다고 고백할 때 여성이 원하는 것은 자신의 감정에 공감해주는 대화이다. 하지만 남성은 정보를 제공해주는 대화를 지향하는 경향이 있기 때문에 여성이 처한 상황을 평가하고 문제 해결 방법을 가르쳐주는 방식으로 대화를 시도한다. 이처럼 같은 대화 상황이라 할지라도 남성과 여성이 추구하는 것은 근본적으로 다르다. 이러한 이유 때문에 악의가 없는 평범한 대화에서도 서로의 감정이 쉽게 상한다.

젠더렉트의 차이는 문화적 차이의 일종이기 때문에 자기에게 익숙하지 않는 젠더렉트로 말하는 사람과 대화할 때 심리적 불편함을 느끼게 된다. 남성은 남성적 커뮤니케이션 스타일로 대화할 때 더 편안함을 느끼고, 여성은 여성적 커뮤니케이션 스타일로 대화할 때 더 편안함을 느낀다.

커뮤니케이션 스타일뿐만 아니라 메시지 내용에서도 젠더 차이가 나타난다. 이러한 이유로 인해 온라인 커뮤니티 사이트의 경우에는 사용자의 젠더가 한쪽으로 쏠리는 현상이 나타난다. 그 결과 '남초 커뮤니티', '여초 커뮤니티'가 만들어진다. 익명으로 참가하는 온라인 커뮤니티의 특성상, 참가자의 실제 성별은 공개되지 않는다. 하지만 커뮤니케이션 스타일과 내용으로 젠더를 유추함으로써 커뮤니티의 지배적 젠더를 특정하는 것이다.

그러나 대화하기가 껄끄럽고 불편하다는 이유로 남성은 남성끼리, 여성은 여성끼리 모여 상대편과의 커뮤니케이션을 차단하게 된다면 문화적 차이는 더 커지게 되고, 갈등과 대립도 심해질 것이다.

지배적인 목소리에 따라 달라지는 젠더렉트

젠더렉트는 여성과 남성이 태어날 때부터 가진 본질적 속성이나 성격의 차이 때문에 발생하기도 하지만, 여성이 약자인 사회적 권력관계의 속성으로 인해 나타나기도 한다. 남성 지배 사회에서 소외되고 배척된 여성은 자기의 주장을 적극적이고 능동적으로 드러내기보다는 소극적이고 관계 유지적인 커뮤니케이션을 하도록 길들어졌다고 볼 수 있다. 게다가 여성의 고유한 커뮤니케이션 방식은 공적인 사회생활에서 불리하게 작용하기도 한다.

영국의 인류학자 에드윈 아드너(Edwin Ardener)는 남성이 지배하는 사회에서 여성의 목소리는 사회적으로 들리지 않는다고 주장했다. 아드너의 '침묵 집단 이론(muted group theory)'에 따르면, 사회적으로 통용되고 공식적으로 인정되는 규범적 언어는 지배 집단의 언어이기 때문에 피지배 집단은 사회적 커뮤니케이션을 위해 지배 집단의 언어를 배워야 한다.[2] 이는 피지배 집단의 사람들이 자기의 의사를 명확하게 표현할 수 없게 만듦으로써 정보의 손실 및 왜곡을 초래하게 된다. 또한 지배 집단은 다양한 사회적 수단을 동원하여 피지배 집단의 고유한 목소리를 억압하고 배제하기 때문에 피지배 집단은 침묵을 강요당하는 집단으로 전락한다.[7-3]

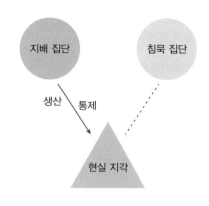

7-3 아드너의 침묵 집단 이론. ⓒFna8

미국의 커뮤니케이션학자 체리스 크라머래(Cheris Kramarae)는 "남성 중심 사회에서 세상을 바라보고 이해하는 관점 자체가 남성의 것이기에 언어도 남성의 관점을 표현하는 방식으로 구성되어 있다"고 주장했다. 언어는 사람이나 사물에 의미를 부여하는 기능을 하는데 그 언어가 남성의 언어이기 때문에 여성은 자기의 고유한 생각을 표현하지 못한 채 남성의 눈으로 세상을 볼 수밖에 없다는 것이다.

예를 들어 크라머래는 철학·문학·과학 분야의 고전들은 대부분 남성이 쓴 것이라고 지적했다. 그 책들은 남성의 관점에서 인간의 심리와 행동을 묘사한 것일 수밖에 없는데, 그러한 책의 내용이 사회의 지배적 규범과 지식을 구축하고 구성하고 있다고 주장했다.

남성은 오랫동안 인간과 사회의 다양한 현상에 대해 이름을 붙이는 권력을 행사해왔다. 우리는 흔히 공과 사를 구분하는데, 공과 사의 구분도 사실은 남성의 언어 영역에 속한다. 공은 사회적 노동과 관련된 개념이고, 사는 개인적인 영역, 특히 가정이라는 사적인 영역과 연관된다. 역사적으로 보면, 공과 사를 구분할 필요가 있는 쪽은 남성이었다. 왜냐하면 공적인 영역을 경험할 수 없는 여성에게는 공과 사의 구분은 아무런 의미가 없었기 때문이다.

크라머래에 따르면, 영어에서 성적으로 문란한 남성을 표현하는 단어는 22개에 지나지 않는데, 여성의 경우에는 200개가 넘는다. 역사적으로 살펴보면 성적인 자유를 만끽했던 쪽은 남성이었다. 그런데 언어 측면에서 보면, 성적으로 문란한 것은 여성일 수밖에 없다. 이는 남성이 사회적 권력을 독점하고 있었기에 가능했던 일이라는 것이 크라머래의 판단이다.

젠더렉트를 넘어서 소통으로 나아가는 길

남성과 여성이 커뮤니케이션 스타일의 차이로 인해 발생하는 갈등과 불평등의 문제를 해결하기 위해서는 어떻게 하는 것이 좋을까?

젠더렉트가 유발하는 갈등이 결국은 남녀 사이의 문화적 차이에서 발생하는 문제라고 보는 태넌은 남성과 여성이 서로 상대방의 언어를 이해하고 배우려고 노력해야 한다고 권고한다. 남성은 타인의 감정에 대한 민감성을 높이는 훈련을 해야 하고, 여성은 자기 생각을 표현할 수 있는 확신성을 길러야 한다는 것이다. 즉, 남성은 좀 더 여성적인 방식으로 대화하는 연습을 할 필요가 있고, 여성은 반대로 좀 더 남성적인 방식으로 대화하는 연습을 할 필요가 있다는 것이다.

반면에 남성과 여성의 커뮤니케이션 스타일의 차이에서 권력의 문제를 발견한 크라머래는 여성을 침묵하게 만드는 권력의 불평등한 분배의 문제를 먼저 해결해야 한다고 주장한다. 우선, 여성이 침묵을 깨고 여성의 언어로 말할 수 있는 사회적 환경과 여건을 만들어야 한다는 것이다. 여성들은 자신의 언어를 기반으로 네트워크를 만들어서 여성만이 가지고 있는 독자적이고 다양한 경험들을 공유하고 진술하는 기회를 많이 만들어야 하며, 이 과정을 통해 여성의 힘과 역량을 강화하는 임파워먼트(empowerment)를 발휘해야 한다고 강조한다. 이와 관련해 인터넷과 소셜미디어 등이 제공하는 사이버 공간을 여성들이 여성의 언어로 자신의 경험을 공유하면서 정치적·사회적·문화적 힘을 축적해가는 공간으로 이용하고자 하는 움직임이 전개되고 있다.

태넌이 말한 것처럼 남성과 여성의 차이를 문화적 차이로 받아들이고 상대의 커뮤니케이션 스타일을 배움으로써 공유하는 영역을 확대해가고 서로를 이해하면서 차이를 줄여가는 노력이 필요할 것인가? 아니면, 크라머래가 강조한 것처럼 남성과 여성의 차이를 권력의 불평등한 분배의 문제로 이해하고 남성의 지배에 억눌려 말할 수 없었던 여성의 목소리를 내기 위해 여성만의 공간을 만들고 차이를 강조하면서 힘을 길러야 할 것인가? 이는 젠더 갈등을 넘어서 양성평등의 사회로 나아가야 하는 현재의 상황에서 우리 모두 깊이 고민해보아야 할 문제이다.

타 문화 사이 거리감을
줄여주는 소셜미디어

문화 간 소통

일상에서 타인과
유지하는 거리

　　"까까 줄까?" 아이에게 과자를 줄 때 한국 사회에서 흔히 하는 말이다. 이 말을 프랑스에서 사용하면 주위 사람들이 질색을 할 것이다. 프랑스어로 '까까(caca)'는 똥을 의미하는 유아어이기 때문이다. 한국인들이 사진을 찍을 때 흔히 검지와 중지로 만드는 V 신호는 보통 승리를 의미하지만 미국에서는 평화를 상징한다. 한국에서는 V를 표시할 때 손바닥을 앞으로 하든 손등을 앞으로 하든 의미의 차이가 없지만, 영국이나 호주 등에서는 손등을 앞으로 하고 V표시를 하는 것은 상대방을 모욕한다는 의미이다.

나라마다 언어와 기호 체계가 다르기 때문에 발생하는 커뮤니케이션의 문제는 비교적 쉽게 인지할 수 있고, 언어나 기호를 배우는 방법을 통해 대부분 해결할 수 있다. 그런데 문화가 서로 다른 사회 사이에서 이루어지는 커뮤니케이션의 문제는 언어나 기호의 차이 때문에만 발생하는 것은 아니다. 다양한 문화적 요인들이 문화 간 커뮤니케이션을 어렵게 한다.

미국의 인류학자 에드워드 홀(Edward T. Hall)은 『숨겨진 차원』이라는 책에서 문화에 따라 사람들이 일상생활에서 조직하는 물리적 공간의 구성과 타인과 유지하는 공간적 거리가 달라진다고 주장하고,

7-4 타인과의 거리에 따른 공간의 분류.

'근접학(proxemics)'이라는 이론을 내세웠다.[3] 근접학에 따르면, 우리가 일상생활 속에서 타인과 유지하는 거리는 다음과 같이 크게 네 가지로 구분된다.(7-4)

- 친밀한 거리(intimate distance): 가족·연인처럼 아주 친밀한 사람들과 껴안거나 만지거나 속삭이는 것이 허용되는 거리.
- 개인적 거리(personal distance): 가까운 친구나 가족과 일상적 대화를

나누며 개인적 공간을 유지하는 거리.

- 사회적 거리(social distance): 직장 동료나 지인들과 대화를 나눌 때 사회적 공간을 유지하는 거리.
- 공적 거리(public distance): 낯선 타인들과 대화할 때, 강의·연설 등을 들을 때 공적 공간을 유지하는 거리.

우리는 타인과의 친밀도에 따라 유지하는 물리적 거리가 달라진다. 연인과는 사실상 물리적 거리가 0에 가까운 친밀한 거리를 유지할 때 심리적 편안함을 느낀다. 길을 걷는 데 연인이 이유 없이 개인적 거리 이상 떨어져 걸으면 불편함이나 불안함을 느낄 수 있다. 그다지 친밀하지 않은 직장 동료와는 사회적 거리를 유지할 때 심리적으로 편안함을 느낀다. 그가 특별한 이유 없이 개인적 거리 이상으로 가까이 다가와 말을 걸면 거북함을 느낀다.

우리는 심리적으로 자기의 것이라고 생각하고 느끼는 자신의 공간을 갖고 있다. 일반적으로 우리는 개인적 공간을 소중히 여기며, 자신의 공간이 낯선 타인에 의해 침범될 때 불편함·불안감 또는 분노를 느낀다. 또한 친밀하다고 생각하는 사람이 이유 없이 나와 사회적 거리 이상을 유지한다면 불편함을 느낀다. 어떤 사람과 함께 있을 때 편안함을 느끼는 거리는 그 사람과의 관계에 대한 나의 인식을 알려주는 지표가 된다.

타인과의 거리에 따른 공간

문제는 타인과 유지하는 이러한 거리가 사회

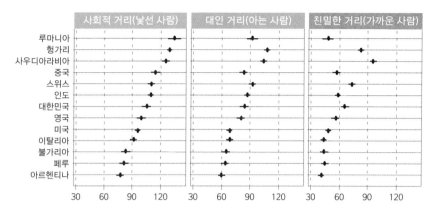

사회적 거리(낯선 사람)	대인 거리(아는 사람)	친밀한 거리(가까운 사람)

루마니아
헝가리
사우디아라비아
중국
스위스
인도
대한민국
영국
미국
이탈리아
불가리아
페루
아르헨티나

30   60   90   120   30   60   90   120   30   60   90   120

7-5 국가별 대인거리에 대한 비교연구.

에 따라, 문화에 따라 다르다는 것이다. 2017년 아그네츠카 소로코프스카(Agnieszka Sorokowska) 등의 연구자들이 수행한 '대인거리에 대한 비교연구'에 따르면[4], 루마니아·헝가리·사우디아라비아 같은 나라들은 사회적 거리가 120cm를 초과한 반면에, 아르헨티나·페루·불가리아 같은 나라들은 사회적 거리가 90cm 이하였다.[7-5] 한국은 사회적 거리가 105cm 정도로 100cm가 채 되지 않은 미국보다 멀었다. 사회적 거리가 먼 나라들은 개인적 거리도 먼 경향을 보였다.

타인과의 거리 유지와 관련해서 남성과 여성 사이에서도 차이가 난다.[7-6] 대인거리 표를 살펴보면, 여성이 남성보다 더 긴 개인적 거리와 사회적 거리를 선호한다. 일반적으로 거리가 가까운 상태에서 이루어지는 커뮤니케이션일수록 지배력을 더 강하게 행사하거나 더 크게 느낄 가능성이 있다. 논문의 주장에 따르면, 상대방을 지배하고자 하는 욕구는 여성보다는 남성의 심리적 속성이기 때문에 남성이 여성보다 개인적 거리와 사회적 거리를 더 가깝게 유지하려는 경향을 보인다. 남성은 잘 모르는 사람과 편안하게 유지할 수 있는 거리가 여성보다는 가깝다.

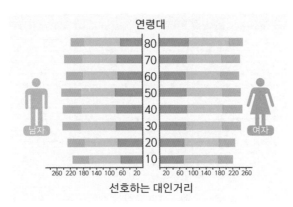

연령대

선호하는 대인거리

7-6 남성과 여성이 선호하는 대인거리.

　이처럼 사회와 문화에 따라 사람들이 유지하는 개인적 거리와 사회적 거리에 차이가 나타나기 때문에 문화가 다른 곳에서 온 사람들이 만나 대화를 나눌 때, 서로 심리적 불편함을 느끼는 일이 발생할 수 있다. 예를 들어 우리가 한국보다 더 근접한 사회적 거리를 선호하는 미국인이나 서유럽인을 만나서 대화를 나누게 되면 왠지 그가 필요 이상으로 나에게 가까이 다가와 불편하다고 느끼는 경험을 할 수 있다. 나는 다가오는 그가 불편하지만, 그는 멀어지는 내가 불편할 것이다. 이로 인해 오해가 생길 수도 있고 결국 커뮤니케이션을 망칠 수도 있다.

　일상생활에서 우리가 타인과 유지하려 하는 거리는 시대의 변화에 따라 바뀔 수 있다. 시대가 바뀌면 문화도 변하기 때문이다. 세계화로 인해 인구 이동이 활발해지면서 다른 문화 사이의 접촉이 빈번하게 일어나는 것도 변화의 원인이 될 수 있다. 산업화·도시화로 인해 인구 밀도가 높은 도시에 사는 사람들이 증가한 것도 타인과 유지하는 거리에 영향을 미친다. 인구 밀도가 높은 나라나 도시에 사는 사람들은 인구 밀도가 낮은 지역에 사는 사람들보다 개인적 공간의 범위가 작다. 매일 출퇴근 시간에 대중교통에서 타인과 밀접히 접촉해야 하는 사람은 개인적 공간의 범위가 작아질 수밖에 없기 때문이다.

디지털 커뮤니케이션 상황에서는 물리적 근접성은 확보할 수 없지만 지각된 근접성을 추구할 수는 있다. 우리는 메신저나 소셜미디어 등을 통해 자주 접촉하고 소통하는 사람일수록 더 가까이 있다고 느낀다. 또한 블로그·유튜브 등과 같은 1인 미디어 계정과 소셜미디어 계정은 개인적 공간처럼 인식된다. 우리는 친구의 범위를 설정함으로써 내 개인적 공간에 들어올 수 있는 사람과 그럴 수 없는 사람을 구분한다.

고맥락 문화와
저맥락 문화 사이의 소통

에드워드 홀은 『침묵의 언어』(1959)라는 책에서 문화 간 커뮤니케이션을 어렵게 하는 또 다른 요인으로 문화적 맥락을 꼽았다.[5](7-7) 홀이 보기에, 커뮤니케이션 과정에서는 맥락이 중요한 역할을 하는데, 커뮤니케이션에 맥락이 미치는 영향의 정도에 따라 '고맥락 문화(high context culture)'와 '저맥락 문화(low context culture)'로 분류될 수 있다. 극단적인 고맥락 문화의 사회에서는 커뮤니케이션에 사용되는 언어의 지시의미보다는 맥락이 메시지를 결정하고, 극단적인 저맥락 문화의 사회에서는 오직 언어

7-7 홀의 저서 『침묵의 언어』 표지.

의 지시의미만이 메시지의 전부가 된다.

고맥락 문화는 개인의 성취보다는 집단의 조화와 안녕을 우선시하는 집단주의 문화이기 때문에 위계질서와 사회적 지위나 신분을 중요하게 여기고, 공동체 사회의 역사와 배경에 대한 지식을 강조한다. 고맥락 문화에서는 언어가 전달하는 명시적 의미나 정보보다는 암묵적인 관습이나 관례 등을 통해 전해지는 모호한 정보를 핵심적인 메시지라고 생각한다.

저맥락 문화는 개인의 의견과 감정을 중요시하는 개인주의 문화이기 때문에 언어의 지시의미를 통해 전달되는 명확한 정보를 커뮤니케이션의 핵심적 메시지라고 여긴다. 저맥락 문화에서는 필요한 정보를 모두 명시적으로 공개하고 전달하는 직접적 커뮤니케이션이 지배적이다.

고맥락 문화는 집단을 중요시하기 때문에 개인의 의견을 강하게 내세우기보다는 타협하면서 갈등을 피하는 방식으로 커뮤니케이션한다. 또한 고맥락 문화에서는 눈빛, 표정, 몸짓, 대화의 분위기 등과 같은 비언어적 요소가 커뮤니케이션 과정에서 중요한 역할을 한다.(7-8)

일반적으로 고맥락 문화는 아시아 문화의 특징이라고 여겨지며, 저맥

저맥락 문화

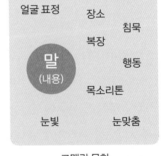

고맥락 문화

7-8 저맥락 문화와 고맥락 문화의 커뮤니케이션 방법.

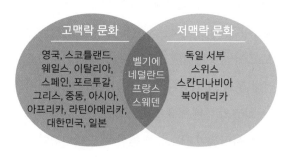

고맥락 문화	벨기에 네덜란드 프랑스 스웨덴	저맥락 문화
영국, 스코틀랜드, 웨일스, 이탈리아, 스페인, 포르투갈, 그리스, 중동, 아시아, 아프리카, 라틴아메리카, 대한민국, 일본		독일 서부 스위스 스칸디나비아 북아메리카

7-9 고맥락 문화와 저맥락 문화.

락 문화는 유럽이나 미국 문화의 특징으로 간주된다. 하지만 미국보다는 유럽이 상대적으로 고맥락 문화이고, 미국 안에서도 지역이나 집단에 따라 고맥락 문화와 저맥락 문화의 특징이 다르게 나타난다.(7-9)

문제는 고맥락 문화권의 사람과 저맥락 문화권의 사람이 커뮤니케이션 할 때 발생한다. 예를 들어 한국인과 미국인이 만났을 때, 미국인은 한국 인의 말을 지시의미 그 자체로 이해하려는 경향을 보이는 반면에 한국인 은 언어의 지시의미보다는 맥락에 적합한 규범이나 관습에 따라 행동하 려는 경향을 보일 것이다. 한국인이 헤어질 때 "다음에 밥 한번 같이 먹어 요"라고 말하면, 미국인은 한국인의 진심 어린 제안이라고 판단하고 "내 일 12시에 만날까요?"라고 답변할 것이다. 한국에서 "다음에 밥 한번 같 이 먹어요"라는 말은 헤어지는 상황에서 관습적으로 하는 말일 뿐이다. 한국인이라면 누구나 그 맥락에서 그런 말을 할 수 있을뿐더러 대체로 그 말을 지시의미대로 받아들이지 않는다.

이러한 커뮤니케이션 방식의 차이는 서로에게 상처를 줄 수도 있다. 미 국인이 선물을 사 들고 한국인의 집에 방문했을 때 "뭘 이런 걸 사오셨어 요?"라는 말을 듣게 될 경우 미국인은 자기의 성의가 무시당했다고 생각하고 기분이 나빠질 것이다. 반면에 미국인이 음료수를 대접하겠다는 말에 "아뇨, 괜찮습니다"라고 응대한 한국인은 자기 혼자만 음료수를 마시는 미국인을 보고 어안이 벙벙해질 것이다.

세계화로 인해 문화 간 커뮤니케이션이 빈번하게 일어나고 인터넷 등을 통해 다른 문화권의 콘텐츠를 접하는 빈도가 증가하면서 고맥락 문화와 저맥락 문화의 사람들이 서로를 오해할 일도 많아졌다. 하지만 동시에 서로를 이해할 수 있는 기회도 증가했다. 내가 속한 문화권에서는 당연한 말이나 행동이 다른 문화권의 사람들에게는 오해를 불러일으킬 수 있다는 사실을 경험을 통해 배우는 것이다.

한국 사회가 서구의 영향, 특히 미국 문화의 영향을 많이 받으면서 청년 세대에서는 자기의 생각이나 감정을 분명하게 표현하는 저맥락 문화의 커뮤니케이션 방식을 선호하는 경우가 늘고 있다. 한국 사회에서 나타나는 세대 간 갈등의 원인 중의 하나를 고맥락 문화의 커뮤니케이션에 익숙한 기성 세대와 저맥락 문화의 커뮤니케이션을 시도하는 청년 세대의 충돌에서 찾을 수도 있을 것이다.

알고리즘에 숨겨진
확증 편향의 위험성

집단사고와 확증 편향

비합리적 집단사고가
불러온 비극

　　　　　　　1981년 세계 최초의 우주왕복선 컬럼비아호의 발사는 전 세계적인 관심사였다.(7-10) 로켓이 아니라 비행선의 형태로 우주에 나갔다가 다시 지구로 귀환하는 우주왕복선은 당시로서는 공상과학 영화에 나올 법한 것이었기 때문이다. 이후 우주왕복선의 발사는 텔레비전을 통해 전 세계에 생중계되는 큰 행사로 굳어졌다.

7-10 세계 최초의 우주왕복선 컬럼비아호.

7-11 이륙 직후 폭발한 우주왕복선 챌린저호.

1986년 1월 28일은 우주 왕복선 챌린저호의 발사 예정일이었다. 챌린저호에는 우주 비행사들과 함께 치열한 경쟁을 뚫고 선발된 고등학교 교사가 탑승했다. 그는 우주왕복선에 탑승하는 최초의 민간인이었고, 우주에서 과학실험을 하면서 미국 전역에 원격수업을 진행할 예정이었기 때문에 챌린저호의 발사는 더욱더 화제를 모았다. 미국은 물론 전 세계 사람들이 텔레비전으로 챌린저호의 발사 장면을 지켜보고 있었다. 그런데 챌린저호는 발사 후 1분 13초 만에 폭발했고, 7명의 우주비행사와 함께 연기가 되어 사라졌다.(7-11)

폭발사고의 원인은 로켓의 연료통을 연결하는 원형 고무 밸브에 균열이 발생해 연료가 누출되었기 때문이었다. 사람들은 경악했다. 세계 최고의 엘리트들이 모인 집단인 나사(NASA)에서 사소한 오류를 시정하지 못하고 결국 폭발사고를 일으켰다는 것을 믿기 어려웠다.

조사 결과, 나사는 이미 원형 고무 밸브가 말썽을 일으킬 가능성이 있다는 사실을 예상하고 있었다. 기술자들은 추운 날씨 때문에 로켓을 연결하는 고무 밸브가 문제되어 폭발 가능성이 있으므로 발사 날짜를 연기할 것을 건의했다. 하지만 나사의 관리자들과 간부들이 이 의견을 묵살하고 발사를 결정했던 것이다.

챌린저호 폭발 사건을 조사한 연구자들은 조직 안에서의 잘못된 의사결정에서 비롯된 '집단사고(groupthink)'가 비극의 원인이었음을 발견했다. 집단사고는 집단의 조화나 일치를 바라는 사람들이 비합리적이거나 잘못된 의사결정을 하게 되는 심리적 현상을 가리키는 말이다.

미국의 심리학자 어빙 제니스(Irving Janis)는 '집단사고'의 원인으로 집단의 높은 응집력, 집단의 구조적 결함, 상황의 압박을 들었다.[6]

일반적으로 집단의 동질성과 응집력이 클수록 집단사고가 일어날 가능성이 커지는데, 이는 의사결정을 위해 필요한 정보들을 적절히 탐색하고 가능한 해결 방안들을 자유롭게 논의하는 분위기가 형성되기 어렵기 때문이다. 이러한 집단의 구성원은 자기 의견이 집단의 통일된 의견에 방해가 된다고 생각하면 침묵을 택한다.

집단의 구조적 결함은 집단이 다른 집단과 단절되고 고립되어 있어서 외부의 의견을 청취하기 어려운 상태, 집단의 리더가 권위적이고 폐쇄적이어서 다른 의견을 수용하지 않는 상태, 의사결정을 위한 체계적 절차와 방법이 없는 상태, 구성원의 사회적 배경이나 신념이 동질화된 상태 등을 포함한다.

상황의 압박은 문제를 시급히 해결하라는 외부의 압력이 강한 상태에서 리더의 의견 외에는 별다른 대안이 없는 상태, 문제가 유발하는 여러 가지 어려움을 제대로 해결하지 못하는 과정에서 구성원의 자존감이 낮아진 상태 등을 포함한다.

제니스는 집단사고가 발생할 때 여덟 가지 특징적인 증상이 나타난다고 주장했다. 첫째, 집단의 결정에는 실수나 오류가 없다는 환상이 관찰된다. 둘째, 집단의 결정과 행동의 동기 또는 명분은 도덕적으로 항상 옳다는 착각이 나타난다. 셋째, 집단이 내린 결정을 합리화하면서 반대 의견을 차단하는 현상이 나타난다. 넷째, 반대 의견을 가진 외부 집단을 무능하고 악의적인 편견을 가진 집단으로 평가하며 무시하는 현상이 관찰된다. 다섯째, 집단의 결정과는 다른 의견은 감추려고 하는 자기 검열 현상이 나타난다. 여섯째, 침묵을 동의의 표현으로 간주하며 만장일치로 의견이 결정되었다는 환상이 나타난다. 일곱째, 집단의 결정에 이견을 제시하는 구성원에게 충성심이 약하다고 비판하며 집단의 결정에 따르도록 직접적인 압력을 가하는 현상이 발생한다. 여덟째, 집단의 리더를 다른 외부 의견들로부터 보호하는 활동을 하는 일종의 '의식 경호원(mindguards)'들이 발견된다.

이러한 과정을 거쳐 집단은 가능한 대안들을 충분히 고려하지 못하고, 집단이 내린 결정이 초래할 수 있는 위험을 적절하게 평가하지 못하고, 확보한 정보에 대한 다각도의 해석을 하지 못하고, 여러 결정들을 재평가하지 못하는 가운데 결국 성공할 가능성이 희박한 최악의 결정을 내리게 된다.

직면한 문제에 대해 현명하게 대처하고 적절한 대응 방안을 마련하기 위해서는 집단사고 발생을 미연에 방지할 필요가 있다. 집단사고를 방지하기 위해 무엇보다도 중요한 것은 평등하고 민주적인 커뮤니케이션이 일어날 수 있는 환경을 조성하는 일이다. 리더는 개방적인 태도를 갖고 구성원들의 다양한 의견을 청취해야 하며, 구성원들이 자유롭게 반대 의견을 표출할 수 있는 분위기를 만들어야 한다. 아예 제도적으로 모든 견해에 대해 반대 의견을 피력하는 역할을 맡은 사람을 두어야 하고, 다른 관점에서 문제를 평가할 수 있는 시스템을 만드는 것이 필요하다.

알고리즘이 만든
'필터 버블' 현상

집단사고는 집단의 응집력이나 동질성이 강할 때 발생한다는 점에서 정치적 신념을 중심으로 형성된 집단 안에서 자주 발생한다. 예를 들어 보수와 진보로 양극화된 정치적 지형에서 보수적 집단과 진보적 집단은 각각 자기 집단이 내린 정치적 결정이 무결점이자 무오류라는 환상을 가지는 경우가 많다.

정치적 집단에서 일어나는 집단사고는 '확증 편향(confirmation bias)' 이라는 개념으로 설명될 수 있다. 영국의 심리학자 피터 와슨(Peter C. Wason)은 "사람들이 자기가 가진 신념이나 가치를 확인하거나 지지하는 방식으로 정보를 검색·해석·기억하는 심리적 경향"을 확증 편향이라고 불렀다.[7] 사람들은 일반적으로 자신의 의견을 뒷받침하는 정보를 선택하고, 자기 의견에 반대되는 정보를 무시할 뿐만 아니라 모호한 정보는 자기의 기존 태도를 지지하는 쪽으로 해석하는 경향이 있다는 것이다. 이 과정을 거쳐 사람들은 자기의 신념·가치·의견이 옳다는 확신을 갖게 된다.(7-12)

하나의 이념을 추종하는 정치적 집단의 구성원들은 자기의 정치적 신념이 옳다는 것을 보여주는 정보들만을 편향적으로 수집하고 공유하면서 집단의 동질성과 응집력을 강화시킨다. 이들은 명시적인 의사결정 과정을 통해 집단사

| 확증 편향 |

객관적 사실과 증거 / 우리가 보고 믿는 증거 / 우리의 주관적 신념

7-12 확증 편향.

고를 형성하기보다는 암묵적이고 비공식적인 커뮤니케이션을 통해 확증 편향을 키워가는 경우가 더 많다.

확증 편향은 보통 세 가지 유형으로 나타난다. 정보의 편향된 검색, 정보의 편향된 해석, 그리고 정보의 편향된 환기이다.

첫 번째, 정보의 편향된 검색은 자기 신념이나 태도에 적합하거나 이를 지지하는 정보를 검색하려는 경향이다. 우리 주변에서 발견되는 정보는 매우 다양하고 복잡한 내용을 갖고 있기 때문에 어떤 관점에서 보느냐에 따라 정보의 특정한 내용만이 인지된다.

부모 A와 B 중 누가 아이의 양육권을 갖느냐를 결정하는 과정에서 A는 양육과 관련해 모든 면에서 특별한 장단점이 없고, B는 아이와 정서적 친밀감이 높다는 뚜렷한 장점을 가지고 있지만 일 때문에 아이와 많은 시간을 같이 보내기 어렵다는 확실한 단점을 갖고 있다고 하자. "누가 양육권을 갖는 것이 좋습니까?"라는 질문에 사람들은 뚜렷한 장점이 있는 B를 선택하는 경우가 많았다. 또한 "누가 양육권을 갖지 않는 것이 좋습니까?"라는 질문에 사람들은 뚜렷한 단점이 있는 B를 선택하는 경우가 많았다. 관점의 차이로 인해 B는 양육권을 가질 수 있거나 가질 수 없게 되는 것이다.

마찬가지로 하나의 뚜렷한 신념이나 의견을 가진 사람은 자기의 관점에서 정보를 취사선택하기 때문에 자연스럽게 자기의 신념이나 의견과 일치하는 내용의 정보를 발견하고 수집하게 되는 경향이 나타난다.

두 번째, 같은 정보를 접한다고도 하더라도 그것을 편향되게 해석하는 경향이 나타난다. 1979년에 스탠포드 대학의 연구진은 학생들에게 사형제도가 범죄율을 낮춘다는 결과를 보여주는 연구와 사형제도가 범죄율 감소에 영향을 미치지 못한다는 결과의 연구를 동시에 보여주고 의견을 묻는 실험을 진행했다. 그 결과, 사형제를 찬성하는 학생들은 두 번째 연구에서 제시한 증거가 부족하다면서 범죄율에 영향을 미치지 못한다는 결과를 부정했고, 사형제를 반대하는 학생들은 첫 번째 연구의 문제를 지적하면서 범죄율을 낮춘다는 결과를 부정했다.

이와 같은 실험에서 보이듯이, 같은 내용의 정보를 제시해도 사람들은 자기가 가진 신념에 따라 정보를 다른 방식으로 해석한다. 이는 사람들이 같은 메시지를 전달하는 미디어를 이용한다고 하더라도 기존에 가지고 있던 신념이나 태도에 따라 의견의 양극화가 발생할 수 있다는 사실을 보여준다.

마지막으로, 사람들이 중립적으로 다양한 내용의 정보를 수집한다고 하더라도 자기의 신념과 의견에 일치하는 정보를 더 쉽게 기억하고 회상하는 식으로 편향되게 환기하는 경향이 나타난다. 대통령의 해외 순방 뉴스를 본다 하더라도 대통령 지지자들은 긍정적인 내용의 활동을 주로 기억하겠지만, 반대자들은 문제를 일으킨 부정적인 말이나 행동을 주로 기억할 것이다.

확증 편향으로 인해 사람들이 가진 신념과 태도는 점점 양극화될 가능성이 크다. 게다가 1인 미디어나 소셜미디어와 같은 디지털 미디어의 경우는 알고리즘을 이용해 사용자가 선호하는 콘텐츠를 우선적으로 제공하는데, 이는 사용자에게 같은 종류의 정보만이 노출되는 '필터 버블'을 만듦으로써 사용자가 확증 편향에 빠질 수 있는 위험을 증폭시킨다. 실제로 21세기에 들어서 세계 각국 사람들 사이에서 의견의 양극화가 심해지는 현상이 나타나고 있으며, 극단적인 의견을 가진 사람들 사이의 갈등과 충돌도 잦아지고 있다.

인터넷 커뮤니티에서
민주주의 꽃 피우다

미디어 공론장

'지혜의 학교' 커피하우스, 공론장

인류가 커피를 언제부터 마시기 시작한 것인지에 대해서는 정확한 기록이 남아 있지 않지만, 커피가 대중적으로 소비되기 시작한 것은 15세기 중동의 이슬람 문화권에서부터이다. 아라비아 반도의 도시 메카에 커피하우스(coffee house)가 등장했고, 16세기에는 오스만 제국의 수도인 이스탄불까지 퍼졌다.[7-13] 커피하우스는 커피만 마시는 장소가 아니었다. 누구나 자유롭게 커피하우스에 들어와 게임과 음악, 대화를 즐기고, 정보와 지식을 주고받으며 다양한 사안을 논의했다. 그 때문에 커피하우스는 '지혜의 학교'라고도 불렸다.

커피하우스는 17세기 초반 이탈리아의 항구도시 리보르노와 베네치아로 전파되었다가 곧 영국에 상륙한 후 큰 인기를 끌며 번성했다. 영국 최초의 커피하우스는

7-13 20세기 이전에 그려진 오스만 제국의 커피하우스.

1650년경에 옥스퍼드에 들어섰고, 이후 17세기 말까지 영국에는 3,000개가 넘는 커피하우스가 만들어질 정도로 많은 사람이 커피하우스를 찾았다.

영국의 커피하우스도 커피만을 마시는 곳이 아니었다. 특히 옥스퍼드의 커피하우스는 교수와 학생이 주요 단골이었고, 1페니만 지불하면 누구나 입장해서 강의를 듣거나 책이나 신문을 읽을 수 있었기 때문에 '페니 대학'이라고도 불렸다.(7-14) 이 당시 커피하우스에 모인 사람들은 신문을 읽으며 정치적·사회적 문제들에 대해 토론을 벌였기 때문에 신문이 중요한 미디어로 성장했다. 또한 커피하우스는 보험·주식·경매 등 다양한 금융상품들과 과학기술에 대한 정보가 교환되는 공간으로 기능하면서 산업혁명과 자본주의의 발달을 촉진시켰다.

사람들이 매일 커피하우스에 모여 정치적 현안에 대해 논의하는 것은 권력자를 불안하게 했다. 당시 영국의 왕이었던 찰스 2세는 커피하우스

를 "국왕의 욕이나 해대는 불평불만자들의 집합소"라고 폄하하면서 런던의 커피하우스를 없애려 했지만 실패했다. 권력자가 보기에 커피하우스는 반정부 세력의 은신처였으며, 반란의 음모가 싹트는 곳이었기에 정권의 감시와 탄압의 대상이 되었다. 그럼에도 불구하고 18세기 초까지 런던에서 운영된 커피하우스는 자본주의의 발달은 물론 공화주의와 민주주의의 확립에 크게 기여했다.

독일의 철학자 위르겐 하버마스(Jürgen Habermas, 1929~)는 일반 시민이 사회의 다양한 문제에 대해 자신의 의견을 공개적으로 표현하고 토론해 사회적 합의와 정치적 의사결정에 참여하는 방법을 찾는 과정에서 '공

7-15 〈독서실〉, Johann Peter Hasenclever 작, 1843.

론장(Öffentlichkeit, public sphere)'의 역할에 주목했다.[8] 공론장은 정치적·사회적 문제에 대해 자유롭고 공개적이며 공적인 토론이 이루어지는 공간이다. 하버마스는 근대의 공론장이

18세기와 19세기 유럽에서 신문·잡지 등과 같은 인쇄 미디어의 등장과
함께 형성되었다고 보았다.[7-15]

매스 미디어, 생활세계의 식민화를 낳다

　　　　　　　근대 초기의 공론장은 문학과 예술작품에 대
한 공적인 토론이 주로 이루어지던 문예공론장이었다. 이 공론장은 르네
상스 이후 상업으로 부를 축적하면서 성장한 신흥계급인 부르주아들에
의해 만들어지기 시작했다. 17세기 이후 무역과 공장 경영을 통해 자본
을 축적한 부르주아들은 넓은 집에 살면서 일종의 거실인 살롱(salon)을
문예공론장으로 활용했다.[7-16] 그들은 예술인과 지식인들을 초대해 살
롱에서 토론을 하거나 작은 음악회를 여는 등의 문예 활동을 즐겼다. 문예
공론장에 참여하기 위해서는 문해력과 지식은 물론 비판적 시민의식을
가질 필요가 있었다. 문예공론장의 형성과 함께 비판적 이성을 갖춘 시민
의 역할이 중요해졌다.

7-16 1755년 프랑스의
한 살롱에 모여 독서를 하
는 모습을 그린 작품이다.
Anicet Charles Gabriel
Lemonnier 작, 1812.

문예공론장은 곧 정치·경제·사회의 여러 문제를 토론하는 정치공론장으로 확장되었다. 살롱과 커피하우스뿐만 아니라 공공 도서관이나 독서클럽 등에 모인 시민들은 신문과 잡지를 읽으며 중요한 정치적·사회적·문화적 이슈에 대해 토론했다. 이들은 점차 공권력에 대립하는 '공중(公衆)'으로 성장했다.

공중은 국가권력과 사적 영역 사이에서 둘을 매개하는 공론장을 형성하고, 이성과 법에 의한 통치를 주장했다. 공중은 공론장에서 합리적인 토론을 통해 여론을 형성하고, 정치권력은 여론에 따라 국가를 운영해야 한다는 관념이 싹텄다. 그 결과 공중이 합리적 의사소통을 통해 만드는 여론에 따라 의사결정을 하는 것이 이상적인 민주주의의 형태로 자리잡게 되었다. 하버마스는 이처럼 부르주아가 주축이 되어 만든 근대의 공론장을 '부르주아 공론장'이라고 불렀다.[9]

커피하우스에서 나타난 자유롭고 평등한 토론 문화는 20세기 이후 등장한 매스 미디어가 주도하는 일방적이고 획일적인 커뮤니케이션으로 커다란 변화를 맞게 된다. 매스 커뮤니케이션 상황에서는 권력을 가진 소수의 송신자가 다수의 수신자에게 일방적이고 획일적으로 메시지를 전달한다. 수직적이고 일방적인 메시지 전달 방식을 가진 매스 미디어는 권력자가 대중을 지배하는 과정에서 유용한 통치 수단으로 악용될 가능성이 있다. 그러나 민주주의를 실현하기 위해서는 권력자가 주도하는 수직적·일방적 커뮤니케이션이 아니라 모든 사람이 자유롭게 참여하는 수평적·쌍방향적 커뮤니케이션의 실현이 전제되어야 한다.

하버마스는 매스 미디어 산업의 발전과 확장이 부르주아 공론장을 붕괴시켰다고 주장했다.[10] 매스 미디어는 점차 이윤을 추구하는 기업으로 발전하면서 상업화되었는데, 매스 미디어 입장에서 공중은 매스 미디어 상품을 구매하는 수동적인 소비자에 지나지 않았다. 매스 미디어가 제공하는 정보를 갖고 공중이 어떻게 토론하느냐가 아니라, 얼마나 많은 매스 미디어 상품을 얼마나 많은 소비자에게 판매하느냐가 중요하게 되었다. 특히 영화·라디오·텔레비전과 같은 매스 미디어는 사람들에게 성찰할 시간을 주지 않는 방식으로 콘텐츠를 제공하면서 비판적 이성을 마비시켰다는 비난을 받았다.

근대 초기에 부르주아 공론장을 형성하는 데 기여했던 신문과 같은 매스 미디어는 20세기에 들어서 돈과 정치권력에 휘둘리면서 부르주아 공론장을 파괴하는 역할을 수행했다. 하버마스는 돈과 권력이 지배하는 세계를 '체계'라고 불렀다.[11]

돈과 권력에 의해, 돈과 권력을 위해 움직이는 '체계'는 전문가들이 지배하는 세계이다. 체계를 장악한 전문가들은 공개적인 토론 정치를 소수 정치인의 밀실 정치로 탈바꿈시키고, 비판적 이성을 가진 공중을 개인적 이익에 일희일비하는 무비판적인 대중으로 만들었다. 대중이 구매해야 할 상품이 무엇인지를 광고를 통해 알려주듯이, 매스 미디어는 투표해야 하는 정치지

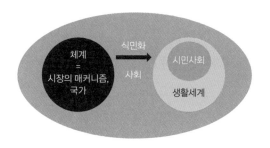

7-17 하버마스의 '체계에 의한 생활세계의 식민화'.

도자가 누구인지를 알려주고, 관심을 가져야 할 의제가 무엇인지를 제시해준다. 이처럼 사람들의 일상적 삶의 실천이 이루어지는 생활세계는 체계에 의해 지배된다. 하버마스는 이를 '체계에 의한 생활세계의 식민화'라고 불렀다.[12](7-17)

파괴된 공론장을
인터넷에서 복원하는 방법

하버마스는 현대사회의 문제점을 해결하려면 파괴된 공론장을 생활세계 안에 복원해야 한다고 주장했다. 생활세계는 사람들의 인간적이고 자율적인 커뮤니케이션이 살아 있는 세계이다. 민주주의가 효율적으로 작동하려면 생활세계 안에서 합리적 의사소통 능력을 가진 개인이 자유롭고 능동적으로 자신의 의견을 표현하고, 타인의 의견을 존중하면서 토론할 수 있어야 한다. 그러므로 생활세계의 자율적인 커뮤니케이션이 돈과 권력을 앞세운 체계에 의해 왜곡되거나 타락하지 않도록 하는 것이 중요하다.

공론장 안에서의 자율적인 커뮤니케이션은 숙의민주주의를 가능하게 한다. 숙의민주주의란 비판적 이성을 가진 공중이 공적인 의제에 대해 자유롭고 평등한 상태에서 토론에 참여해 합의를 통해 의사를 결정하는 민주적 과정이다.

인터넷이 처음 등장했을 때, 누구나 쉽게 접근할 수 있으며 자유롭게 자기 생각을 표현하고 토론할 수 있는 공간이 될 수 있다는 점에서 공론장의 역할을 할 수 있으리라는 기대를 받았다. 특히 '인터넷 공론장'이라는 말이 생길 정도로 인터넷은 전 세계의 모든 연령과 계층의 이용자들이 시간과 공간에 구애받지 않고 게시판, 댓글, 1인 미디어, 소셜미디어 등을 통해 공적인 사안에 대해 자신의 의견을 개진할 수 있는 공간으로 여겨졌다.

인터넷 공론장이 형성된다면, 사람들은 중요한 정치적 · 사회적 의제에 대한 견해를 자유롭게 표현하고 합리적인 토론을 통해 적절한 의사결정을 내리는 과정에 참여함으로써 숙의민주주의를 실현할 수 있다. 2000년대 초반에는 인터넷 신문 사이트나 커뮤니티 사이트의 게시판에서 활동하는 '논객'들을 중심으로 정치·경제·사회·문화 등 다양한 분야의 이슈들에 대한 토론과 논쟁이 벌어졌다. 2010년 이후에는 소셜미디어와 1인 미디어를 중심으로 다양한 주장과 의견들이 분출되고 있다. 조직적인 댓글 조작, 악성 댓글이나 비합리적이고 감정적인 주장 등이 이상적인 공론장의 형성을 방해하고 있기는 하지만 다양한 의견이 큰 제약 없이 공개되고 유통되는 것이 소수 매스 미디어에 의해 독점되는 폐쇄적이고 억압적인 커뮤니케이션 상황보다는 낫다고 할 수 있다.

누구나 자유롭게 의견을 펼쳐 보일 수 있는 인터넷의 개방성이 공론장 형성과 숙의민주주의 실현에 기여할 수는 있지만, 그것만으로는 부족하다. 공론장 형성과 숙의민주주의 실현을 위해서는 다음의 세 가지 조건이 필요하다.

첫째, 사람들이 자유롭고 평등하게 의사를 표현하고 토론할 수 있는 상황이 보장되어야 한다. 돈을 벌기 위해 거짓을 말하고, 자극적인 내용을 유포한다거나 권력을 동원해 발언한 사람을 처벌하는 것처럼 돈과 권력과 같은 비언어적 요소가 커뮤니케이션을 왜곡해서는 안 된다.

둘째, 언어를 통해 논리적으로 설득하고 합의를 창출할 수 있는 합리적인 의사소통이 이루어져야 한다. 타인의 의견에 대한 조건 없는 존중이 이루어지는 가운데, 더 나은 논증을 제시한 의견이 더 합리적이고 좋은 의견으로 인정되어야 한다.

셋째, 사람들의 자유의지에 따라 모이는 시민사회 결사체의 활동이 보장되어야 한다. 시민이 자발적으로 참여하는 결사체를 통한 실질적이고 직접적인 정치적 행위는 시민의 정치적 효능감을 높일 수 있다.

자유와 윤리,
둘 다 잡아야 하는 언론

언론의 포지션

**샤를리 엡도 사건과
언론의 자유**

2015년 1월 7일 프랑스 파리에 있는 '샤를리 엡도(Charlie Hebdo)' 신문사에 괴한 두 명이 침입해 총을 난사했다. 이 사건으로 12명이 사망하고 4명이 중상을 입었다. 사망자 중 8명은 '샤를리 엡도'의 만화가들과 기자·칼럼리스트 등 신문사 편집진들이었다. 알카에다 조직의 일원이었던 범인들은 '샤를리 엡도'가 이슬람교를 모욕했으며,

그에 대한 보복으로 테러를 저질렀다고 주장했다. 실제로 '샤를리 엡도'는 이슬람교의 예언자인 마호메트를 풍자하는 만화를 꾸준히 게재해왔으며, 그와 관련해 2006년에는 법적 소송을 당하기도 했다. 2013년에는 아랍 반도의 알카에다가 이슬람교의 적대자로 공개한 현상수배자 명단에 포함되기도 했다.

7-18 2015년 1월 7일 스트라스부르크에서 "Je Suis Charlie"라는 피켓을 든 애도자들이 침묵 시위를 벌이고 있다. ⓒPhoto Claude TRUONG-NGOC

테러리스트가 신문사를 습격해 편집진 다수를 살해한 사건은 프랑스뿐만 아니라 전 세계에 커다란 충격을 주었다. 프랑스를 비롯한 서방세계에서는 이 사건을 즉각적으로 언론자유에 대한 중대한 침해로 간주했다. 사건 다음 날 에펠탑의 불빛이 5분 동안 소등되었으며, 개선문에는 "파리는 샤를리다(Paris est Charlie)"라는 문장이 투사되었다. 관공서와 학교 등에서는 희생자를 애도하기 위해 1분 동안 묵념하는 시간을 가졌고, 사람들은 거리에서 "나는 샤를리다(Je suis Charlie)"라고 쓴 피켓을 들고 침묵 시위를 벌였다.(7-18)

그러나 언론자유라는 관점에서 이 사건을 좀 더 자세히 들여다보면 문제가 그렇게 단순하지 않다. 프랑스 내에서조차 '샤를리 엡도'에 대한 테러를 언론자유에 대한 침해로 보지 않는 사람들이 많았다. 어떤 지역의 초등학교에서는 한 반의 80%가 되는 학생들이 희생자를 기리기 위한 1분의 묵념시간을 갖는 것을 거부했다. 그곳은 이슬람교를 믿는 이민자들이 밀집해 사는 지역이었다. 적어도 이슬람교도들이 보기에, 마호메트를 모독한 '샤를리 엡도'는 벌을 받아 마땅한 신문이었던 것이다.

언론자유에 대한 사회적 합의의 모태는 1789년 프랑스 대혁명 때 발표된 인권선언이다. 인권선언의 11조는 "사상과 의견의 자유로운 소통이 인간의 가장 소중한 권리들 중의 하나"라고 명시하고 있다. 모든 시민은 자유롭게 말하고 글 쓰고 출판할 수 있는 권리를 보장받는다. 하지만 동시에 인권선언은 언론자유가 아무런 제한이 없는 자유가 아니라 법으로 제한되는 자유라고 밝혔다.

일반적으로 언론자유가 인간의 기본권이기는 하지만 제한 없는 언론자유는 불가능하다. 언론자유는 절대 무제한의 자유를 의미하지 않는다. 영국의 작가 존 밀턴(John Milton)은 『아레오파기티카』에서 "진실은 반드시 거짓을 이긴다"고 말하면서 언론자유의 보장을 주장했다.[13](7-19) 1644년에 출간된 이 책에서 밀턴은 "인간의 이성은 진실과 거짓을 판단할 수 있는 능력이기 때문에 언론자유가 주어지더라도 결국에는 진실을 말하는 자가 승리한다"고 보았다. 하지만 밀턴은 그렇다고 해서 아무나 모든 것을 자유롭게 말하게 두어서는 안 된다고 강조했다. 언론자유는 보장되어야 하지만 이미 거짓으로 판명된 것을 표현할 자유는 없다는 것이다.

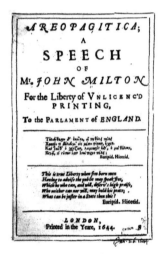

7-19 『아레오파기티카』의 초판본 표지.

진실과 거짓을 완벽히 구별할 수 없다는 점에서 언론자유를 제약하는 조건들은 절대적이거나 보편적인 게 아니라 사회적 맥락이나 정치적 고려 등에 의해 변할 수 있는 것이다. 다시 말해 모든 사람이 동의할 수 있는 제약 조건은 없다는 말이다.

언론에 대한 정치권력의 간섭과 통제가 항상 존재했던 한국의 경우, 언론자유는 반드시 쟁취해야 하는 절대적 가치처럼 인식되어 왔다. 한국의 헌법은 제21조에서 모든 국민은 언론·출판의 자유가 있음을 천명하고 있으며, 이 자유는 "타인의 명예나 권리 또는 공중도덕이나 사회윤리를 침해"했을 때에는 제한될 수 있다고 밝히고 있다.

이를 근거로 해서 실제로 한국에서 언론자유에 대한 법적 제한은 크게 두 가지 방식으로 이루어진다. 하나는 개인에 해를 끼치는 표현을 명예훼손죄로 다루는 것이고, 다른 하나는 국가보안법 등과 같은 법을 통해 국가에 해악을 끼친다고 판단되는 표현을 처벌하는 것이다. 결국 한국에서 언론자유에 대한 제약은 명예훼손과 같은 지극히 개인적 차원에서의 문제 제기를 통해, 혹은 국가 공권력에 의한 억압을 통해 이루어진다.

1990년대 이후 형식적 민주화가 이루어지고 디지털 미디어가 사회적 커뮤니케이션에서 지배적 위치를 차지하면서 언론자유는 각자 자기의 이익과 신념에 따라 사용하는 개념이 되었다. 진보 성향의 개인과 시민단체가 민주주의를 앞세우며 보수 언론사를 찾아가 시위를 하기도 하고, 보수 성향의 개인과 시민단체 역시 자유민주주의를 표방하며 진보 언론사를 찾아가 극렬하게 항의하기도 한다. 이때 언론사는 외압에 굴하지 않고 언론자유를 수호하겠다는 단호한 입장을 취하는 게 일반적이다.

17세기에 커피하우스에서 사람들이 읽던 신문은 현재와 같은 대중지(大衆紙)가 아니라 정치적 이슈에 대한 의견을 전달하고 대중을 설득하기 위해 동원된 정론지(政論紙)였다. 근대 유럽에서 언론은 권력 투쟁의 한복판에서 치열하게 사상적 전투를 벌이기 위한 무기였다. 정부는 허가제 등을 통해 언론을 통제하면서 권력 유지에 유리한 방식으로 언론 지형을 구성하고자 했다. 반면에, 저항 세력은 자신이 운영하는 언론을 통해 정부와 사회 체제를 비판하고 새로운 사상을 유포하면서 권력 획득을 위한 유리한 환경을 조성하고자 했다. 이 과정에서 집권 세력의 억압에 맞서 싸우며 권력 탈취를 도모하는 세력이 언론의 정치적 파괴력을 확보하기 위해 언론자유 개념을 내세웠다.

언론자유와 병립하는 언론윤리

프랑스 대혁명을 거쳐 자본주의에 기반한 민주주의 정치 체제가 서유럽과 미국을 중심으로 확립되면서 언론은 중요한 사회 기구이자 산업으로 자리잡았다. 그래서 언론자유와 병립할 수 있는 새로운 언론 통제 방법이 필요해졌다. 언론인들도 전문직업인으로서의 사회적 지위를 확보하기 위한 이념적 장치를 수용할 필요를 느꼈다. 이 과정에서 언론윤리의 개념이 등장했다.

언론의 자유로운 활동을 윤리라는 명목으로 통제하고자 한 최초의 시도는 1889년에 등장했다. 영국의 법률가 윌리엄 릴리(William S. Lilly)는 1889년 「언론윤리」라는 논문에서 아무것이나 말할 수 있는 언론자유는 "가장 허황하고 멍청한 것"이라고 주장하면서, 언론자유는 "사실을 말하고, 사실에 대해 논하며, 남용을 고발하고, 개혁을 지지하기 위한 자유"라고 강조했다.[14] 이후 언론윤리에 대한 논의는 당시 언론이 보여주던 선정성과 부정직함에 대한 비판에 집중되었다. 19세기 말부터는 상업성을 지나치게 추구하는 황색 언론이 심각한 사회문제로 떠올랐기 때문이다.

언론이 하나의 기업으로 정착하자 전문직업인으로서 언론인이 지켜야 할 윤리가 만들어지기 시작했다. 1918년 프랑스 전국언론노조는 '프랑스 언론인 직업 의무 헌장(Charte des Devoirs Professionnels des Journalistes Français)'을 만들어 언론인이 지켜야 할 직업적 의무를 제시했다. 1938년에 수정된 이 헌장은 기사에 대한 책임, 사실 왜곡이나 조작 금지, 금품수수 금지, 표절 금지, 직업상의 비밀 유지, 양심과 정의에 따르는 행동 등을 언론인의 의무로 제시했다.

언론이 기업으로서 안정적이고 지속적인 활동을 해나갈 수 있게 되자 언론인 양성을 위한 대학 교육이 시작되었고, 다양한 유형의 언론윤리가 고안되었다. 1920년대 미국 언론이 채택한 윤리 강령의 핵심 개념은 책임·자유·독립·정직·정확·불편부당·공정·품위였다. 1970년대 말부터는 미국 학계에서 언론윤리에 관한 본격적인 연구가 시작되었다. 이 연구로부터 진실성·객관성·공정성 등과 같은 개념이 이론적이고 체계적인 방식으로 언론윤리의 핵심이 되었다.

19세기 말과 20세기 초에 걸쳐 형성되어 지금까지 유지되고 있는 언론윤리에 대한 담론은 크게 두 개의 영역으로 구성된다. 하나는 금품수수·표절·왜곡·조작·비밀 유지 등과 같은 언론인의 구체적 행위에 대한 지침으로서의 언론윤리에 대한 담론이고, 다른 하나는 진실성·공정성·객관성·불편부당성 등과 같이 검증할 수 없는 추상적 가치에 대한 지침으로서의 언론윤리에 대한 담론이다.

한국의 언론은 일제강점기 기간에 본격적으로 활동을 시작했다. 식민지 치하에서의 언론은 식민지배에 대한 저항의 도구이거나 식민지배를 정당화하는 수단이었고, 광복 이후의 정치적 혼란기에는 다양한 정치 세력이 권력 획득을 위해 이용한 투쟁의 도구였다.(7-20) 1961년부터 시작된 군부 독재 기간에는 정권의 홍보 수단이거나 저항 수단의 역할을 했다.

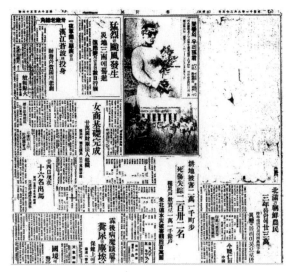

7-20 1936년 8월 25일자 《동아일보》에 실린 '일장기 말소 사건'. 1936년 제11회 베를린 올림픽 대회에서 우승한 손기정 선수의 가슴에 달린 일장기를 지우고 신문에 게재함으로써 당시 일본 제국주의에 항거한 사건이다.

이렇듯 군사정권이 끝나기 전까지 한국 언론은 권력에 대한 순응·저항의 관점에서 접근되었고, 언론인은 독립이나 민주화를 위한 지사이거나 권력의 부역자이거나 둘 중의 하나라는 식으로 평가되곤 했다. 이 시기에 한국 언론의 담론에서 핵심적인 지위를 차지하던 개념은 언론자유였다.

1989년을 기점으로는 언론윤리가 더 많이 언급되기 시작했다. 정치적 민주화가 진행되며 정권에 대한 저항 투쟁의 강도가 약해지고, 언론이 기업으로서의 영리활동에 점차 관심을 가지면서 언론자유가 아닌 언론윤리가 강조되기 시작한 것이다. 당시 언론윤리에 대한 논의는 금품과 향응 수수, 이권 개입, 선정 보도 등을 금지하는 내용이 주를 이루었다. 언론인의 구체적 행동 윤리를 제시하면서 언론인을 의사나 변호사 등과 같은 전문직으로 보는 담론이 만들어졌다.

타인의 진실에 대한
번역이 필요한 시대

탈진실 시대

가짜 뉴스, 탈진실, 그리고
언론의 진실

2016년 영국에서는 유럽연합 탈퇴를 결정하는 브렉시트(Brexit) 투표가 실시되었다.(7-21) 이 과정에서 브렉시트를 찬성하는 측과 반대하는 측 사이에서 격렬한 논쟁이 벌어졌다. 같은 해에 열렸던 미국의 대통령 선거에서도 공화당 지지자들과 민주당 지지자들 사이에서 커다란 반목과 대립이 형성되었다. 두 진영이 강력하게 맞서는 과

■ 탈퇴 ■ 잔류

7-21 2016년 6월 23일 브렉시트 찬반 투표 결과를 보여주는 영국 지도. 잔류 48.11%, 탈퇴 51.89%로 탈퇴가 결정되었다. ⓒ Photo Claude TRUONG-NGOC

정에서 셀 수 없이 많은 '가짜 뉴스(fake news)'가 제작되어 유포되었다.[7-22] 사람들이 사실이나 진실 여부와 관계없이 자신에게 유리하고 상대에게 불리한 정보는 무조건 진실이라고 믿는 현상이 두드러지게 나타났다. 이 같은 현상은 '탈진실(post-truth)'이라는 이름으로 알려졌다. 옥스퍼드 사전은 2016년에 '탈진실'을 올해의 단어로 선정했고, 콜린스 사전은 2017년에 '가짜 뉴스'를 올해의 단어로 선정했다.

가짜 뉴스가 의도적으로 대량 생산·유포되는 상황에서 사람들은 이성적인 판단이 아닌 감정적인 선호와 신념에 따라 정보의 진실 여부를 판단한다. 객관적이고 절대적인 기준에 의해 구별되는 진실이 존재한다는 생각이 사라진 상황에서 사람들은 자신이 좋아하고 믿는 것을 진실이라고 판단하기 시작한 것이다. 탈진실은 바로 이러한 현상을 가리키는 용어이다.

한국에서도 2010년대 중반부터 서로 의견을 달리 하는 집단이 양극단으로 나뉘어 극렬히 대립하는 현상이 두드러지게 표출되기 시작했다. 미디어도 두 진영으로 갈라져 같은 사건에 대해 서로 다른 정보를 경쟁적으로 제공하는 현상이 나타났다. 언론 미디어가 정치적 목적을 위해 편향된 뉴스를 보도하는 상황에서 진실성·객관성·공정성 같은 가치들은 공염불이 되었고, '진실을 말하는 언론'이라는 표현도 의미가 퇴색되었다.

"언론은 진실을 말해야 한다"라는 말은 너무나 당연한 것처럼 들리지

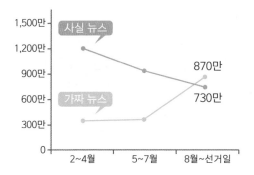

│ 최상위 20개 사실 뉴스와 가짜 뉴스의 유통 정도 비교 │

7-22 2016년 미국 대선 시기(8월부터 10월 말까지 3개월간) 최상위 20개 사실 뉴스와 가짜 뉴스의 유통 정도 비교. 페이스북에서 가짜 뉴스는 871만 1,000번의 공유와 댓글이 올라온 반면, 사실 뉴스의 경우 736만 7,000번의 공유와 댓글이 발생했다(Silverman, 2016). 이로써 수용자들은 가짜 뉴스를 사실 뉴스보다 더 많이 접했음을 알 수 있다.

만, "언론이 말해야 하는 진실은 무엇이냐?"고 물어보면 쉽게 답변하기 어려워진다.

언론윤리와 관련해 언급되는 진실은 크게 세 가지로 구분될 수 있다.[7-23]

첫 번째, 어떤 진술이 현실과 일치할 때 그 진술은 진실이다. 이는 '일치성(correspondence)'으로서의 진실이다. 이 진실 개념 안에서는 진술과 일치하는 현실이 실제로 존재한다. 그렇기에 진실은 인간의 주관적 생각이나 판단과는 독립된 방식으로 존재한다. "이 교실에는 10명의 사람이 있다"라는 진술은 나의 주관적 의견과 관계없이 교실에 실제로 10명이 있는지를 확인하는 방법으로 진실 여부가 가려질 수 있다.

이러한 진실 개념은 언론이 소중히 여기는 전통적인 의미의 객관성과 밀접하게 연관된다. 미국의 언론인 월터 크론카이트(Walter Cronkite)가 말했듯이, "객관성은 편견과 개인적 의견의 주입 없이 얻을 수 있는 최대한의 현실과 사실을 보고하는 것"이기 때문이다.[15] 현실 혹은 사실로서의

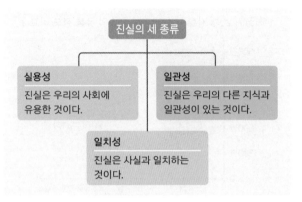

7-23 진실의 세 가지 종류.

진실은 아직 발견되지 않거나 은폐되어 있을 수 있기 때문에 진실을 발견하고 폭로하는 것은 언론의 의무가 된다. 일치성으로서의 진실은 객관주의 저널리즘의 근간이 되는 진실 개념이다.

두 번째, 어떤 진술이 지배적 담론에 적합한 방식으로 작성될 때 그 진술은 진실이다. 이는 '일관성(coherence)'으로서의 진실이다. 이 경우에 진실은 실존하는 현실과는 관계없이 확인될 수 있다. 그 시대와 사회의 사람들이 옳다고 믿는 생각을 담고 있는 기사는 진실을 말하는 기사가 된다. 기자의 주관적 판단은 사회에서 '상식'으로 통용되는 지배적 규범에 적합할 때 진실이라고 인정된다. 일관성으로서의 진실을 추구하는 언론은 사회적 규범에 어긋나는 불의에 분노하면서 '양심의 수호자' 역할을 자처하게 된다. 탐사 저널리즘은 일관성으로서의 진실 개념을 토대로 구성된다.

세 번째, 어떤 진술이 현실에서 유용한 역할을 할 때 그 진술은 진실이다. 이는 '유용성(usefulness)'으로서의 진실이며, 기본적으로 '실용주의(pragmatism)' 철학에 뿌리를 두고 있다. 어떤 기사가 현실의 문제를 해결하는 데 도움이 되고, 우리의 삶을 윤택하게 만들며 사회의 발전에 기여한다면, 그 기사는 진실이다. 현실 생활에서의 유용성을 기준으로 진실 여부를 판단하는 관점에서 보자면, 언론은 무관심한 관찰자도 아니고 양심의 수호자도 아니다. 언론은 현실의 삶에 유용하고 적절한 수준의 '실용적 객관성'을 추구해야 한다. 유용성으로서의 진실은 공공 저널리즘을 지지하는 기반이 된다.

수많은 진실이 각자의 세계를 구성하는 멀티버스

탈진실 현상을 사회적 이슈로 드러나게 만든 직접적 사건은 2016년에 있었던 브렉시트와 미국 대통령 선거에서 격화된 진영 대립이지만 그 징후는 이미 오래전부터 나타나고 있었다. 1960년대부터 인문·사회과학에서는 시대와 사회를 초월하는 보편적 진실은 존재하지 않는다는 주장이 나타나면서 '포스트모더니즘(postmodernism)'이라고 불리는 사조가 형성되었는데, 이는 탈진실의 단초가 되었다.

근대의 사상이었던 모더니즘(modernism)은 인간의 이성을 바탕으로 보편적 진실, 객관적이고 과학적인 지식, 합리적 개인, 독창적인 작가, 사회와 역사의 진보 등이 가능하다고 생각한 사조였다. 반면에 이를 부정하고 등장한 포스트모더니즘은 인간의 이성이 보편적 능력이 아니라 사회적으로 구성되는 것이라고 보았다. 이성은 사회적 구성물에 지나지 않기 때문에 이성을 통해 획득할 수 있다고 믿어졌던 보편적 진실도 사회문화적 맥락에 따라 달라질 수밖에 없는 것이다. 보편적 이성에 대한 믿음이 무너지자 이성의 통제를 받지 않는 감성과 욕구가 인간 활동의 가장 중요한 요인으로 떠오르게 되었다. 그 결과 모더니즘 시대에는 표절로 간주되던 패러디(parody)·패스티시(pastiche)와 같은 작업이 창작 활동으로 인정되었다.

디지털 기술의 발전은 포스트모더니즘 현상을 더욱 부추겼다. 인공지능을 이용한 딥페이크(deepfake) 기술은 사람의 눈으로는 현실인지 거짓인지를 구분할 수 없을 정도로 정교한 가짜 영상을 만들어낸다.(7-24) 메타버스에서의 나의 정체성은 굳이 현실세계의 정체성과 같아야 할 필요가 없다. 디지털 미디어는 현실과 가상, 진실과 거짓을 구별해야 할 필요를 느끼지 못하게 만든다.

탈진실 시대에 자신이 믿는 것이 진실이라고 생각하는 사람들은 자신만의 진실을 알기 위해 디지털 미디어를 이용한다. 수많은 1인 미디어 채널들이 정치적·사회적 이슈에 대한 자신만의 진실을 표출한다. 빅데이터 기반의 AI 알고리즘은 사용자의 신념과 감정에 어울리는 콘텐츠를 추천하면

7-24 얼굴 합성의 예.
ⓒEdward Webb

서 사용자만의 진실로 가득 찬 세계를 만든다. 서로 다른 진실을 믿는 사람들은 다른 세상에 사는 사람들이다. 세상은 이제 하나의 진실이 공유되는 유니버스가 아니라 수많은 진실이 각자의 세계를 구성하는 멀티버스이다.

멀티버스 안에서 사람들은 다른 세계의 사람들이 하는 말을 알아들을 수 없다. 모두가 갖고 있는 비판적 이성의 능력을 이용해 현실의 문제에 대해 냉철하게 분석하고 합리적으로 토론하는 것이 불가능해진 상황에서 가짜 뉴스와 딥페이크가 만든 정보는 사람들의 감정을 자극하며 그들이 믿는 진실에 대한 확신을 강화한다. 서로 다른 진실을 믿는 사람들 사이에서 격렬한 반목과 투쟁과 갈등이 일어난다.

2018년 한국행정연구원에서 발행한 〈사회갈등지수와 갈등비용 추정〉 보고서에 따르면, 37개국 중 한국 사회의 가치관 격차가 가장 크고, 조사대상자의 90% 이상이 한국의 사회갈등이 심각하다고 인식하고 있다.[16] 보수와 진보로 양분된 정치 진영은 중요한 사안마다 다른 의견을 내면서 강하게 대립하고 있고, MZ세대라고 불리는 청년 세대와 '꼰대'라고 비하되는 기성 세대 사이의 세대 갈등도 악화하고 있다.(7-25) 또한 남성과 여성 사이에서 나타나는 젠더 갈등의 골도 점점 깊어지고 있다.

이러한 갈등의 상당 부분은 디지털 미디어가 조장한 측면이 있다. 누구나 쉽게 익명으로 분노를 표출할 수 있고, 같은 생각을 가진 사람들이 폐쇄적 모임을 만들 수 있는 인터넷 공간의 특성상 집단사고와 확증 편향이 쉽게 일어나기 때문이다.

자신만의 진실이 있는 세계에서 사는 사람들은 사실상 다른 언어로 말하는 것과 같다. 다른 언어로 말하는 사람들 사이에서는 합리적 토론이 이루어질 수 없다. 말이 통하지 않기 때문이다. 이들이 커뮤니케이션하기 위해서는 우선 서로의 언어를 '번역'하는 일이 필요하다.

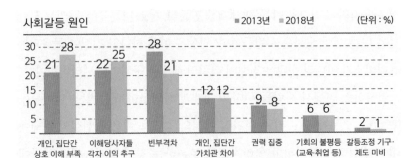

7-25 사회갈등의 원인을 분석한 표.

미국의 철학자 도널드 데이비드슨(Donald Davidson)은 "타인의 말을 번역하는 행위는 '자비의 원칙(principle of charity)'을 필요로 한다"고 말했다.[17] 우리가 이해할 수 없는 타인의 말을 번역하기 위해서는 우선 상대방의 말이 진실이라고 가정해야 한다는 것이다. 그렇다고 해서 우리가 그의 말이 진실이라는 것에 동의하는 것은 아니다. 데이비드슨에 따르면, 타인의 말을 번역하는 이유는 그 말에 '동의'하기 위해서가 아니라 그 말을 '이해'하기 위해서이다.

탈진실 시대에 모두가 각자의 진실을 가진 진영으로 나뉘어 대립할 때, 가장 필요한 것은 타인을 이해하려는 마음이다. 말이 통하지 않는 타인을 만났을 때 무조건 그를 죽이는 사람은 없다. 모든 인간은 타인에 대해 공감애라는 보편적 감정을 느끼기 때문이다.

탈진실 시대에 우리가 가져야 할 윤리적 태도는 공감애를 갖고 타인의 진실을 '번역'하면서 이해하려는 태도이다. 커뮤니케이션은 미디어를 이용해 타인과 메시지를 공유하는 행위이다. 이때 메시지는 정보만이 아니라 감정을 포함한다. 우리가 커뮤니케이션을 통해 얻는 것은 궁극적으로 타인과 함께 이 세상을 산다는 느낌이다.

딥러닝과 딥페이크,
최첨단과 범죄 사이 '양날의 칼'

2023년 디즈니플러스에서 제공한 드라마 〈카지노〉에서 주인공 역을 맡은 한 배우는 실제로는 60세가 넘은 나이였지만 30대부터 50대까지 다양한 연령대를 연기해냈다. 인공지능의 딥러닝 기술을 이용해 얼굴을 젊게 보이게 만드는 페이스 디에이징(face de-aging) 기술, 그리고 젊은 목소리를 만들어내는 음성 합성 기술을 사용한 결과였다.

이제는 나이 든 배우가 특별한 분장을 하지 않더라도 젊은 시절의 모습을 연기할 수 있게 되었다. 이 기술은 이미 2006년 영화 〈엑스맨: 라스트 스탠드(X-Men: The Last Stand)〉에서 적용된 바 있으며, 최근에는 기술이 한층 정교해져서 점점 더 많은 영화와 드라마에서 사용되고 있다.

인공지능의 딥러닝 기술을 이용한 영상의 조작은 영화와 드라마와 같은 콘텐츠의 창작 활동을 지원하기도 하지만, 부정적인 목적으로 사용되기도 한다.

2018년 미국의 영화감독 조던 필(Jordan Peele)은 전 미국 대통령 버락 오바마(Barack Obama)가 "트럼프 대통령은 완전히 쓸모없는 인간"이라고 발언하는 동영상을 공개했다. 이 동영상은 조작의 흔적을 전혀 찾기 어려울 정도로 자연스러워 오바마가 실제로 촬영한 영상처럼 보였다.[7-26] 필은 곧 영상이 조작되었음을 밝히고 누구나

쉽게 구할 수 있는 소프트웨어로 거의 완벽한 조작 영상을 만들 수 있음을 경고했다.

이처럼 인공지능 기술을 이용해 컴퓨터로 조작된 영상을 '딥페이크(deepfake)'라고 한다. 딥페이크는 인공지능 학습 기술인 '딥러닝(deep learning)'과 '가짜(fake)'의 합성어이다. 2017년 12월에 '딥페이크스(deepfakes)'라는 닉네임을 사용하던 이용자가 소셜 뉴스 웹사이트인 '레딧(Reddit)'에 유명인의 얼굴을 합성해서 만든 포르노그래피를 게시한 사건에서 유래한 것으로 알려져 있다.

"이 사람은 존재하지 않습니다"라는 의미를 가진 "This Person Does Not Exist"라는 명칭의 웹사이트를 방문하면, 어떤 사람의 얼굴 사진이 게재된다. 이 사진은 실제로 존재하는 사람을 촬영한 사진처럼 보인다. 존재하지 않는 사람의 사진이라는 사전 설명이 없다면, 평범한 눈으로는 조작된 사진이란 것을 알아차리기 불가능하다. 너무나 실제처럼 보이는 사진을 보다 보면, 내가 보고 있는 사진 속 사람이 실재로 존재하지 않는다는 사실을 납득하기 어려울 정도이다.

이러한 놀라운 작업을 수행하는 딥러닝은 특정한 알고리즘으로 구성된 컴퓨터의 인공신경망(artificial neural networks)이 대량의 데이터를 학습하는 기술이다.

최근에는 두 개의 딥러닝 알고리즘을 이용한 '생산적 적대 신경망(generative adversarial network)'을 활용해 더 정교한 가짜를 만들

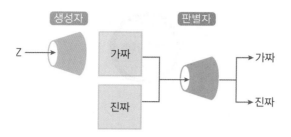

7-27 GAN의 구조와 원리. 생성자는 생성된 Z를 받아 실제 데이터와 비슷하게 데이터를 만들어내도록 학습하고, 판별자는 실제 데이터와 생성자가 생성한 가짜 데이터를 구별하도록 학습한다.

어낸다. '생산적 적대 신경망'은 첫 번째 알고리즘이 영상을 조작하면 두 번째 알고리즘이 조작 여부를 판별하는 게임의 방식으로 작동한다. 인공지능 알고리즘이 서로 경쟁하면서 더 진짜 같은 가짜를 만들어내는 것이다.(7-27)

딥페이크의 존재는 그동안 사람들이 믿어왔던 확고한 현실의 증거를 불확실하고 의심스러운 것으로 만드는 결과를 초래한다. 그럴듯한 가짜 정보를 사실 같은 동영상을 통해 전달할 수 있는 만큼, 실제로는 사실인 동영상이라도 그 증거 능력이 부정될 수 있는 것이다. 자기에게 불리한 내용을 담은 영상을 딥페이크라고 몰아세우면 되기 때문이다. 이는 가짜 뉴스를 만들고 거짓말을 하는 사람에게 이익이 되는 상황, 즉 '거짓말쟁이의 배당금(the liar's dividend)'을 만들어낸다.

참고자료

Chapter 1

1 | 『성경』(개역개정판), 창세기 1:1-5.

Chapter 2

1 | 마셜 매클루언(*The Medium is the Massage*, 1967), 『미디어는 마사지다』, 김진홍 옮김, 커뮤니케이션북스, 2001.

2 | 월터 J. 옹(*Orality and Literacy*, 1982), 『구술문화와 문자문화』, 임명진 옮김, 문예출판사, 2018.

3 | 마셜 매클루언(*The Gutenberg Galaxy*, 1962), 『구텐베르크 은하계』, 임상원 옮김, 커뮤니케이션북스, 2001.

4 | Dolf Sternberger, *Panorama of the 19th Century*, 1977, Mole Editions.

5 | 마셜 매클루언(*The Gutenberg Galaxy*, 1962), 『구텐베르크 은하계』, 임상원 옮김, 커뮤니케이션북스, 2001, p.50.

6 | 클로드 레비스트로스(*La Pensée Sauvage*, 1962), 『야생의 사고』, 안정남 옮김, 한길사, 1996, p.70.

7 | 마셜 매클루언(*Understanding Media: The Extensions of Man*, 1964), 『미디어의 이해: 인간의 확장』, 김상호 옮김, 커뮤니케이션북스, 2011.

Chapter 4

1 | Henry Jenkins, *Convergence Culture: Where Old and New Media Collide*, 2006, New York University Press, pp.1-24.

2 | 윌리엄 깁슨(*Neuromancer*, 1984), 『뉴로맨서』, 김창규 옮김, 황금가지, 2013.

3 | 닐 스티븐슨(*Snow Crash*, 1992), 『스노 크래시』, 남명성 옮김, 문학세계사, 2021.

4 | "Global personal luxury goods market reaches €288 billion in value in 2021 and experienced a remarkable performance in the first quarter 2022", Bain & Company, Press Release, 2022. 6. 21.

Chapter 5

1 | 폴 라자스펠드(Paul Lazarsfeld) 외, 『국민의 선택: 대통령 선거 캠페인 기간에 유권자는 지지 후보를 어떻게 결정하는가』, 백영민 옮김, 커뮤니케이션북스, 2015.

2 | Maxwell E. McCombs, Donald L. Shaw, "The Agenda-Setting Function of Mass Media", *Public Opinion Quarterly*, 36(2), 1972, pp.176-187.

3 | Elihu Katz, Jay Blumler, *The Uses of Mass Communications: Current Perspectives on Gratifications Research*, SAGE Publications, 1974.

4 | 박형민·최수형·김남희·이선형·조제성, 〈전국범죄피해조사 2020 : 분석보고서〉, 한국형사·법무정책연구원, 2021, pp.163-172, pp.227-234.

5 | 박형민·최수형·김남희·이선형·조제성, 〈전국범죄피해조사 2020: 분석보고서〉, 한국형사·법무정책연구원, 2021, pp.70-80.

6 | 박형민·최수형·김남희·이선형·조제성, 〈전국범죄피해조사 2020 : 분석보고서〉, 한국형사·법무정책연구원, 2021, p.174.

7 | 월터 리프먼(*Public Opinion*, 1922), 『여론』, 이동근 옮김, 커뮤니케이션북스, 2021.

Chapter 6

1 | 페르디낭 드 소쉬르(*Cours de Linguistique Generale*, 1916), 『일반언어학 강의』, 김현권 옮김, 그린비, 2022, pp.133-135.

2 | Roland Barthes, Eléments de Sémiologie, *Communications*, 4, 1964, pp. 91-135.

3 | 롤랑 바르트(*Mythologies*, 1957), 『신화론』, 정현 옮김, 현대미학사, 1995, pp.267-306.

4 | 알기르다스 줄리앙 그레마스, 『구조의미론(*Sémantique Structurale*)』, Paris: PUF, 1966, pp.172-191.

5 | 알기르다스 줄리앙 그레마스, 『구조의미론(*Sémantique Structurale*)』, Paris: PUF, 1966, pp.18-29.

6 | 클로드 레비스토로스(*La Pensée Sauvage*, 1962), 『야생의 사고』, 안정남 옮김, 한길사, 1996.

7 | Claude Lévi-Strauss, *Anthropologie structurale*, Plon, 1958, pp.233-236.

8 | Sapir, E. (1929), "The status of linguistics as a science", *Language*, 5(4), pp. 207 – 214; Whorf, B. L. (1940), Science and linguistics, *Technology Review*, 42(6), pp. 229 – 231, 247 – 248.

9 | 조지 허버트 미드(*Mind, Self, and Society*, 1934), 『정신, 자아, 사회』, 나은영 옮김, 한길사, 2010.

10 | 조지 허버트 미드(*Mind, Self, and Society*, 1934), 『정신, 자아, 사회』, 나은영 옮김, 한길사, 2010, pp.265 – 270.

11 | 어빙 고프만(*The Presentation of Self in Everyday Life*, 1959), 『자아 연출의 사회학』, 진수미 옮김, 현암사, 2016.

12 | "Social Media Use in 2021", Pew Research Center, 2021. 4. 7.

13 | "The 15 Biggest Social Media Sites and Apps [2023]", Dreamgrow, 2023. 1. 1.

14 | Merton, R., "The Self-Fulfilling Prophecy", *The Antioch Review*, 8(2), 1948, pp.193 – 210.

15 | 김구, 『백범일지』, 스타북스, 2020, p.405.

16 | Jesse Delia, Barbara J. O'Keefe, and Daniel O'Keefe, "The Constructivist Approach to Communication", in Frank E. X. Dance (ed.), *Human Communication Theory*, New York: Harper & Row, 1982, pp.147 – 191.

Chapter 7

1 | Deborah Tannen(1990), *You Just Don't Understand: Women and Men in Conversation*, New York: William Morrow & Co.

2 | Ardener, E.(1975), "Belief and the Problem of Women", in S. Ardener (ed.), *Perceiving Women*, London: Melaby Press, pp.1 – 17.

3 | 에드워드 홀(*The Hidden Dimension*, 1966), 『숨겨진 차원』, 최효선 옮김, 한길사, 2013.

4 | Sorokowska, A., Sorokowski, P., Hilpert, P., Cantarero, K., Frackowiak, T., Ahmadi, K., Alghraibeh, A. M., Aryeetey, R., Bertoni, A., Bettache, K. et al. (2017), "Preferred Interpersonal Distances: A Global Comparison", *Journal of Cross-Cultural Psychology*, 48.

5 | 에드워드 홀(*The Silent Language*, 1959), 『침묵의 언어』, 최효선 옮김, 한길사, 2013.

6 | Janis, I. L. (1983), *Groupthink: Psychological Studies of Policy Decisions and Fiascoes*, Boston: Houghton Mifflin.

7 | Wason, P. C.(1960), "On the Failure to Eliminate Hypotheses in a Conceptual

Task", *Quarterly Journal of Experimental Psychology*, 12, pp.129-140.

8 | 위르겐 하버마스(*The Structural Transformation of the Public Sphere*, 1962), 『공론장의 구조변동 — 부르주아 사회의 한 범주에 관한 연구』, 한승완 옮김, 나남출판, 2004.

9 | 위르겐 하버마스(*The Structural Transformation of the Public Sphere*, 1962), 『공론장의 구조변동: 부르주아 사회의 한 범주에 관한 연구』, 한승완 옮김, 나남출판, 2004.

10 | 위르겐 하버마스(*The Structural Transformation of the Public Sphere*, 1962), 『공론장의 구조변동: 부르주아 사회의 한 범주에 관한 연구』, 한승완 옮김, 나남출판, 2004, p.268.

11 | 위르겐 하버마스(*Theories des Kommunikativen Handelns*, 1981), 『의사소통행위이론 2: 기능주의적 이성 비판을 위하여』, 장준익 옮김, 나남출판, 2006, p.238-245.

12 | 위르겐 하버마스(*Theories des Kommunikativen Handelns*, 1981), 『의사소통행위이론 2: 기능주의적 이성 비판을 위하여』, 장준익 옮김, 나남출판, 2006, p.307.

13 | 존 밀턴(*Areopagitica*, 1644), 『아레오파기티카 언론자유의 경전』, 박상익 옮김, 인간사랑, 2016.

14 | William S. Lilly, "The Ethics of Journalism", *On Right and Wrong*, 1892, London, UK: Chapman & Hall, pp.159-173.

15 | Maras, S.(2013), *Objectivity in Journalism*, Cambridge, England: Polity Press, p.7.

16 | 한국행정연구원, 〈사회갈등지수와 갈등비용 추정〉, 2018, pp.3-77.

17 | Donald Davidson(2001), *Inquiries into Truth and Interpretation*(2nd ed.), Oxford, UK: Clarendin Press.

찾아보기

융합과 통섭의 지식 콘서트 09

미디어, 디지털 세상을 잇다

초판 1쇄 인쇄 | 2023년 6월 20일
초판 1쇄 발행 | 2023년 6월 30일

지은이 | 주형일
펴낸이 | 홍정완
펴낸곳 | 한국문학사

편집 | 이은영 이아름
영업 | 조명구 신우섭
관리 | 심우빈
디자인 | 석운디자인

04151 서울시 마포구 독막로 281 (염리동) 마포한국빌딩 별관 3층
전화 706-8541~3 (편집부), 706-8545 (영업부), 팩스 706-8544
이메일 hkmh73@hanmail.net
블로그 http://post.naver.com/hkmh1973
출판등록 1979년 8월 3일
제300-1979-24호

ISBN 978-89-87527-91-8 03300